東南アジアの
教育モデル構築
― 南南教育協力への適用 ―

South-east Asian Educational Model
for Developing Countries

村田翼夫 編著

学術研究出版

はしがき

編者　村田翼夫

　開発途上国の中では、東南アジア諸国は、比較的開発の進んだ地域である。教育面を考慮しても、東南アジア諸国では、児童生徒の教育普及は浸透し、男子と女子間の教育機会の格差もほとんど見られない。PISA や TIMMS などの国際学力テストの成績も比較的よくなってきている。

　東南アジア諸国には、人種、宗教、文化など背景の異なる人々で構成されている国が多い。それ故、文化的、社会的に多様性を有しており、宗教教育や多文化教育の特色がみられる。同時に、多様な民族を国民として統一する国民統合のための教育も強調されている。また、多くの国が植民地支配を受けた経験を持ち、その影響もあって英語教育に力点が置かれている。近年、東南アジア共同体を構成する 10 ヶ国では、ASEAN 市民教育にも留意してきている。

　そうした特色を持つ東南アジア諸国の教育が、世界の開発途上国における教育モデルとなり得るのではないか、南南教育協力のモデルを提供できるのではないかという発想から、過去 3 年間（平成 25 ～ 27 年度）にわたり、科研費研究（基盤研究 C）を行ってきた。それは、「教育開発における東南アジアモデルの構築―南南教育協力への適用―」というテーマであった。研究者は、研究代表者（村田）に加えて研究分担者 5 名、研究協力者 3 名からなる構成であった。研究期間には、タイ、フィリピン、ラオス、マレーシア、インドネシアにおける外国調査も実施した。

　その後、東南アジアの教育モデルに関心を持つ研究者がいて、さらに論述を寄せてくれた。タイ（英文 2 名）、マレーシア、シンガポールおよびベトナムに関する 5 名のケース研究である。それらを加え、前の諸論稿を多少修正

i

して学術図書を構成した。名前を「東南アジアの教育モデル構築―南南教育協力への適用―」とした。

南南協力に関して国連開発計画（UNDP）は、「開発途上国が共通の開発課題について、自主的にお互いの優れた開発経験や技術を共有しながら協力して取り組み、開発を効果的に進めるための協力形態」、また国際協力機構（JICA）は、「途上国の相互の連携を深めながら技術協力や経済協力を行いつつ、自立発展に向けて行う相互の協力」と定義している。東南アジア諸国は、1980年代から著しい経済発展を経験し、経済成長率や全世界の輸出入に占める割合など急速に伸長し、近年、開発協力を活発に展開するようになっている。特に、タイ、マレーシア、シンガポール、インドネシア、フィリピンのASEAN原加盟国は東南アジアの新興ドナー国とみなされ、自国に開発ニーズがありながらも南南協力体制を整備している。本書が取り上げたケースもこれら5ケ国のものが主な対象で、それにベトナムとラオスを加えている。

それらの国々の南南協力は、主に農業、金融、保険、グッドガバナンス、投資等、様々な分野の指導者育成を目指してきている。教育分野では、まず、高等教育機関における奨学金制度の設立、留学生・研修生の受け入れ、自国の専門家派遣などが行われてきた[i]。例えば、本書の第13章で記述されているように、タイの地方大学が奨学金制度を整えつつ隣国であるミャンマー、カンボジアおよびラオスから留学生や研修生を受け入れ、専門家派遣も実施している。また、第5章で記述しているフィリピン大学に設立された国立理数教育開発研究所（UP NISIMED）や第14章で紹介されたマレーシアにおける東南アジア教育大臣機構地域理数教育センター（SEAMEO/RECSAM）は、理数科の研修をアフリカ諸国の教員にも行っている。加えて、シンガポールは、カンボジア、ベトナム、ミャンマーなどにIAI（ASEAN統合イニシアティブ）研修センターを設立して、専門家を派遣しつつ英語教授法、公共サービス、輸出促進、国際マーケティング戦略、都市環境、資源・エネルギー管理などの研修を実施している[ii]。

さらに、東南アジアでは2015年にASEAN共同体の設立が宣言され、各メンバー国ではASEAN市民教育が展開されるようになっている。それに伴

い、東南アジア諸国の大学における教員や学生の交流が活性化しつつある。初等中等教育レベルにおいても ASEAN 各国の特性（国旗、国花、民族服、あいさつ語など）を教育すると共に情報交換により各国の教育状況を学び合おうとしている。それは、よい教育をモデルとして学習することが可能になって来ていることを示すものである。

　本書の内容に関しては、東南アジアの特色ある共通教育や各国における教育内容・方法、教育活動、教育制度などを紹介し、それらの成立過程にも留意している。それにより東南アジアにおける教育開発のモデル性、ならびに南南教育協力の可能性を検討した。

　第Ⅰ部において、「東南アジア諸国における共通の教育」を挙げた。内容項目は、国民統合と教育、宗教教育、英語教育、多文化教育、男女平等の教育機会、ASEAN の市民教育である。これらの共通教育も東南アジアの教育モデルになると考えられる。また、ASEAN の資料として、ASEAN 加盟国の経済指標・人間開発指標、教育指標、PISA 調査の結果も示した。

　第Ⅱ部〜第Ⅴ部は、各国、あるいは地域における東南アジアのモデルにふさわしい教育を取り上げた。東南アジアでは、各国、あるいは地域共同体として特色ある先駆的な教育、ならびに国際教育協力が見られる。

　第Ⅱ部の初等・中等教育領域では、タイにおけるボーイスカウト活動、児童生徒の幸福感と仏教の影響、有機農業教育（Organic Farming Education）、フィリピンの理数教育研究・研修とサイエンスハイスクール、マレーシアにおける三言語教育政策と英語教育の新たな展開、女子・女性の教育などを取り上げた。第Ⅲ部の教員研修領域では、シンガポールおよびインドネシアにおける教員研修を検討した。第Ⅳ部の学校と地域の領域では、東北タイとラオスにおける小学校と寺院との協力、ベトナムの学校外の教育施設における障害児教育、南タイにおける平和センターの機能を考察した。第Ⅴ部の国際教育協力領域では、前述の通りタイの地方大学の国際教育協力、東南アジア教育大臣機構地域理数教育センター（SEAMEO/RECSAM）の理数科教育の国際協力を分析した。

　特に、第3章の「児童生徒の幸福感」は、Gerald W. Fry と Rosarin Apahung

iii

によるものだが、タイの児童生徒が学校教育を受けるのが楽しく幸せに感じている原因を仏教の影響を考慮して分析した。日本や韓国では、学校へ行くのが楽しくないと感じている児童生徒多いことと比べると大変興味深い内容である。第8章の「シンガポールにおける学校ベースの教員研修制度」は、学力世界一を誇るシンガポールの新しい教育改革の動向を知る上でも貴重な論稿である。教育省などの行政機関、大学・アカデミー、学校長の緊密な協力のあり方が注目される。また、第12章の "Peace Center in Yala（ヤラーの平和センター）" は、世界の平和を脅かす大きな原因となっているイスラーム教徒と非イスラーム教徒の紛争を解決し平和構築を行う有力な手段として協働のあり方の例を提供しており、きわめて注目されるモデル内容である。さらに、第14章の「東南アジア教育大臣機構地域理数教育センター（SEAMEO/RECSAM）の役割と課題」は、SEAMEOの地域教育センターにおける国際教育協力の具体例を示している。SEAMEOは、他にもINNOTECH（地域教育革新技術センター）、RIHED（地域高等教育開発センター）、BIOTROP（地域熱帯生物学開発センター）など多くの地域教育センターを有し、各教育分野の研究、教員研修や教材開発の協力活動を行っている。地域の国際教育協力を総合的に考察する上で大変参考になるモデルケースである。

　終章において、上述のような東南アジア諸国における教育実践の調査研究や諸研究の成果を通して、東南アジアの教育開発モデルの特色を検討した。そしてそれらは、東南アジア諸国のみならずその他の開発途上国にとって有用な南南教育協力のモデルになり得ることを指摘した。

注
_____

i　村田翼夫・佐藤眞理子編著『南南教育協力の現状と可能性－ASEAN新興ドナーを中心に』協同出版、2013年、pp.14～22。

ii　同上、pp.157～172.

はしがき　　　村田翼夫

第Ⅰ部　東南アジア諸国における共通の教育

第1章　東南アジア諸国における共通の教育
　　　　　　　　　　　　　村田翼夫・平良那愛 ……… 1

第1節　共通の教育
　　　　　　　　　　　　　　　　　　村田翼夫 ……… 1
　1. 国民統合と教育 ……………………………………… 1
　2. 宗教教育 ……………………………………………… 6
　3. 英語教育 ……………………………………………… 8
　4. 多文化教育 …………………………………………… 12
　5. 男女平等の教育機会 ………………………………… 14
　6. ASEAN市民の教育 ………………………………… 17
　7. モデル性 ……………………………………………… 22

第2節　ASEANの資料
　　　　　　　　　　　　　　　　　　平良那愛 ……… 24
　1. ASEAN加盟国（プラス東ティモール）の
　　経済指標・人間開発指標 …………………………… 24
　2. ASEAN加盟国（プラス東ティモール）の教育指標 …… 24
　3. ASEAN加盟4ヶ国のPISA調査結果 ……………… 25

v

第II部　初等・中等教育

第2章　タイの学校におけるボーイスカウト活動

村田翼夫 …… 28

1. ボーイスカウトの導入と学校への取り入れ …………………28
2. ボーイスカウト組織の確立 ………………………………29
3. 学校における教育活動と必修教科 ………………………33
4. 教育開発モデルとの関係 …………………………………37

第3章　"A Buddhist Path to Student Happiness: A Case Study of Thailand"

Gerald W. Fry & Rosarin Apahung …… 39

1. The Context …………………………………………40
2. Factors Contributing to Thai Student Happiness ……………41
3. Background on Buddhism ……………………………42
4. Elements of Buddhism Most Related to Student Happiness …43
5. Special Projects to Foster Buddhism and Related Moral Education in Thai Schools …………………………………50
6. A Model of Teaching and Educational Excellence (Relevant to All Levels of Education from Preschool to Graduate Education) …………………………………52
7. Concluding Thoughts: A Future with both Student Excellence and Happiness ………55
8. 児童生徒の幸福感への仏教的道程 ―タイのケース研究 （日本語要約：村田翼夫）

ジェラルド　W.　フライ／ロサリン・アパフン……62

第4章 "Organic Agriculture Education in Thailand"
Paiboon Suthasupa ······ 69

1. Principle and Objectives of Organic Farming ·················69
2. Principle and Conditions of Organic Farming ·················70
3. Developing Organic Farm in Thailand ·················71
4. Pattern and Strength of Organic Farm ·················72
5. Organic Agriculture Education in Schools·················73
6. Sufficiency Economy ·················76
7. Conclusion ·················79
8. タイにおける有機農業教育（日本語要約：村田翼夫）

パイブーン・スタスパ·······80

第5章 フィリピンにおける理科教育推進―フィリピン大学
国立理数教育研究所とサイエンスハイスクール調査より―

畑中敏伸 ······ 84

1. はじめに ·················84
2. フィリピン国立理数教育開発研究所（UP NISMED）·················84
3. サイエンスハイスクール ·················88
4. おわりに―東南アジアモデルの可能性― ·················92

第6章 マレーシアにおける三言語教育政策と英語教育の展開

手嶋將博 ······ 95

1. はじめに ·················95
2. 三言語教育と英語教育改革の流れ―2002年までの動向― ······96
3. 三言語教育と英語教育改革の流れ―2002年以降の動向― ··· 100
4. 英語媒体の理数科目授業における諸課題 ·················104
5. 英語媒体の理数科授業の廃止・マレー語媒体授業の復活
―2012年以降の動向― ·················109

vii

6. まとめにかえて
　　―マレーシアの言語教育政策が示す教育モデル― ………… 110

第7章　マレーシアにおける女子・女性の教育―男女間格差の解消とジェンダー平等という2つの課題をめぐって―

鴨川明子 …… 114

1. 国際的な「女子・女性の教育」開発の動向 ……………………… 114
2. 男女間格差の解消とジェンダー平等という2つの課題 …… 117
3. 東南アジアにおける女子児童生徒と女性の教育機会の特質
　　―男女間格差の解消に向けて ………………………………… 118
4. マレーシアにおける青年期女性の生涯設計と進路形成に関する
　　事例 ……………………………………………………………… 124
5. 持続可能な開発目標（SDGs）へつながる「ジェンダーと教育」の
　　課題とマレーシアモデルの可能性 ………………………… 130

第III部　教員研修

第8章　シンガポールにおける学校ベースの教員研修制度　―高学力を支える授業改善の取り組み―

池田充裕 …… 135

1. はじめに ………………………………………………………… 135
2. 授業改善に向けた改革動向 …………………………………… 136
3. 教員研修の現状 ………………………………………………… 144
4. おわりに―シンガポールの教員研修制度のモデル性 ……… 152

第9章　インドネシアの義務教育段階における教員研修制度の概要

中田英雄 …… 155

1. はじめに ………………………………………………………… 155
2. 2016/2017年度インドネシア教育統計短報 ………………… 155

viii

3. 教員の資格 …………………………………………… 157
4. 教育の課題 …………………………………………… 158
5. 教員研修制度 ………………………………………… 161
6. おわりに ……………………………………………… 166

第IV部　学校と地域

第10章　東北タイ・ラオスにおける小学校と寺院の教育協力

平良那愛 …… 171

1. はじめに ……………………………………………… 171
2. 現地調査の概要 ……………………………………… 173
3. 東北タイ・ラオスにおける学校観・寺院観 ………… 177
4. 東北タイ・ラオスにおける学校と寺院の教育協力 ……… 183
5. まとめ—東南アジアの教育開発モデルの可能性— ……… 190

第11章　ベトナムにおける障害児教育の特色
—ホアニャップ教育をめぐる学校外の活動に着目して—

白銀研五 …… 195

1. はじめに ……………………………………………… 195
2. ベトナムの障害児教育制度と親の意識 ……………… 197
3. 障害児のための学校外の教育施設 …………………… 204
4. ベトナムにおける障害児教育の特色 ………………… 211
5. おわりに ……………………………………………… 213

第12章　"Peace Center in Yala: A Case of the Suk-Kaew Kaewdang Foundation in Solving the Conflicts in the Deep South of Thailand"

Waraiporn Sangnapaboworn …… 216

1. Historical Background of the Deep South of Thailand …… 216

ix

2. The Role of an NGO for Peace: The Suk-Kaew Kaewdang
   Foundation ··· 218
3. Youth Training: Building the Future Leaders ·················· 218
4. Boy Scout Program for Friendship ····················· 222
5. Cow Raising for Peace ································· 225
6. Conclusion ································· 228
7. ヤラーの平和センター：タイ南部の紛争解決のためのスックケオ・
   ケオダーン財団のケース（日本語要約：村田翼夫）
   ワライポーン・サンナパボウォーン······230

第Ⅴ部　国際教育協力

第13章　タイの地方大学による南南教育協力プログラム
　　　　―ミャンマー、カンボジア、ラオスへの教育協力―

野津隆志 ······ 236

1. はじめに ································· 236
2. ミャンマーへの教育協力を行うナレスワン大学 ·············· 237
3. カンボジアへの教育協力を行うマハーサラカム大学 ········ 239
4. ラオスへの教育協力を行うコンケン大学 ················· 242
5. まとめ ································· 246
6. 補足資料：　タイ専門家による近隣開発援助の理念 ·········· 246

第14章　東南アジア教育大臣機構地域理数教育センター
　　　　（SEAMEO/ RECSAM）の役割と課題

内海成治 ······ 250

1. はじめに ································· 250
2. SEAMEOとRECSAMについて ················· 250
3. 1980年代のRECSAM ················· 251
4. 現在のRECSAM ································· 254

5. RECSAMの現状と今後の課題について ……………………… 256
6. 東南アジア教育モデルとしてのRECSAM …………………… 258

第VI部　まとめ

終章　東南アジアの先駆的教育モデル

村田翼夫 …… 260

1. 東南アジアの共通教育　………………………………………… 260
2. 東南アジア各国の教育モデル　………………………………… 261
3. 南南教育協力の適用モデル　…………………………………… 266

執筆者紹介 …………………………………………………………… 269

索引 …………………………………………………………………… 275

第Ⅰ部
東南アジア諸国における共通の教育

　東南アジア諸国は、言語、宗教、文化の背景が異なる人々で構成され各国の社会的、文化的特色もそれぞれ一様ではない。教育分野においても、教授用語、教育内容など異なる面が多いが共通面も見られる。第1部では、東南アジア諸国における教育の共通面を検討してみる。それらは、東南アジアにおける教育開発の基盤であり、またモデルにもなるものと思われる。

第1章　東南アジア諸国における共通の教育

村田翼夫
平良那愛

第1節　共通の教育

村田翼夫

1.　国民統合と教育
　(1)　同化政策と統合政策
　東南アジアでは、大陸部では伝統的に王国を引き継ぐ「王国世襲型国家」が多かった。ベトナム、カンボジア、ラオス、タイ、ミャンマーなどである。その中で現在も王制を敷いているのはタイ王国のみである。それらの国では、王国を形成していた主要民族が中心的役割を演じ、周辺にいる少数民族を支配するような「中央―周辺型」の民族関係がみられた。国民統合のための民族政策としては同化政策を取る傾向が強かった。教育においても主要民族の言語、宗教、慣習などを少数民族に押し付ける同化政策が見られた。

一方、島嶼部にある国家では、「植民地域世襲型国家」と呼べるような旧植民地を引き継ぎしかも多様な民族の力がバランスを取って共存し合う「均衡多元型国家」がみられた。これらの国では国民統合政策に関しては比較的緩やかな統合政策が取られている。統合主義では、少数派集団の宗教的、知的、文化的権利は法的に認められていながら教育の多様性は認められない。少数派集団は二元主義的もしくは二文化主義的な適応を経た後、やがてホスト社会に統合される傾向にある。

　上述のようにタイは、基本的に王国世襲型の同化政策を採っているが、東南アジア諸国が有する共通の性格も併せ持っている。東南アジアが中国とインドという二大文明の狭間に位置して、一つの原理が共通の世界観が見られない。多様なエスニシティを抱えているということも影響している。その中には、華僑・華人、マレー人、山地民などの人種の多様性のみならず、アニミズムを信仰する人々から、英語も使いこなして国際的に活躍する都市の人々まで含まれる。東南アジアにおける国民統合のための教育の研究には、エスニシティの多様性を考慮する必要がある。

　少数民族の教育は、多数派の文化による同化政策により無視、軽視されがちであった。エスニック集団としての言語、宗教、慣習を見直すことも重要である。エスニック集団とは「国民国家において他の同種集団との相互行為的状況にありながら、なお、固有の伝統文化と我々意識を共有している人々による集団」を指す。教育政策においても、ナショナリズムが高揚すると多数派の文化を国家イデオロギーに仕立てて、エスニック集団に同化を迫ることになる。それに対し、一部のエスニック集団は、分権主義や地方割拠主義を主張して対立を深めるという内部的矛盾を抱えている。タイのケースに関していえば、特にエスニック集団である華僑・華人、マレー系イスラーム教徒、山地民に対する教育政策が注目される。国民統合と教育の関係では、その意味で、少数民族であるエスニック集団の教育に留意することが肝要である。

(2)　国家原則

　東南アジア諸国には、国民統合のねらいとして国家原則を樹立している国

家がある。例えば、タイでは国家三原則（ラック・タイ）、インドネシアのパンチャシラ、マレーシアのルク・ネガラなどである。タイのラック・タイは、民族（国旗）、宗教（主に仏教）、国王を尊重しようとするものである。インドネシアのパンチャシラは、国家五原則を指し、神の信仰、民族主義、民主主義、人文主義、社会正義の尊重を意味する。各国の教育政策において、それらの国家原則を国民が守るように学校の授業や課外活動において強調されている。

　タイにおいてラック・タイ教育が徹底しており、ほとんどの小中高における教室の壁にはその象徴である国旗、国王の肖像写真、仏陀の写真が掲げられている。毎日の朝礼には国旗を掲揚し、国王賛歌を歌い、仏陀の像に礼拝する。また、1985年以来、小中高校においてボーイスカウト活動を必修教科とし、その活動においてラック・タイ尊重の儀式を行ってタイ原則を身につけさせようとしている。ところが南タイのイスラーム教徒が多い地域に行くと、教室の壁にそれらのシンボルは無く朝礼の儀式も行われていないことに驚かされる。

写真1.　タイ中央部の農村小学校の教室。壁に国家三原則を示す、国旗、国王・王妃、仏陀の写真が掲げられている。

(3)　国民教育制度の確立

　ほとんどの国は、初等教育・前期中等教育合わせて5〜9年間を義務教育にして全ての児童生徒が初等教育、前期中等教育を受けられるようにしてい

表1. ASEAN各国の義務教育制度

国名	義務教育期間	初等教育就学率	
インドネシア	9	93.7	※中学校の義務教育化は1994年〜。完全化には至っていない
カンボジア	9	98.4	
シンガポール	6	―	※2003年から小学校が義務教育化
タイ	9	95.6	
フィリピン	13	88.2	※2013年より義務教育が10年から13年へと変更
ブルネイ	なし	91.7	
ベトナム	9	98.1	
マレーシア	6	97.0	※2003年から小学校が義務教育化
ミャンマー	なし	―	
ラオス	5	95.9	※2009/2010年度より中学校が3年制から4年制へと変更
(参考) 日本	9	99.9	

(注) 就学率は初等教育純就学率。マレーシア (2005)、フィリピン・タイ (2009)、
日本・インドネシア (2011)、シンガポール・ブルネイ・カンボジア・ラオス・
ベトナム (2012) 年のデータをそれぞれ利用。
(出所) UNESCO Institute for Statistics (以下UIS)、外務省ホームページ、各種
情報より大和総研作成

る。カンボジア、マレーシア、シンガポールは、義務教育を設定していない。
ただし、マレーシア、シンガポールでは初等・前期中等教育は無償教育にし
ている。タイは1999年に制定した国家教育法の規定により前期中等教育ま

での9年間を義務教育とし、後期中等教育までの12年間を無償教育にした。そして2001年より実施されている。ASEAN各国の義務教育制度（義務教育期間、初等教育就学率を含む）は表1の通りである。

　各国について初等教育の就学率をみてみると、シンガポールについては小学校就学率のデータはないものの、若年層（15-24歳）の識字率は99.8％となっていることから、就学率は高いものと推測される。ミャンマーには義務教育制度は存在しないが、一般的に教育に対する意識が高いと言われており、教育省によると小学校の就学率は98％に達しているとのことである。フィリピンの就学率は88％と、ASEAN加盟国で唯一90％を下回り他国より低くなっているが、その他の国では大きな違いは見られない。（井出和貴子「ASEANにおける教育の充実と経済成長」『新興国経済』、大和総研、2014年6月、2頁）。

(4)　カリキュラムの統一

　マレーシアでは公立小学校にはマレー語学校、華語学校、タミル語学校があるが教授用語は違っても教育内容は同一にして、カリキュラムの統一を図っている。タイ、フィリピン、インドネシアでは私立学校も公立学校と同様なカリキュラムを用いることが国家によって要請されている。

(5)　教授用語の規制

　タイ、インドネシア、ミャンマー、ベトナムでは国語で教育することが求められる。タイにおいて華語やマレー語を教えることは制限的に認められている。最近、多少規制は緩和されたがそれらを公立学校の教授用語にすることは認められていない。インドネシア、フィリピンでは小学校低学年において地域語を教授用語として使用することは認められているが、それ以上の学年では国語または公用語のみが使用される。フィリピンで認めている地域語は、セブアノ語、イロコ語、ビコール語、パンガシナ語など8言語のみである。また、理科・数学は英語、社会科・道徳・芸術等はフィリピン語で教える。シンガポールは英語と民族語の二言語主義を採用している。英語は公用語である。

(6)　私立学校に対する規制

　東南アジア諸国では各民族が自民族の言語・文化を維持するために私立学校を設立している。それらの私立学校は、しばしば国民学校の教育政策と対立する。各国政府は民族の分離・独立を恐れ、私立民族学校が分離・独立運動の温床となることを危惧して、それらの規制を行ってきた。タイの華人学校、イスラーム学校、インドネシア・フィリピンの華語学校などに対する規制はその典型的事例である。

2.　宗教教育

　東南アジアの人々が信仰する宗教をみると、前述のタイやカンボジア、ラオス、ミャンマーなどの大陸部には上座部仏教徒が多い。他方、島嶼部のマレーシア、インドネシアでは、多くの人々がイスラーム教、フィリピンではキリスト教（主にカトリック）を信仰している。

(1)　宗教に対する寛容

　東南アジア諸国の人々は多様な宗教を信仰している。各国政府は、原則として多数派の宗教を強制する政策を採らず、少数派の信仰する宗教とその教育を認めている。例えば、タイでは仏教、マレーシアではイスラーム教は国教となっているが、タイの国家原則の一つは宗教であって仏教とはなっていない。1878年にタイのチュラーロンコーン王は「宗教寛容令」を発布し、国民の信仰の自由を認めた。マレーシアでもイスラーム教を非イスラーム教徒には強制的に教えず、道徳教育を選択させている。インドネシアにおいてもイスラーム教徒は多いが、5つの国家原則パンチャシラの第一原則は「唯一神への信仰」をあげているがイスラーム教信仰に限定していない。いうなれば、東南アジア諸国は宗教および宗教教育に対し寛容な政策を取り多様な宗教教育を認めるか、または宗教教育に対し中立政策を採用している。

(2)　学校・学校外における宗教教育

　東南アジア諸国では宗教教育を実施している国が多くみられる。タイでは

小学校において生活経験、中学校では社会科の中で宗教が教えられている。インドネシアでは、小・中学校に宗教教育の時間があり、生徒に信仰する宗教を学ばせている。マレーシアでは、小・中学校においてイスラーム教徒の児童生徒には国教であるイスラーム教、非イスラーム教徒の児童生徒には道徳を教えている。シンガポールでは、1984年から中学校に宗教知識科が設けられ、儒教倫理、聖書知識、仏教学、イスラーム知識、ヒンズー教学、シーク教学という6つの教科から選択できることにした。しかし、1990年から全課程共通の「公民・道徳（Civics and Moral）」が設置された。

南タイの私立イスラーム学校では、戦後、イスラーム教のみを教えていたが1970年代から社会科、数学、理科などの普通教科も教えることが要請された。それでも2000年代に入って普通教科を教える学校は半分程度である。普通教科を教える学校では午前中がイスラーム教関係（イスラーム法、コーラン、アラビア語、イスラームの歴史など）、午後は普通教科を学んでいる。

インドネシアでは、公立学校制度の中に普通学校（スコラ）と並んで主にイスラーム教を教えるマドラサが設立されている。そのマドラサにおいて初等・中等教育の義務教育を受けることができる。もっとも最近では、マドラサにおいてもインドネシア語、数学、社会、理科などの普通教科も学べるようになってきている。このように普通学校制度と宗教学校制度が並立しているケースは、学校の二重制度とも呼ばれている。

タイでは、学校教育における仏教のみでは不十分ということからバンコクの仏教僧が日曜仏教学校（ロンリアン・ワンアーティット・プッタサート）を設立した。バンコクや都市において、子どものモラルが低下していることに危機感を抱いたからである。同校は地方にも急速に普及して1960年にわずか150人であった児童生徒が2001年には20万人、2015年には50万人を超えるに至った。また学校のみならず軍隊、刑務所などでも開設が認められ、呼び名も日曜仏教教育センターに変更した。学校では仏教原理に加えて、黙想（サマティ）や経典唱和の実践も行われている。またセンターによっては仏教を英語で教えたり、民族舞踊やコンピューター教室を開いたりするところもあり、子どもの人気を得ている。

寺院の中には、中等学校を設立し貧しい子どもに中等教育を提供するところが 60 ヶ所もある。それは寺院慈善学校（ロンリアン・カンクソン・コーン・ワットナイプラプッタサッサナー）と呼ばれ、普通教育を行うことが主目的であるが課外活動として黙想や僧侶による説教も実施している。

　前述の南タイにおける私立イスラーム学校は、元来、イスラーム教について学ぶポンドック教育機関が発達したものである。インドネシア、マレーシア、南タイには、元来、コーラン学校（インドネシアでは、プンガジアン・アンクルアーンと呼ぶ）があり、コーラン学習を中心に基礎的事柄を学んだ。続いて、イスラーム寄宿塾であったポンドック（インドネシアでは、ポンドック・プサントレンと呼ぶ）においてイスラーム教の歴史・教義や実践方法を学習してきた。それらの内容には、信仰原理（タウヒード）、イスラーム法学（フィクフ）、イスラーム教史（タリーフ）、コーラン学習、コーラン読誦（タッウィーク）、道徳（アフラック）、アラビア語などが含まれていた。ポンドックで教える教師は、マレーシア、南タイでは、イマム、インドネシアではキヤイと呼ばれていた。そこにおける生活と運営は、自主的な管理および教師と生徒の主体的な学習を特色としていた。

3.　英語教育

　東南アジア諸国では、マレーシア、シンガポール、ミャンマー、フィリピンのようにイギリスやアメリカの植民地支配を受けた国が多いこともあって、英語教育が盛んである。

（1）　タイ

　タイでは、1992 年の国家カリキュラムでは、小学校 5 〜 6 年生が英語を学ぶようにしていた。しかも、特別経験グループの選択科目と位置づけられていたので、都市では英語を選択する学校が多かったが、農村では生活経験科目である地方の工芸や農業生産などを学習させる学校が多かった。

　しかし、2001 年制定の国家カリキュラムでは、小学校 1 年生から 6 年生まで週当たり 2 時間（55 分授業）で年間 80 時間の学習をすることになった。そ

の上、各学校の裁量で1～2時間追加学習もできるようになっていた。追加学習は、リスニング・スピーキング、楽しいリーディング、ツーリスト英語、暮らしの英語などを学べる内容であった。

2008年の国家カリキュラムでは、学習時間は、小学校低学年（1～3年生）は週に1時間、年間40時間に減少したが、高学年（4～6年生）は週2時間、年間80時間で変わらなかった。中学校の1～3年生は、週に3時間、年間120時間学習することになっている。

また、外国語としては、主として英語を意味しているが、学校によってはそれ以外にフランス語、日本語、中国語、アラビア語、ならびに周辺諸国の言語であるマレーシア語、カンボジア語ミャンマー語なども教えてよいことになっている。

外国語を学ぶ目的として挙げられているのは、第1にコミュニケーション能力の向上である。人との交流ばかりでなく、いろんなメディアを通して情報を得たり、発信したり能力も含めている。第2は、言語と文化の理解能力の向上である。話者の言語と文化を理解し、適切な機会と場所に応じて必要な言語を使用できるようにする。また、学習する諸言語の文化も理解しつつ、言語間の類似性と相違性も学ぶ。第3は、コミュニティや国際社会との関係に関する認識能力の向上である。学校、地方コミュニティ、社会における国語の使用方法を学ぶ。また、進学して受ける高いレベルの教育の基礎としての外国語学習、および国際社会での情報交換の手段としての外国語学習を行うことである。（タイ教育省、Lakusut Kaen Kraan Gaan Suksaa Chan Puntaan 2551，pp21-22, p25）。

(2)　マレーシア

マレーシアでは、独立を果たした戦後には、標準学校であるマレー語学校と並んで標準型学校として中国語学校、タミル語学校および英語学校が設置されていた。しかし、1969年に起きた人種暴動以後、マレー人優先政策であるブミプトラ政策が採用された。その影響により1970年から英語学校では、小学校1年生より順次マレーシア語教育を受けることになり1982までに高

等学校までマレーシア語学校に転換された。

　現在、英語学習の時間は、小学校1〜3年生が週に3時間、4〜6年生は週に3.5時間となっている。ただし、1時間は30分である。多くの小学校児童の英語レベルは、かなり高く日本の中学校1年から高校1年レベルに相当するといわれる。

　また、国際化・グローバル化・IT化に対応して2003年から初等中等学校の科学関係科目を英語で教えることにした。いうなれば、理科と算数・数学科目を英語で教えるということである。それは、2003年から小学校・中等学校の1年生より順次上の学年へ実施した。しかし、地域格差や民族格差を拡大させたと批判が出て、2012年に廃止された。それでも各学年における英語学習の時間は増えている。

(3)　シンガポール

　シンガポールでは、独立後、マレーシアの学校制度を引き継ぎマレー語学校、中国語学校、タミル語学校、英語学校があったが、生徒数の減少から1970年代初めにマレー語学校、タミル語学校はなくなった。また、当初、マレー語重視の二言語（マレー語と英語）、三言語（マレー語・英語・中国語、マレー語・英語・タミル語）を採用したが、1960年代半ばから英語と民族語（マレー語、中国語、タミル語）を柱とする二言語へと政策転換が図られた。

　1968年に民族公用語を教授用語とする非英語系の小学校では、英語で理科、数学を教え、英語小学校では、公民科や歴史科は民族語で教えることになった。

　1970年代になると、輸出志向型産業が発展し、英語を必要とする国営企業が拡大するとともに、英語教育の人気が高まり、英語系の小学校生徒は、1972年には中国語系小学校の64.8%、70年代後半には80%を超えるに至った。

　英語の学習時間は、小学校1〜2学年で週17時間、3年生週15時間4年生13時間、5〜6年生週12〜16時間ときわめて多くなっている。

　小学校の科目別の授業時間をみると、1〜4年生の授業の8割が二言語（英

第Ⅰ部　東南アジア諸国における共通の教育

語と民族語）と算数の学習に当てられ、英語 32%、民族語 26%、算数 20%、社会や理科、公民・道徳などの教科は 22% などとなっている。英語学習、言語学習の時間が極めて多くなっている。5 ～ 6 年生においても二言語と算数に 6 割以上の時間が当てられている。

　1980 年代半ばにコミュニカティヴ言語学習の方法が強調され、特に小学校では、「アクテイヴ・コミュニカティヴ教授法」、「リーデイング技能プロジェクト」が導入された。

　また、2006 年に英語に特化した児童のより効果的な学び方研究（SEED-EL: Strategies for Effective Engagement and Development of Pupils in English Language）が 30 校の実験校で行われ、後に全国的に実施された。それは、児童が英語の読み物教材を自ら積極的に読みこなし、正しい文法知識や会話能力習得させようとするものであった。

　シンガポールの初等教育の英語レベルは、日本の英語教育と比べると高い水準にあり、中学 1 年～高校 2 ～ 3 年生レベルに匹敵するといわれる。

（4）　フィリピン

　フィリピンでは、スペインに続いて植民地支配を行ったアメリカは、大衆に対する英語教育の普及を試み 1920 年代に初等中等学校の公立学校へ学齢児童の約 4 割の少年少女が英語の教育を受けるに至った。しかし、公立小学校の入学者の 8 割余りの児童は 4 学年修了前に退学していた。そのため、英語教育の効果は上がらなかった。

　英語の普及に対抗してフィリピンの母語を国語にして普及させようとする動きがあった。1935 年制定の憲法では「既存の言語の一つに基づき共通の国語を開発・採用するための議会が措置を講ずること」（第 14 章 3 条）と規定された。そして、その流れを受けて 1987 年憲法では、「フィリピンの国語はフィリピノ語である。その発達は、既存のフィリピンの言語と他の言語に基づいて発展し豊かにされること」（第 14 章 6 条）と記述されている。実際に、タガログ語を母体に国内外の諸語からタガログ語にない語彙を取り入れつつフィリピノ語が普及してきている。

11

1940年に国語であるフィリピノ語が小・中学校の教科に採用され、また、小学校の1～4年生には、地域語（Regional Language）が補助教授用語とされた。そして、1957年の国家カリキュラムにおいて、小学校教授用語として1～2年生には地域語、3年生以上は英語を指定した。同時に、3～4年生には地域語、5～6年生には国語が補助教授用語とされた。

　さらに、1974年に、教育文化省令により、公立の小学校とハイスクールにおける教授用語として、「英語」と「科学」、「算数・数学」は英語、その他の教科は国語であるフィリピノ語にすることが定められた。また、小学校1～2年生では、地域語が補助教授用語とされた。それ以来、英語と国語（フィリピノ語）を教授用語とするバイリンガル教育が実施されてきている。英語の時間数は、小学校の1～3年生は、週8時間、4～6年生は週7時間（1時間は60分）である。

　英語は、リスニング、スピーキング、リーディング、ライティングをバランスよく発達させようとしている。とりわけ、コミュニケーション能力の発達に配慮し、言語表現と文法構造を正確に使う技術の習得に力点を置いている。

　フィリピンの初等教育レベルの英語も平均して高く、日本の中学1年から高校1年レベルに相当するといわれる。

　前述のようにフィリピン、シンガポールでは、英語は公用語として認めつつ二言語主義を取っている。フィリピンでは、国語であるフィリピノ語と英語を教授用語、シンガポールでは、民族語（中国語、マレー語、タミル語）と英語を教授用語または教科としている。

4.　多文化教育

　多民族で構成される東南アジア諸国では、国民統合に配慮すると同時に異文化を尊重した教育も試みている。

（1）　多言語教育

　カリキュラムの統一の箇所で紹介したようにマレーシアの公立小学校には、教授用語別のマレー語学校、中国語学校、タミル語学校の3種類の学校があ

る。マレー語を母語とするマレー系の小学生はマレー語学校、中国語、タミル語を母語とする小学生は、それぞれ中国語学校、タミル語学校で教育を受ける。ただし、マレー語が国語であるため、中学校・高等学校では、共通してマレー語による教育を受ける。その際、中国語学校、タミル語学校で初等教育を受けた生徒には、マレー語で中等教育を受けることはマレー語で教育を受けたマレー系の生徒に比べ不利であるため、小学校卒業後1年間移動学級（Remove Class）で特別にマレー語の特別指導を受けることになっている。

　インドネシア、フィリピンでは小学校低学年において地域語を教授用語として使用することは認められているがそれ以上の学年では国語または公用語のみが使用される。但し、フィリピンで使用が公的に認められている地域語は、タガログ語、セブアノ語、イロカノ語、ヒリガイノン語、ビコール語レイテ・サマール語、カパンパーガン語、パンガシナン語の8言語のみである。

(2)　多様な宗教教育

　各国において多様な宗教教育が実施されている。タイでは、仏教を教える学校が多いがイスラーム教、キリスト教など他の宗教を信仰する児童生徒が多く在籍しておれば、それらの宗教を教えることも可能である。また、日曜仏教学校や寺院慈善学校もある。前述のように、マレーシアでは、イスラーム教徒の児童生徒にはその宗教、中国系、インド系などの非イスラーム教徒の児童生徒には道徳を教えている。地方には、イスラーム教を教えるコーラン学校やポンドックに通う児童や青年もいる。

　インドネシアでは、普通学校（スコラ）において小学校1年生から宗教教育が行われ、親の同意を得れば信仰する宗教の授業を受けることができる。それ以外に主にイスラーム教を学ぶマドラサも存在する。フィリピンの公立学校では、任意選択制宗教教育が認められ、週あたり90分以下の授業時間が当てられる。内容にはカトリック教義が多い。私立学校には、キリスト教系（主にカトリック）の学校が多数みられる。1989年からハイスクールに価値教育（values education）という教科が設置された。道徳性涵養が主なねらいであるが、近年、愛国心教育も重視されている。その中に「キリスト教やイス

ラーム教の神を敬う」という単元も含まれる。ただし、特定宗教の教義については教えない。

5. 男女平等の教育機会

　男女の児童生徒の教育機会に関し、アフリカ、南アジア、中近東諸国には男子に比べ女子の割合が低い国もみられる。しかるに、東南アジア諸国では、その割合は比較的平等であり、ケースによっては女子生徒の割合の方が男子生徒よりも高い場合もある。

　表2は、東南アジア10ヶ国における小・中学校の男女別就学児童生徒数と男女間の割合（2010年）を示したものである。各国とも、就学児童生徒数、割合は、わずかに男子の方が女子よりも多いが、ほぼ同数、同率になっている。ただし、中学校レベルでは、ミャンマーとフィリピンにおいて女子生徒数、女子の割合が男子生徒のそれらを上回っている。

表2　東南アジア諸国における小・中学校の男女別就学児童生徒数と割合、2010年

国　名		小　学　校			中　学　校	
		実数	％		実数	％
ベトナム	男子	3,511,967	52.1	男子	2,916,856	52.9
	女子	3,233,049	47.9	女子	2,598,267	47.1
	計	6,745,016	100.0	計	5,515,123	100.0
カンボジア	男子	1,186,561	52.2	男子	310,385	52.2
	女子	1,085,966	47.8	女子	283,693	47.8
	計	2,272,527	100.0	計	594,078	100.0
ラオス	男子	483,992	52.8	男子	185,203	55.2
	女子	432,349	47.2	女子	150,257	44.8
	計	916,341	100.0	計	335,460	100.0

第Ⅰ部　東南アジア諸国における共通の教育

国　名		小　学　校			中　学　校	
		実数	%		実数	%
タイ	男子	2,770,405	51.7	男子	1,423,005	50.9
	女子	2,600,141	48.3	女子	1,371,213	49.1
	計	5,370,546	100.0	計	2,794,218	100.0
ミャンマー	男子	2,587,907	50.5	男子	1,075,003	49.3
	女子	2,538,035	49.5	女子	1,103,725	50.7
	計	5,125,942	100.0	計	2,178,728	100.0
フィリピン	男子	7,075,906	51.7	男子	2,634,944	49.8
	女子	6,610,737	48.3	女子	2,651,683	50.2
	計	13,686,643	100.0	計	5,286,627	100.0
マレーシア	男子	1,658,788	51.3	男子	772,104	50.9
	女子	1,574,857	48.7	女子	744,566	49.1
	計	3,233,645	100.0	計	1,516,670	100.0
ブルネイ	男子	22,860	51.7	男子	7,783	52.2
	女子	21,355	48.3	女子	7,121	47.8
	計	44,215	100.0	計	14,904	100.0
シンガポール	男子	152,421	51.7	男子	57,253	52.1
	女子	142,181	48.3	女子	52,722	47.9
	計	294,602	100.0	計	109,975	100.0
インドネシア	男子	15,313,867	50.5	男子	5,941,631	50.4
	女子	15,027,954	49.5	女子	5,855,214	49.6
	計	30,341,821	100.0	計	11,796,845	100.0

出所：UNESCO, Institute for Statistics

表3 東南アジア諸国における小学1年生と中学1年生の就学率（男女別）、2010年、2012年

国　名		小学1年生			中学1年生	
		2010年	2012年		2010年	2012年
カンボジア	男子	139.89	133.24	男子	68.72	70.57
	女子	137.52	123.89	女子	69.18	71.82
	平均	138.71	128.57	平均	68.95	71.20
ラオス	男子	130.88	122.98	男子	72.94	81.39
	女子	124.80	117.31	女子	61.92	72.90
	平均	127.89	120.20	平均	67.51	77.21
ミャンマー	男子	112.11		男子	64.72	
	女子	110.28		女子	65.58	
	平均	111.20		平均	65.15	
ブルネイ	男子	104.42	109.74	男子	101.04	112.51
	女子	105.57	108.28	女子	102.63	111.53
	平均	104.98	109.03	平均	101.80	112.04
インドネシア	男子	111.22	102.29	男子	87.67	92.93
	女子	114.72	106.64	女子	89.73	96.20
	平均	138.71	104.40	平均	88.67	94.42

出所：UNESCO、Institute for Statistics

　また、表3により、小学1年生と中学1年生の男女別の就学率を、カンボジア、ラオス、ミャンマー、ブルネイ、インドネシアのケースをみてみると、いずれの国もほぼ同率である。小学1年生では、ブルネイ（2010年）とインドネシア（2010年、2012年）とも女子児童の就学率が男子児童のそれよりも

高くなっていた。中学1年生では、ラオスを除き、カンボジアアジア、ミャンマー、ブルネイ、インドネシアとも女子生徒の就学率の方が男子生徒のそれを上回っていた。

　高等教育の場合も、第7章の表3「東南アジア各国における高等教育の総進学率（％）」にみられるように、カンボジア、インドネシア、ラオスでは、男子学生の進学率が女子学生より高いが、ブルネイ、マレーシア、ミャンマー、タイ、ベトナム（2012年のケース）では、女子学生の進学率の方が男子学生のそれを上回っていた。

6. ASEAN市民の教育

　ASEAN諸国は、政治、経済、社会文化の交流教育の増進と地域の平和・安定を目指して共同体の運営を計画している。2015年に確立したASEAN共同体は、3つの柱で構成される。第1はASEAN政治安全共同体で民主的・調和的環境と紛争の予防・解決を意図する。第2はASEAN経済共同体で、1つの市場、高度な経済競争地域の構築を目指す。第3がASEAN社会文化共同体で共通のアイデンティティの考案と市民の生活・福祉の向上を図る。

　これらの計画の具体化策として2008年12月にASEAN憲章が公布された。その主な内容として、目標（第1条）に地域の平和、安全、安定の維持強化、ならびに民主主義と人権、基本的自由の促進をあげている。組織では、ASEAN首脳会議が最高政策決定機関である（第7条）とする。教育と関連するのはアイデンティティとシンボルの項目で、共通のアイデンティティの促進（第35条）、共通のモットーとして1つのビジョン、1つの共同の確立（第36条）、ASEANの旗、日、歌の設立普及（第37〜40条）などを規定している。

　ASEAN共同体になれば各メンバー国が対等に参加する「単一生産地」、「単一市場」を創設し各国の経済が発展することを主な狙いとしている。単一生産地の動きは先行して進み、すでにタイ、マレーシア、インドネシアなど6ヶ国は多くの品目の関税を撤廃した。しかし、単一市場につながるサービスの規制緩和はほとんど進んでいない。経済の自由化が進まないのは、ASEAN加盟国間にある大きな経済格差が関連していると考えられてい

る。後発国（カンボジア、ラオス、ミャンマー、ベトナムなど）の経済発展が
ASEAN 共同体の確立にとって大きな課題となっている（日本経済新聞 2015
年 2 月 1 日号）。

　教育の面では、具体的に ASEAN 諸国では、国際理解の教育を重視し、英
語、仏語、独語に加えて日本語や中国語を中等教育から学習させる国が増え
ている。例えば、タイ、マレーシア、インドネシア、ベトナム等である。最近
では、さらに ASEAN 志向の教育が実践されつつある。ASEAN アイデン
ティティを養うために ASEAN 市民教育を導入し、ASEAN 諸国の社会経済
のみならず周辺国の社会や文化（あいさつ言葉を含む）も小学校段階から教
育しようとしている。とりわけ、各国民であると同時に ASEAN 市民である
ことを自覚させようとしている。外国のことといえば、欧米や日本、中国の
ことばかり取り上げていた内容に比べれば、これは画期的出来事であり、い
うなれば多文化共生教育を目指しているといえよう。

　ASEAN の教育の実情について、筆者は 2014 年 8 月にタイのチェンマイ
においていくつかの学校を訪問して調査した。まず、チェンマイ大学附属中
学校の社会科の教師に ASEAN に関しいかに教えているかを問うた。中学校
教師はほとんど ASEAN の属性について説明しているということであった。
その内容は、ASEAN 加盟国名、ASEAN の略歴、加盟国の国旗、国花、リー
ダー、言語などである。ただし、言語といっても各国のあいさつを教える程
度である。また国民であると同時に ASEAN 市民であることを強調してい
るとのことであった。一方、高等学校のレベルでは、ASEAN における特色
や問題、課題を取り上げて生徒に議論させつつ授業していた。特色というの
は、言語、宗教、生活様式、社会体制の相違などであり、問題としては国家間、
地方間の経済格差、通貨の統合、国民アイデンティティと ASEAN アイデン
ティティの育成、異文化理解、政治的統合の困難さなどを指している。

　次に、チェンマイ大学附属中等学校 118 人、チェンマイ山地民中等学校（ロ
ンリアン・スクサー・ソンロク・チェンマイ）の生徒 143 人および農村の S
小学校の児童 20 人にアンケート用紙により ASEAN に関し次の質問をし「は
い、いいえ」の「項目選択」の回答を求めた。質問事項は次の通りであった。

質問（1 〜 6）：ASEAN 各国の国旗、国歌、国花、リーダー（国王、大統領、首相など）、言語、加盟国について習いましたか。質問 7：ASEAN のについて学ぶことは楽しいですか。質問 8：ASEAN についてもっと知りたいですか。質問 9：ASEAN について学ぶことはタイにとって良いことですか。質問 10：ASEAN について学ぶと将来役に立つと思いますか。質問 10：あなたはタイ人であると思いますか。質問 11 あなたは ASEAN 市民であると思いますか。質問 12：あなたは ASEAN 市民になる必要があると思いますか。（複数回答可）。

　属性に関しては、小中高校生に共通して、国旗および加盟国について多くの児童生徒が学習していると回答した。国歌およびリーダーについては、学習していないという回答が多かった。国花は、中学生・小学生の過半数が学習していたが、高校生では少なかった。ASEAN の言語は、中学生の学習者が 3 分の 2 を占めたが、小学生・高校生では逆に非学習者の方が多かった。

　「ASEAN の学習は楽しいですか」、「ASEAN についてもっと知りたいですか」と言う質問には、小・中学生は肯定的に回答していたが、高校生では「楽しくない」という回答の方が多かった。これは教え方に関係していると思われる。前述のように高校では問題学習、課題学習のような方法で、生徒に下調べと意思が要求されるので苦痛に感じている生徒が多いのではないかと考えられる。

　児童生徒のアイデンティティ項目の回答をみると、小中高校生とも「タイ人」、「ASEAN 市民」を肯定していた。「タイ人」である（99%）とともに「ASEAN 市民」でもある（98%）ことを認識しているということは画期的な回答であり、ASEAN 教育の成果が表れているものと思われる。ただし、「ASEAN 市民の必要性」については高校生の中に若干の消極的回答がみられた。

　タイでは、ASEAN に関する教材として何種類もの副読本が発行され学校で活用されている。例えば、「サワディ・アセアン（Say Hello Asean）」（タイ語）は初歩的な副読本で「こんにちは」のあいさつ表現を、タイ語（Sawadee）、ミャンマー語（Mingalaba）、カンボジア語（Shuo Sa Dai）、ラオス語（Sabaidee）、ベトナム語（Xin Chao）、フィリピン語（Kumsta）、マレー

シア語・ブルネイ語（Salamat Datang）、インドネシア語（Salamat Siang）、シンガポール（Ni Hao）として絵入りで示している。「パーサー ASEAN」（アセアン言語、タイ語本）と題する副読本は、小中高校生、大学生用にも使用可能なものとして、家、学校、病院、食事、野菜、果物、食べ物（肉、ごはんなど）、数字、家族名、体の部分、動物、曜日、月、動作、あいさつ語などをアセアン10ヶ国語別に表にして分かりやすく提示している。

　小学生用の「ASEAN」（タイ語）という副読本では、はじめの方に ASEAN 地図、ASEAN 旗、ASEAN の基本方針（統一、誇り、共同、共有など）、加盟10ヶ国名、補助3国（日本、韓国、中国）、各国の略歴、国旗、国花、代表的動物、主要産業、リーダー、通貨、代表的料理、重要都市などを図入りで説明している。また、中学生用副読本では「ASEAN の歴史経緯」という副読本が発行され、10ヶ国が地域統合に至った略史が記述されている。そして、これらの教材は副読本として適宜利用に供されている。

　小中学校では、「ASEAN の日」というテーマで年に1～2回集会を行い、ASEAN 各国の国旗を持ったパレード、各国の踊りを披露して ASEAN に対する理解を深めようとしている。

　図1の「ASEAN に対するタイ人児童の特質—初等教育レベル」（2011年）をみると、次の3つのことが強調されていることが分かる。第1に、知識として ASEAN 各国の政治、経済、社会文化（民族、言語、宗教、地理、歴史等）、ならびに ASEAN 憲章に関して理解させる。第2に、技能・能力として、①基礎的能力（英語と ASEAN 言語1つ、情報技術、平和的方法による問題解決）、②社会的責任（文化的多様性の認識、リーダーシップ）、③学習と自己発展の技能（平等的価値観、相互学習、合理的思考、自分のコントロール）を発展させる。第3に態度として、ASEAN の特質を理解し、「足るを知る経済」の哲学を生活で実践し、平和な方法による民主主義的生活様式を身につけ、宗教の多様性を認め、ASEAN 市民としての誇りを持つこと、などである。

　このようにタイ人の児童に ASEAN に関する知識、ASEAN 市民に必要な技能・能力、および態度を身につけさせて、従来、強調してきたタイ国民の養成のみならず ASEAN 市民の育成を目指している。

第Ⅰ部　東南アジア諸国における共通の教育

チェンマイ山地民中等学校の国際教室における「ASEANの地図と加盟国の国旗」

チェンマイ山地民中等学校におけるASEAN教室前の廊下の飾り（あいさつ言葉）

7. モデル性

　以上述べた東南アジア諸国の共通教育において、特に下記の点が他の開発途上国に対しモデル性を有すると思われる。国家原則を樹立して国民教育制度（カリキュラムの統一、教授言語・私立学校の規制を含む）を整備すること。宗教に対する寛容を励行し、多様な宗教を認めつつそれらの教育をすること。英語の学習時間を多くし、コミュニカティヴ学習を強調していること。英語と地域語・国語・民族語などのバランスが考慮されていること。多言語の教育を認めていること。学校において男女平等の教育機会が保障されていること。地域共同体である ASEAN の市民教育を実施していること、などである。

　これらの特質をもつモデル性は、他の地域のそれらと異なっている面がある。例えば、日本や東アジア諸国の教育の特質（モデル性）と比べると明らかである。日本では、公立学校において特定宗教の教育は禁止されており、多様な宗教教育を認めている東南アジア諸国と好対照をなす。また、教授用語は日本語に統一されており、多言語教育は、普通、認められない。東アジア諸国では、共通の市民教育は、いまだ、取り上げることもされていない。ASEAN の市民教育を普及させようとしている東南アジア諸国と大きな違いである。

第Ⅰ部　東南アジア諸国における共通の教育

図1　ASEANに対するタイ人児童の特質—初等教育レベル

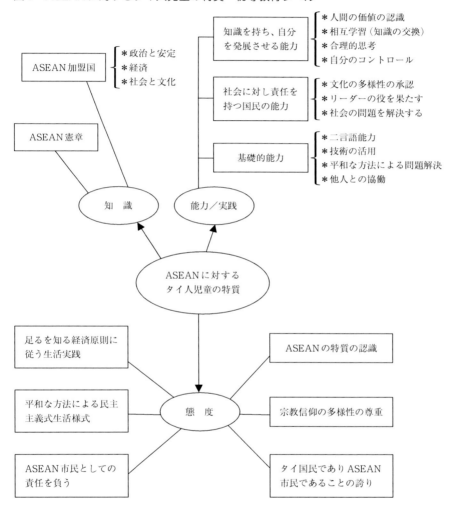

出処：タイ教育省基礎教育委員会 (2011年)「ASEANに対するタイ人児童の特質–初等教育編」(khun lakusana dekthai suu asean radab prathomsuksaa　p.4)

第2節　ASEANの資料

平良那愛

1.　ASEAN加盟国（プラス東ティモール）の経済指標・人間開発指標

　資料1は、「ASEAN加盟国（プラス東ティモール）の経済指標・人間開発指標（2015年）」である。人口では、インドネシアが2億5816万人で圧倒的に多い。一方、ラオス、シンガポール、東ティモール、ブルネイは700万人以下である。他の国は、1千万人～1億人となっていた。一人当たりGNI（USドル）をみると、シンガポール、ブルネイが3万USドル以上、マレーシア、タイ、フィリピン、インドネシアが3千～9千USドルであった。他の国は、1千USドル台またはそれ以下であった。人間開発指数（Human Development Index: HDI）では、シンガポール、ブルネイが最高位国（先進国）、マレーシア、タイが開発途上国の高位国、他の国が開発途上国の中位国となっていた。全体的に、人口、一人当たりGNI、人間開発指数などにおいて大きな格差のあることが分かる。

2.　ASEAN加盟国（プラス東ティモール）の教育指標

　資料2は、「ASEAN加盟国（プラス東ティモール）の教育指標（2015年）」である。識字率では、東ティモールの15歳以上67.5%、15歳～24歳の82.4%、カンボジアの15歳以上77.2%、ラオスの15歳以上79.9%を除き、他の国々は90%以上であった。初等教育の純就学率をみれば、n/aの国以外ではすべて90%を超えている。ただし、中等教育の純就学率では、ブルネイの85%、タイの83%、インドネシアの76%以外は低く、東ティモール56%、ラオス54%、ミャンマー48%、カンボジア38%などとなっている。高等教育の粗就学率はさらに低く、タイのみ49%であったが、他の国はそれより低く、フィリピン、ブルネイが30%台、ベトナム、マレーシア、インドネシアが20%台、東ティモール、ラオス、ミャンマー、カンボジアが10%台であった。

第Ⅰ部　東南アジア諸国における共通の教育

3.　ASEAN加盟4ヶ国のPISA調査結果

　資料3は、「ASEAN加盟4ヶ国のPISA（2015年）調査結果」である。4ヶ国は、インドネシア、シンガポール、タイ、ベトナムを指している。調査結果は、数学的リテラシー、読解力、科学的リテラシーの平均得点を表している。3者の平均得点が最も高いのはシンガポールですべて全体の1位を占めている。次いで、ベトナムが高く、科学的リテラシーは525点で8位であった。数学的リテラシーと読解力は、それぞれ22位、32位を占めた。他方、タイは409 〜 421点で54位から57位、インドネシアはさらに低く386 〜 403点で62位から64位であった。

　このようにPISAの国際学力テストにおいても平均得点、順位にシンガポールやベトナムのように高得点を出している国と、タイ、インドネシアのように比較的低い得点に終わっている国の間に開きがある。

　上述のような人間開発指数、教育指標で示された中等教育の純就学率、高等教育の粗就学率ならびにPISAの平均得点などにみられる各国間の開きを狭めることが東南アジア諸国の教育課題となっている。

資料1
ASEAN加盟国（プラス東ティモール）の経済指標・人間開発指標（2015年）

国名	人口／万人[*1]	GNI 億USドル[*2]	GNI／1人 USドル[*2]	人間開発指数[*3]
インドネシア	25,816	8,330.86	3,234	0.689（113位）
ブルネイ	42	127.86	30,214	0.865（30位）
カンボジア	1,552	170.62	1,095	0.563（143位）
東ティモール	124	11.36	959	0.605（133位）
ラオス	666	119.34	1,755	0.586（138位）
マレーシア	3,072	2,879.75	9,494	0.789（59位）
ミャンマー	5,240	624.81	1,159	0.556（145位）

25

国名	人口／万人 *1	GNI 億US ドル *2	GNI／1人 US ドル *2	人間開発指数 *3
フィリピン	10,172	3,537.56	3,513	0.682（116位）
シンガポール	554	2,789.33	49,776	0.925（5位）
タイ	6,866	3,753.20	5,523	0.740（87位）
ベトナム	9,357	1,833.21	1,962	0.683（115位）

*1　UN, *World Population Prospects: The 2017 Revision*
*2　UN, *National Accounts Main Aggregates Database*
*3　UNDP, *Human Development Report 2016*
人間開発指数（Human Development Index: HDI）：0.800以上　HDI最高位国
　　（先進国）、0.700〜0.799　HDI高位国（開発途上国）、0.550〜0.699
　　HDI中位国（開発途上国）、0.550未満　HDI低位国（後発開発途上国）

資料2
ASEAN加盟国（プラス東ティモール）の教育指標（2015年）

国名	識字率		初等教育就学率		中等教育就学率		高等教育粗就学率	教育支出の対国家歳出比
	15歳以上	15歳〜24歳	粗就学率	純就学率	粗就学率	純就学率		
インドネシア	93.9	99.0	106	90 ‡	86	76	24	21
ブルネイ	96.4	99.6	108	n/a	96	85	31	10 (2014)
カンボジア	77.2	91.5	117	95 ‡	45 ‡ (2008)	38 (2008)	13	9 (2014)
東ティモール	67.5	82.4	137	96	77	56	18 (2010)	8 (2014)
ラオス	79.9	90.2	111	93	62	54	17	12 (2014)
マレーシア	94.6	98.4	102	98	78	69	26	20
ミャンマー	93.1	96.3	100 (2014)	95 (2014)	51 (2014)	48 (2014)	14 (2012)	n/a

第Ⅰ部 東南アジア諸国における共通の教育

国名	識字率		初等教育就学率		中等教育就学率		高等教育粗就学率	教育支出の対国家歳出比
	15歳以上	15歳〜24歳	粗就学率	純就学率	粗就学率	純就学率		
フィリピン	96.3	97.9	117 (2013)	96 (2013)	88 (2013)	67 (2013)	36 (2014)	13 (2009)
シンガポール	96.8	99.9	n/a	n/a	n/a	n/a	n/a	20 (2013)
タイ	96.7	98.2	103	91	129	83	49	19 (2013)
ベトナム	94.5	98.1	109	98 ‡ (2013)	n/a	n/a	29	19 (2013)

出典：UNESCO, *UIS Stat*
1 括弧内は年次
2 識字率（15歳以上・15歳〜24歳）と‡印のデータはUIS推計値

資料3
ASEAN加盟4ヶ国のPISA（2015年）調査結果

国名	数学的リテラシー平均得点（順位）	読解力平均得点（順位）	科学的リテラシー平均得点（順位）
インドネシア	386 （63位）	397 （64位）	403 （62位）
シンガポール	564 （1位）	535 （1位）	556 （1位）
タイ	415 （54位）	409 （57位）	421 （54位）
ベトナム	495 （22位）	487 （32位）	525 （8位）
OECD平均	490	493	493

1 ASEAN加盟国（プラス東ティモール）の中でPISA2015調査に参加した4ヶ国の結果（国際基準を満たさなかったマレーシアを除く）
2 インドネシアとベトナムは、コンピューター型調査ではなく、筆記型調査で実施。
3 表中の4ヶ国はすべて非OECD加盟国
4 括弧内は全72ヶ国・地域中の順位

第 II 部
初等・中等教育

タイ、フィリピン、マレーシアにおいて実際に実践されている初等・中等教育活動、その実態、仕組み、意義等を取り上げ、教育モデルの可能性を究明している。第 3 章、第 4 章は外国人による英語の論文であるが、日本語要約を付けた。

第 2 章　タイの学校におけるボーイスカウト活動

村田翼夫

　タイには、ラーマ 6 世ワチラウット王がボーイスカウトをイギリスから導入し、子ども達の軍事教練や愛国心教育に役立てようとした。その活動は、徐々に学校教育に取り入れられるようになり、当初は選択の特別活動であったが、後に学校の選択科目となった。戦後は、国王主導から国家主導の活動へと変化し、1985 年以降、初等中等教育における必修教科とされた。こうしたボーイスカウト活動の変遷を概観するとともにその特色について述べることにする。

1.　ボーイスカウトの導入と学校への取り入れ

　1911 年にラーマ 6 世ワチラウット王は、イギリスの国防義勇軍をモデルにしてタイに義勇軍（スアパー隊）を設立した。それは、タイ国民の精神、愛国心、ヒューマニズムの形成と軍事教練を目的としていた。その 2 ヶ月後には「ルークスア（虎の子）」と呼ばれるボーイスカウト組織を導入し確立した。ラーマ 6 世王が地方へ遊行した時には、ボーイスカウトの入隊式を行い、義勇軍との共同訓練を挙行した。その目的は、若者の軍事訓練と愛国心の育成にあった。

第II部　初等・中等教育

　1913 年にボーイスカウト活動が学校の教育活動に取り入れられ、小・中学校における選択の特別活動となった。1918 年には、軍事教練や救急活動に加え生活に密着した各種の技能（木工、金工、裁縫、果樹栽培、稲田管理など）も教えることにした。さらに、1922 年に女子生徒用にジュニア赤十字活動（アヌカーチャート）が組織され学校活動に加えられた。

　このようにボーイスカウト活動は、当初、軍事教練の性格が強かったが、徐々に教育、人格形成、救急、技術活動の性格を強めていった。

　1932 年の立憲革命後から第 2 次大戦が始まるまでの時代のボーイスカウト活動は、絶対王政時代の国王主導から、戦時、戦後にみられる政府主導の活動へ移る移行期の特色を持つことになったのである。

　立憲革命後首相になったピブーンはタイを近代国家として生まれ変わらせるためにさまざまな改革を試みた。経済政策、軍事力整備による国家建設と並行して国民形成を重視した。彼は、国民意識形成のために、各種の政策をとった[1]。一つは国民記念碑の建設（民主記念塔、1 戦勝記念塔、民主主義寺等）であり、次は 1938 年の国歌の制定である。続けて 1939 年からラッタニヨムと呼ばれる 国家信条を発令し、タイ国民の国民意識を高揚させようとした[2]。ラッタニヨムによって、タイ国、国旗、国歌、国王賛歌、国産品愛用、タイ語などを強調してタイ人としての国民意識の高揚を図った。ラッタニヨムの公布と平行してボーイスカウト、ジュニア赤十字活動はその管理を国家青年協会に移して強化した。

　立憲革命以後、教育に対する国家の責任が明らかにされ、教育政策が重視されるようになった。1937 年に国民教育計画を発表し、小中学校のカリキュラムも改正した。同カリキュラムには、体育、宗教と並んでボーイスカウト、ジュニア赤十字活動も促進させよとした。それは小学校第 3・4 学年児童に週 1 時間行うものであったが、衛生、健全な習慣、安全教育、緊急救済などを内容とした。

2.　ボーイスカウト組織の確立

　1958 年 10 月にサリットが率いる革命団がクーデターを敢行して政権につ

29

いた。同革命団は、戒厳令の公布、憲法の廃止、内閣及び議会の解散、政党法の廃止を明らかにするとともに、共産主義の脅威から王権と宗教（仏教）を守ること、およびタイ民主主義の構築を強調した。

　サリットは、国王をポークン（慈父としての大君）と呼んで、伝統的な家父長的イメージを装い、国王の権威の再建に努めつつ、実質的な独裁政治を行なった。指導者が慈父として君臨し、徳をもって上から指導するタイ式民主主義であり、上からのナショナリズムであった。それは、タイ固有の価値観に基づく政治体制を形成することであり、特に、王権の復活を目指し、国王、宗教、民族の観念で表現されるラック・タイを重視するものであった。

　タイのボーイスカウト組織は、サリット政権下の 1960 年代にほぼ現行の形に整えられた。ボーイスカウト・ジュニア赤十字活動は、1960 年に正式科目ではなくなり課外活動として扱われるようになった。そして、少なくとも週 1 時間の活動実践が要求された。

　同時期にタイ・ボーイスカウト連盟は、急速な組織拡大に取り組んだ。1964 年にボーイスカウト法（プララーチャバンヤット・ルークスア、チャバッブティー 2）が制定され、全国的な組織が整備された。

　それらは、図 4-1-1 にみられるように、国家ボーイスカウト連盟、国家ボーイスカウト評議会、国家ボーイスカウト管理委員会、県ボーイスカウト委員会、郡ボーイスカウト委員会などであった[3]。

　国家ボーイスカウト連盟の目的は、ボーイスカウトを国家の伝統的慣習と理想に従って良き国民（ポンラムアンディー）として鍛錬することにある。その構成員は、国王を盟主としてボーイスカウト幹部、ボーイスカウト査察官、ボーイスカウト委員、ボーイスカウトスタッフである。ボーイスカウト評議会 50 人以内の有資格者で構成される。首相が議長、副首相が副議長とし、その他、教育大臣、内務大臣、教育次官、内務次官、地方行政局長、県知事および国王によって任命される 30 人以上 50 人以内の有資格者で構成される。体育局長は、委員であり書記を勤める（第 11 条）。その権限は、①国家ボーイスカウト連盟を安定発展させる政策の作成、②年報の発行、③ボーイスカウト管理委員会の業務に対する助言などとなっている（第 12 条）[4]。

第Ⅱ部 初等・中等教育

図1:タイ・ボーイスカウト連盟組織図

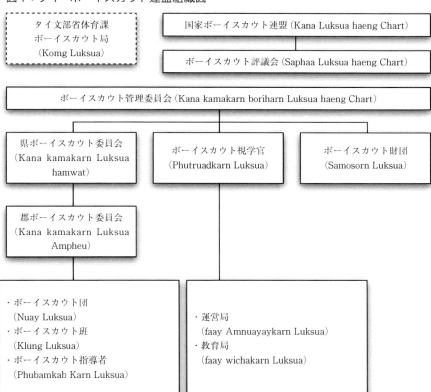

〔中学1年生ボーイスカウトの教科書 Samnakprisaanmit社 1964〕

　一方、評議会の下で活動の運営部門の中枢を担っているボーイスカウト管理委員会は、文部大臣が委員長、文部次官、内務次官が副委員長をつとめ、国王によって任命された15人以内のメンバーによって構成されている。また評議会と同様、体育局長が書記をつとめている。その主な任務と権限は、次の通りであった。
①国家ボーイスカウト連盟の目的、およびボーイスカウト評議会の方針を遂行する

図2：ボーイスカウトの意義、目的、基本方針

《ボーイスカウトの意義と目的》
　青少年を、伝統文化を重んずる、礼儀正しい、よい国民に育て上げると同時に、国家、宗教、および国王に忠誠を誓い、社会に奉仕し、貢献することができる人間を形成していくことを目的とする。

《ボーイスカウトの目的》
身体的目的：身体を鍛錬し、健康を保つなど。
知能的目的：判断力や創造力を養う。
感情的目的：明るく、協調的な人間に、など。
社会的目的：自分に自身がもてる、社交的、良い人間関係、勉強に対する姿勢など。
精神的目的：謝罪と反省ができる人間、他人を嫉妬しないなど。

《ボーイスカウトの基本方針》
1) 自分の信ずる宗教活動を積極的に支援する。
2) 国家に忠誠を誓う。祖国の独立のために労力や命を惜しまない。
3) 世界中のボーイスカウトは皆兄弟である。その友情を大切にする。
4) 奉仕活動を常に実践する。
5) ボーイスカウトの誓いと規則を認識し、実行する。
6) 自発的にボーイスカウト活動に参加する。（強制してはならない）
7) 政治団体からの独立を保つ。
8) 青少年のためのボーイスカウト独自のカリキュラム（野外活動、地域調査など）を行う。

②国際ボーイスカウト団体との関係強化
③ボーイスカウトの訓練、各レベルのボーイスカウト指導者の養成
④国家ボーイスカウト連盟の規則、計画の作成、財務管理、などである。

　このボーイスカウト管理委員会の下に県レベルで県ボーイスカウト委員会、郡レベルには郡委員会が設置された。

　ボーイスカウトの実質的な活動は、学校を1つの単位として形成されるボーイスカウト団によって行われる。各団は4つのレベル（カブ：小学校2〜3年、ボーイ：小学校4〜6年、シニア：中学校1〜3年、ローバースカウト：高校1〜3年）を備える。4〜6名を1つの班とし、2班以上6班以内を1隊として小集団を形成する。地方におけるすべてのボーイスカウトの単位は、

県または郡のボーイスカウト委員会によって統括され、中央では国家ボーイスカウト管理委員会の下に置かれた。このように各行政機関と直結したボーイスカウト組織は、国家主導の性格をよく表している。

当時の小学校で使用された副読本によれば、ボーイスカウトの目的は、伝統文化を重んじ、礼儀正しく、タイ三原則（ラック・タイ）に忠誠を誓い、社会に奉仕・貢献できる人間を形成することであった。また、表に示したようにボーイスカウトの基本とされる誓いの言葉で、第1にタイ三原則である民族共同体、宗教、国王に忠誠を誓わせている。その他、「いつも他人を助けます」や「スカウトの規則に従います」も挙がっている。

表1　タイスカウトの誓いの言葉

カブスカウト	ボーイ・シニア・ローバースカウト
誓いの言葉： 1　私は民族共同体、宗教、国王に対して忠誠を誓います。 2　私はカブスカウトの規則を守り、毎日社会の役に立つようなことをすることを誓います。	誓いの言葉 1　民族共同体、宗教、国王に対して忠誠を誓います。 2　いつも他人を助けます。 3　スカウトの規則に従います。

出所：ボーイスカウトタイ連盟 "Thai Scouting" 1989年

3.　学校における教育活動と必修教科

1978年の初等教育の新カリキュラムによれば、学習分野は、基礎技能（タクサナ）、生活体験（プラソップカーン・チーウィット）、人格形成（ソンスーム・ラクサナニサイ）および仕事と職業の基礎（カーンガーン・レ・プーンターン・アサワ）の4つに大別し統合され、以前のような教科ごとによる分類はしないことにした。その中でも生活経験分野と人格形成分野が重視され、目的として「教育は一致協力により国家の統一を目ざすこと」が、「国民としての権利、義務、責任の重要性を理解させる」「教育は大衆のためのもの」「教育は生活にとって有用なもの」と並んで目的の1つに掲げられた。また、目標

では(i)「個人的資質」(ii)「生活に必要な基本的知識・技能」(iii)「平和的生活のための資質」に加えて、(iv)「地域社会（チュムチョン）、民族共同体（チャート）の良きメンバー」が挙げられた[5]。

　ラック・タイを基本に置く国民形成の目標は、ラーマ6世ワチラーウット王、ピブーン政権、サリット政権によって唱導されてきたが、現実に国民教育に浸透するに至ったのは、この1978年のカリキュラムが実施されてからであった。この時点から本格的にタイ人に国民アイデンティティを持たせる国民教育が開始されたといえよう。

　1977年の文部省通達（カムサン）は、初等中等教育におけるすべての学校に、毎日の朝礼時の国旗掲揚、国歌の斉唱、国王賛歌に加えて愛国歌（プレーン・プルック・チャイ）の斉唱を要求した。さらに、朝礼の際に、生徒に誓詞（ネオ・カムパティヤーヌ）を一斉に朗読させるか、または教室にその張り紙をさせることにした。その誓詞には、「タイ人の祖先が身を献げてきた民族、国家、国王、宗教のおかげでタイ国の繁栄があるのであるから、私達もタイ原理に忠誠を誓う」とあった。その他、国家行事への生徒の参加も奨励された。中等学校では、社会科学習、ドラマ、展覧会、作文・絵画・作詞コンテストなどを通してタイ原理重視活動の展開が図られた。1976年には、政府は4月15日であった母の日をシリキット王妃誕生日の8月12日に変更し、王妃を国民の母として讃える日とした。当日には、王妃および王室への忠誠心を培う様々な学校行事が全国で行われ児童生徒が参加する。それらは、王妃の公的活動の展示、母への恩に感謝する諸活動（作文・絵画の展示、歌の合唱、スピーチコンテスト、母を学校へ招き行う拝礼儀式など）、全国母の日活動優秀学校の選抜と表彰などである[6]。

　1978年度からは、宗教の実習が重んじられるようになった。例えば、朝礼の時に国旗掲揚の後仏陀の像にお参りすること、寺（ワット）へ行って坐禅すること、僧を学校に呼んで説教を聞くこと、などの機会が多くなった。新カリキュラムの施行後、社会科の教員は、地理、歴史、公民、倫理の教員の別を問わず、現職教育を受ける時に仏教の研修を受けるようになった。1985年には、すべての国公立の初等中等学校に仏陀の像が配置された。

34

さらに、1985年度から、従来選択科目として奨励されていたボーイスカウト、ガールスカウト活動が、小学校、中学校の必修教科となった。小学校1、2年生と5、6年生は年に約40時間、3、4年生は約60時間（1時間は20分）学習すべきこととされた。1985年から1989年まで、すべての小学校は人格形成活動の50％は、ボーイスカウト／ガールスカウト／ジュニア赤十字活動に充てなければならないことになった[7]。これは、1984年10月16日の教育省令に基づいていた。スカウト活動は、グループの団結、集団行動の訓練、相互扶助の精神育成にとって有用とされるが、タイのボーイスカウト活動の内容には、身体の訓練、衛生の習慣、生活ルールの習慣、実践的モラルの確立などの一般的内容と併行して、「タイ国旗の性格と意味を知り、掲揚の方法を習う」、「国歌、国王賛歌を習い、それを聞く時の姿勢を学ぶ」ことも含まれていた[8]。
　具体的なボーイスカウト・ガールスカウト活動の例を小中学校の教科書を基に検討してみる。小学校4年生の場合、活動として「健康」、「技能」、「探求」、「自然の探索」、「安全」、「サービス」、「ボーイスカウト旗と外国の国旗」、「手工芸」、「学校外の活動」、「楽しいこと」、「ひもの結び方」、「ボーイスカウトの規則とモットー」の12項目が挙がっている。これらの活動を始めるときにいつも開会式が行なわれる。まず、児童たちは、ボーイスカウト旗の掲揚

南タイ・ヤラー市におけるボーイスカウト活動、キャンプにて

（チャック・トン・クン）、お祈り（スワットモン）、立ったままの黙想（サンゴップニン）を行なう。次に、身なり（身体および服装）のチェックがあり、その後、グループに分かれて活動を実施する[9]。

　例えば、「サービス」の内容は、①他人を助ける（掃除、ゴミ処理）②セルフ・サービス（ごみの処理、整理整頓）、③グループ活動、係り活動などである。「ボーイスカウト旗と外国の国旗」では、「国王賛歌」と「国歌」を合唱する。国家のボーイスカウト旗と県のボーイスカウト旗を掲げその意味を習う。引き続き、外国の国旗（イギリス、フィリピン、日本、マレーシア、シンガポール、インドネシア）に対する尊重の方法について学ぶ。「ボーイスカウトの規則とモットー」では、ボーイスカウト規則、およびモットーである「ラック・タイの崇敬と保守」と「ボーイスカウトの規則を守り、他人を助けること」について学ぶことにしている。活動が終われば、先生がＯＸ式のテスト、および先生の観察により児童の出席、意欲、身なり、参加の積極性などを評価する。最後に閉会式を行ない、ボーイスカウト旗を降ろす。

　2003年から実施された基礎教育カリキュラムでは、特別活動として「学習者発達活動」が設けられた。それは、主にガイダンス活動と児童・生徒活動で構成される。ボーイスカウト、ガールスカウト、ジュニア赤十字活動は後者の活動として位置づけられた。その内容にはいうまでもなくタイ原理への忠誠が重んじられるが、それとともに他人を助けること（主に掃除、ゴミ処理）、社会に役立つこと、公共サービス精神の涵養も重視されるようになっている。いうなれば、国民アイデンティティと結びつく実践的道徳活動として重んじられているといえよう。

　ボーイスカウトにおいては、礼儀、挨拶、規律、ラック・タイの尊重、危険性に対する対処などは、活動目標にも掲げられ、実際の活動においても実践されている。しかるに、現代社会における社会的規律や集団行動の意義について指摘されていないのである。

　また、第12章に紹介された南タイ・ヤラーの「平和センター」におけるボーイスカウト活動にみられるように、共同のハイキング、キャンプ、冒険、牛の飼育、バイオガス作成などを通して異なる学校の児童生徒、異文化（イスラー

ム教徒、仏教徒）の背景を持つ児童生徒が調和的な共生グループ、共生社会のあり方を学んでいる。このことも政府の方針にみられない活動目標であるが、その利用の仕方によって平和的多文化共生を学ぶのに適切な活動になり得ることを示している。

4. 教育開発モデルとの関係

　いずれにしても、タイ原理である民族共同体・国王・宗教への忠誠は、国民アイデンティティを強めることをねらいとして公教育において重視され、ボーイスカウト活動、学校行事、カリキュラム、教科書などを通して強調されてきた。特に、ボーイスカウト活動は、学校における知識中心の道徳教育や仏教教育による個人主義的な道徳教育の性格を補って、集団的行動面、および多文化主義的平和共存のアイデアを補強している。

　フィリピンの小学校、中等学校（ハイスクール）においてもボーイスカウト活動が、活発に実施されていると聞いている。ただし、タイのように必修教科になっているわけではないが、多くの学校においては放課後に課外活動として行われている。

　このような学校におけるボーイスカウト活動は、東南アジア諸国において個人主義的になりがちな集団活動、モラルの低下が危惧されている道徳教育の活性化、あつれき、葛藤が懸念される異文化を背景に持つ人々の平和的共生、ならびに国民統一への助成の面からみて、それらの国々における教育開発のモデルになり得ると思われる。

注
1　玉田芳夫「タイの国家形成と国民形成」AREA『外文明と内世界』B01、1995年48
　　－49頁。
2　加藤和英「タイ現代政治史－国王を元首とする民主主義－」弘文堂、1995年、110
　　－111頁
3　Onkaankhan Khong Khurusapaa Chadpimchamnaai องค์การค้าของคุรุสภา　จัดพิมพ์จำหน่าย（教員協会印刷販売所）*Phraraachbanyat Looksua*, 2507 พระราชบัญญัติลูกเสือ 2507（ボーイスカウト法　1964年）、Laksana Nueng ลักษณะ 1（第1部）Laksana ลักษณะ 2,　Muat

Nueng 1, 2, 3, 4 หมวด 1, 2, 3, 4（第2部、第1,2,3,4節）、1964

4 Ibid., Laksana ลักษณะ 2, Muat Nueng หมวด 1, Martrar มาตรา 11, 12（第2部　第1節、第11、12条）

5 Krom Wichakaam, Krasuan Suksaathikaan กรมวิชาการ กระทรวงศึกษาธิการ（教育省学術局）, *Laksut Pratomsuksaa 2521* หลักสูตรประถมศึกษา（1978年初等教育カリキュラム）, pp.1-3

6 野津隆志「タイ東北における国民形成の研究——農村小学校のフィールドワーク」筑波大学提出博士論文、2003年、120-124頁

7 Krasuan Suksarthikaan กระทรวงศึกษาธิการ （教育省）, "Naeo Nayobaai Kaansuksaa" แนวนโยบายการศึกษา 2528（1985）

8 Samatchai Srikrisana, *Koomuu Looksua Samrong Looksua Saaman* คู่มือลูกเสือสำรองลูกเสือสามัญ（カブスカウトとボーイスカウト用ハンドブック）, 1974, pp.14-15

9 Khanakamakaan Looksua Faai Wicharkaan, Samnakngarn Khanakamakaan Borihaan Looksua Haeng Chart คณะกรรมการการลูกเสือฝ่ายวิชาการ สำนักงานคณะกรรมการบริหารลูกเสือแห่งชาติ （国家ボーイスカウト管理委員会事務局、ボーイスカウト副委員会学術課）, *Kichakam Looksua-Naetnaari, Chan Pratomsuksaa Phithi 4* กิจกรรมลูกเสือเนตรนารีชั้นประถมศึกษาปีที่ 4 2540, pp. 1-111（小学校4年生のボーイスカウト・ガールスカウト活動） 1997年, 1-111頁

第II部 初等・中等教育

第3章 "A Buddhist Path to Student Happiness: A Case Study of Thailand"

By

Gerald W. Fry

Rosarin Apahung

Yes, you may well doubt, you may well be uncertain... Do not accept anything because it is the authoritative tradition, because it is often said, because of rumor or hearsay, because it is found in the scriptures, because it agrees with a theory of which one is already convinced, because of the reputation of an individual, or because a teacher said it is thus and thus… But experience it for yourself.

The Lord Buddha
The Kalama Sutta

Many of the things you can count, don't count. Many of the things you can't count really count.
Albert Einstein

Live as if you were to die tomorrow.
Learn as if you were to live forever.
Mahatma Gandhi

39

1. The Context

In recent years there has been considerable criticism of Thai education both by prominent scholars and journalists. These critiques generally derive from data showing Thai students performing poorly on both international tests such as PISA and TIMSS, and local O-Net tests.

There are multiple responses to such criticisms. The first and most common is that Thailand, thus, faces a major crisis and must improve the quality of its educational system. If not, it will be stalled in what has been termed the "middle income trap". A second response relates to serious criticisms of the kind of "objective" standardized tests in which Thai students are faring poorly. These exams narrowly focus on academic outcomes, and do not assess creativity, character, imagination, emotional intelligence (EQ), cultural intelligence (CQ), and other important traits (Abeles & Rubenstein, 2015; Should be Gould, 1996). Third, Thailand is often being compared to countries like Korea, Japan, Taiwan, and Singapore. When Thailand's students' PISA scores are compared to countries similar in terms of economic development (Brazil, Turkey, Costa Rica, and Peru), Thailand's performance appears much more satisfactory (Amornwich, 2018).

In recent years, there has been increased interest in human happiness as an alternative development and educational outcome. What is more important than happiness? Among key scholars doing research in this area are Emma Seppälä (2016) at Stanford and the Thai scholar, Sauwalak Kittiprapas (2016, 2017). And the King of Bhutan has introduced the concept of GNH (Gross National Happiness). The two authors of this chapter with a Korean scholar presented recently presented a paper in which we assessed the HQ (Happiness Quotient) of various nations around the world (Fry, Chun, & Rosarin, 2017). Interestingly, PISA now assesses student happiness. In their most recent ranking, Thailand ranks 4th out of

64 countries in student happiness.   In Bloomberg's most current misery rankings for 65 nations, Thailand was number one with the least misery (Saraiva & Jamrisko 2017).   Figures 1 and 2 provide visual evidence of happy Thai students.   In the second figure Thai students are taking a lunch break during the "stressful" O-Net tests.

Research Questions

Thus, in this chapter we try to answer two basic research questions:

1) Why are Thai students so happy?
2) To what extent does Buddhism help explain this result, and what elements of Buddhism may contribute to student happiness?

The answers to both these questions have policy and practical implications that may go well beyond Thailand.

2.   Factors Contributing to Thai Student Happiness

There are numerous reasons for Thai students being so happy.   They are as follows:

1) Thai teachers are trained to have compassion for their students and to be close to them. There is much mutual respect between teachers and their students (see Figure 3).
2) Thai teachers are not too strict, nor too demanding.   They do not impose excessive homework and tend to be tolerant regarding late papers...
3) Thai culture, especially outside urban areas, could be called "wet-rice cooperative culture".   There is an emphasis on enjoyment, *sanuk* (สนุก) (having fun), being content, not competitive.
4) Thailand has an attractive tropical environment with beautiful nature, and Thai educators try to make their classrooms inviting and attractive.   There is eternal summer and "affluent subsistence".
5) Buddhist culture emphasizes kindness, gentleness, civility, tranquility...

41

6) Thailand's royal family is highly supportive of education. A member of the royal family passes out diplomas to all graduates of public universities. HRH Princess Maha Chakri Sirindhorn provides support to remote schools and disadvantaged groups (Sirindhorn, 2018)(see Figures 4 and 5).

The first and fifth factors clearly are Buddhist in nature. Though Thailand is a nation with religious diversity, approximately 95% of the population are Theravada Buddhist. Thus, the vast majority of students and teachers are Buddhist. The three national symbols are: *chat* (ชาติ) (nation), *satsana* (ศาสนา) (religion), and *Phramahakasat* (พระมหากษัตริย์) (King).

The identification of these factors is based primarily on *participant-observer* reflections of the two authors. One of the authors is now finishing his sixth decade of doing research on Thai education and has taught at different levels in many diverse institutions in Thailand over those years. The Thai author is an award-winning teacher who has been a public school teacher in the remote Northeast for approximately 35 years.

3. Background on Buddhism

There are many genres and sects of Buddhism and it is practiced in a number of major Asian countries and areas such as Bhutan, Cambodia, China, India, Japan, Laos, Myanmar (Burma), Sri Lanka, Thailand, Tibet, and Vietnam (Thomas, 2018). Its historical origins were in India and then it later spread east and north to Southeast and East Asia. In this paper we draw heavily on the thinking of the prominent Thai Theravada Buddhist intellectual, Buddhadās Bhikku, whose work has been translated and popularized by Donald Swearer of the Center for the Study of World

第II部　初等・中等教育

Religions at Harvard. In 2005 UNESCO named Buddhadāsa Bhikku as an outstanding world personality. We also draw on the work of Buddhadāsa's protégé, Bhikku Kemananda, whose work has been translated and popularized by Grant Olson (Kovit , et al., 2015).

There are key three basic principles that cut across all genres and sects of Buddhism. First, there is no requirement that individuals have faith in a supernatural being such as God. The Buddha was simply a wise and inspiring teacher. Second, there is the fundamental principle of non-violence and respect for life in all its forms. This principle is elegantly articulated in the novel, based on the life of Buddha, written by the Swiss-German writer and Nobel laureate, Hermann Hesse (2009). Third, there is the law of dependent origination, an important and profound teaching of the Buddha. It is a "law" of cause and effect. It can actually be most easily understood using the framework of modern scientific causal modeling. The key dependent variable to be explained is human suffering and the task is to understand what causes such suffering. In modern scientific terms, $S = f(X_i)$ where X_i are the various factors that contribute to human suffering such as various cravings and attachments. Most relevant to education and teaching, is that a key factor in this process of cause and effect is the eradication of *ignorance*. Other key concepts related to the law of dependent origination are relativity and interdependence. This law also relates to the development of spiritual and moral maturity, curricular elements often inadequately addressed in modern educational curricula narrowly focused on intellectual analytical left-brain development.

4. Elements of Buddhism Most Related to Student Happiness
Buddhist Epistemology
The quotation at the beginning of this chapter is from the Kalama Sutta

in which the Buddha articulated his basic philosophy of how we know and learn. This is the part of Buddhism most relevant to contemporary education.   This progressive philosophy was developed about 2,500 years before such profound progressive educational thinkers as John Dewey, Lev Vykotsky, Paulo Freire, and Ivan Illich. Key elements in the philosophy are *critical thinking; experiential learning;* pragmatism; the need to understand three kinds of action, namely mental, verbal, and bodily; and *interdependence.* There are no self-caused independent entities. Everything arises from something else.

The philosophy also resonates well with Kowit Varapipatana's *khit-pen* (คิดเป็น) (to know how to think) concept. Kowit, influenced by the noted Brazilian educator, Paulo Freire, was the father of Thai non-formal education and is the only Thai in the Alternative Educational Hall of Fame. The basic idea is that students fundamentally need to learn how to think independently and apply knowledge in practical problem-solving.

Frequently today students uncritically accept ideas and "facts" from the Internet. Alan November, a major guru with respect to Internet learning, is deeply concerned about uncritical acceptance of "knowledge" shared and disseminated on the Internet. Primarily because of Buddhist epistemology and Buddhism's not requiring belief in a supernatural being, the psychologists, Douglas Burns and David Barash (2014) argue that Buddhism is the religion most compatible with modern scientific thinking. They also both emphasize how it promotes both critical thinking and experiential learning.

An example of a Thai school emphasizing Buddhist ideas is Roong Aroon School in Thonburi. Interestingly the dynamic creative founder of

第 II 部　初等・中等教育

this school, Ajan Prapapat Niyom, was not trained in education but as an architect. One of the authors has had the privilege of visiting this school. Students at this school seemed extremely happy both because of being in an attractive natural environment (sometimes compared to a "resort"), but because of their being so engaged in their learning in accord with Buddhist epistemology. Based on similar Buddhist principles, Ajan Prapapat has created an innovative institution of higher education, The Arsom Silp Institute of Arts. Another alternative school noted for having engaged and happy students is the Bamboo School in Buriram founded by the dynamic social entrepreneur, Mechai Viravaidya. The United Nations Fund for Population Activities (UNFPAP) considers it to be one of the world's most innovative schools (APCG2018, 2018).

The Buddhist way of learning and knowing emphasizing inquiry-based learning, critical thinking, and experiential learning certainly contributes to making schools a more enjoyable place to be and making learning more fun, exciting, and challenging.

The Four Buddhist Virtues: Karuna (กรุณา), *Metta* (เมตตา), *Upekka* (อุเบกขา), *Mudita* (มุทิตา)

These four key virtues can be translated as compassion, loving kindness, tranquility, and deep empathy. The first two concepts relate to what Appiah has called the cosmopolitan ethic. We should show compassion and loving kindness to all human beings, even strangers. University of Oregon psychology professor Paul Slovic has spent 20 years doing research on compassion, showing its importance. The third virtue, tranquility, relates to what Goleman has popularized as emotional intelligence (EQ). In Buddhist thought, getting angry or losing control of one's emotions is a sign of a lack of maturity. Finally deep empathy means we should experience great

45

joy when others do well or succeed, even though they may have done better than we ourselves have or we have lost to them in some kind of competition. Deep empathy relates importantly in a rapidly globalizing multicultural world to the need for the development of intercultural competence and the cherishing of cultural diversity.

Respect for Teachers

The Lord Buddha was not a deity but a teacher, philosopher, and ethicist. In Thai Buddhist culture there is great respect shown for teachers. On January 16 of every year, Teacher's Day is celebrated in Thailand and its teachers at all levels are honored. Two concrete examples (one from September, 2015, and another from September, 2016) illustrate well this honoring of teachers in Thailand. As a concrete example on September 17, 2015, a teacher named Banleng Apahung retired as a primary science teacher after serving for 36 years in a remote school, Ban Som Kok, in northeast Thailand. Though he was a regular teacher showing expected dedication to the learning of his students, around 500 people attended his retirement party and a special booklet about his life and accomplishments was presented to guests (Rosarin, et al., 2015). Interestingly the book in his honor was titled *Mudita*, one of the four Buddhist virtues described above. Even renown professors retiring in the U.S. do not normally receive this kind of recognition and honor at their retirement. After completing 15 months of teaching and training at the National University of Laos in that Buddhist country, the "retirement party" experienced by one of the authors was far more extravagant than that which he experienced in the United States after 19 years of service at a major research university.

Recently on June 22, 2017, as part of Thai tradition, Dr. Rosarin's school in remote Isan, Chumchonbansang School, held a ceremony called Wan Wai

Khru (the day to show your respect for your teachers) (see Figure 3).

A third example is perhaps even more striking. From September 9-13, 2016, a principal of a large public school in the Bangkok metropolitan area took her 63 teachers on a study tour of Korea as a kind of "reward" for their dedication. The total costs of this expensive trip were borne by the school and principal, not the teachers!

The ingenuous dedication and commitment of a rural school teacher actually became the subject of a major novel by Khamman Khonkai (1982), which then became an award-winning film. The novel was later translated into Japanese and English. It insightfully reflects the life of those willing to sacrifice to teach in remote rural areas and the many challenges they face.

The Law of Annichang (อนิจจัง) (Impermanence)

This law is the one constant in the universe. Everything is dynamic and changing, not static. For example, we all grow older day by day, hour by hour. No one can defy mortality. This principle of impermanence obviously relates to innovation and change since it focuses on recognizing that change is normal and to be expected. Many institutions, including even those in higher education, are often resistant to change. Nike with its recognition of the importance of continual innovation reflects this Buddhist principle of impermanence. Teresa Amabile at the Harvard Business School has been a strong advocate for fostering more creativity and innovation in organizations. It is important that students understand this principle and be provided opportunities to be creative coming up with innovative ideas, projects, and research. Project-based learning is a way to encourage creativity and innovation. The motto of the Thai graduate university, the National Institute of Development Administration in Thailand, "wisdom for change", reflects this fundamental principle of Buddhism.

The Principle of Sati (สติ) *(Mindfulness)*

This is another important principle of Buddhist thinking highly relevant to both education and leadership. Jon Kabat-Zinn, founder of the Center for Mindfulness at the University of Massachusetts, defines mindfulness as:

> Mindfulness means paying attention in a particularly way: on purpose, in the present moment and non-judgmentally.

In both our personal and professional lives mindfulness is critical. Lack of mindfulness is certainly another factor contributing to suffering. The person driving while texting may be inadequately mindful of driving, resulting in potentially devastating tragedy, pain, suffering, and perhaps death. It is also not mindful to walk and text. An important, but neglected, goal of schooling is being mindful to enhance the well-being of students and to reduce their suffering (Suchada, 2014).

The essence of Buddhist communications, an important part of mindfulness, is expressed elegantly by Raymond Tong in his *Language of the Buddha* (1975, cited in Bickley, 1982, p. 99):

> What greatly attracts me to the Buddha is the civilized concern which he shows for the temperate use of language.

> For him a right way of speaking is one of the strands in the eightfold path leading to enlightenment and the end of suffering.

第Ⅱ部　初等・中等教育

To attain this right way all lies, all bitter and double-tongued words, all idle babbling, must be avoided.

So equally must harsh abusive speech, arrogant usage heeding only itself, and crude expressions tending to corrupt.

Style also is important, and bombastic inflated language is condemned no less than gentility and plausible fine words.

Above all the Buddha values restraint with words, knowing that silence is often more expressive than the finished poem.

Robert Tremmel has written about Buddhist mindfulness and reflective practice in teacher education. He argues that reflexive teacher education can be enriched by the use of the Zen Buddhist tradition of mindfulness. He also draws upon the work of the Vietnamese priest, Thich Nhat Hanh in this area. Mindfulness can contribute to reflection in action and involves a lifetime of practice. With this orientation, teachers can plunge themselves, "mind and body, into the center of teaching and learning" (Bennett, 2018).

The Principle of Annata (อนัตตา)(Non-Self)

This relates to one of the major attachments, that to our own ego and selfishness. Generously sharing credit is a sign of having *annata*. Currently in Thailand, the people there have tremendous respect for HRH Princess Maha Chakri Sirindhorn. She is known as the "Education Princess". One major reason for the respect she is shown is because of her being so down to earth and humble without any arrogance or snobbishness. Like her father, the late HM King Bhumipol the Great, "The Teacher

49

of the Land", who visited all of Thailand's approximately 900 districts across the Kingdom, the Princess, also sacrifices her precious time to visit and assist those in remote disadvantaged areas. On May 23, 2017, the Princess visited Dr. Rosarin's remote school, which is part of a network of disadvantaged schools in remote areas supported by HRH (see Figure 5).

It is also extremely important to share credit which also relates to the ethical issue of plagiarism. This principle relates to character building and moral education. The Globe Study, one of the major cross-cultural studies of leadership around the world, found that there was universal dislike of self-centered and self-promoting leaders. At Dr. Rosarin's remote Isan school, the key principle of leadership being emphasized by her school director, Ms. Phawinant Namsri, is cooperative and distributive leadership reflecting Buddhist principles. Great and inspiring teachers are frequently viewed as self-less, humble, and not at all self-centered.

5. Special Projects to Foster Buddhism and Related Moral Education in Thai Schools

*The Creation and Expansion of Rongrian Withiput (*โรงเรียน วิถีพุทธ*) (Buddhist Oriented Schools)*

The goal of this innovative program was to create *Buddhist* oriented schools by drawing upon key principles of Buddhism to use both in the administration of schools and to enhance the moral education of students in the schools. There is a special emphasis on the Buddhist philosophy of education and three-fold training (*traisikkha*) (ไตรสิกขา). There is an emphasis on three elements: 1) moral behavior, 2) right mind, and 3) ultimately wisdom. The goal is the development of both moral and intellectual virtues. The participating schools are those regular public schools (primary and secondary) under the jurisdiction of the Office of the Basic Education Commission (OBEC). This particular program is handled by the Office of Innovation Management Studies of OBEC in collaboration with the Maha Chulalongkorn Buddhist University. The program started back in 2003 with 79 participating schools. By the year 2014, more than 20,000 schools around the country had joined the program.

The Establishment of the Sathirakul Youth Education Foundation

This foundation, established in 2003, which receives financial support from the Crown Property Bureau (CPB), includes three centers, namely:

1) Centre for the Promotion of Moral Education Schools (*rongrian khunatham*) (โรงเรียนคุณธรรม)
2) Centre for the Study of Sufficiency
3) Centre for Educational Psychology (CEP)

The goal of the first center is to promote moral education across the curriculum. It was established in response to concerns about Thailand in the face of rapid materialism, modernization, and globalization losing its moral compass and traditional values which emphasized compassion, honesty, contentment, empathy, unity, civility, humility, tranquility, and kindness. It also responds to the critique that the academic system was narrowly focused on only academic achievement, a major reflection of Dr. Kowit Varapipatana, the father of the *khit-pen* (คิดเป็น) (ability to think and analyze) philosophy. The center conducts workshops, training, and research to promote moral education throughout the Thai educational system and across schools and their curricula.

The second center was inspired by HM King Bhumipol's philosophy of the sufficiency economy which was an integral part of Thailand's Ninth National Development Plan (2002-2006) (Avery & Bergsteiner, 2016). Unfortunately, there have been misunderstandings and false interpretations of HM's philosophy. The goal through outreach, training, research, and scholarships is to promote both a deeper understanding and broader implementation of the sufficiency philosophy. Awards are given to the schools best implementing the sufficiency philosophy. At the higher education level an example of the sufficiency philosophy is Chulalongkorn University which is now using exclusively electric shuttle buses, shared mini-electric cars, and shared bicycles for moving students around its large campus. Another inspiring innovative example of the sufficiency economy is the campus of the International Sustainable Development Studies Institute (ISDSI) in Chiang Mai, which is built from 22 recycled shipping containers (Hammon, 2018) (see Figure 6).

The third center, CEP, has these foci:

- Promotion of Socratic teaching
- Encouragement of peer tutoring
- Fostering better relations between teachers and students
- Increasing parental involvement in education
- Creating mindset breakthroughs

The president of the Foundation overseeing these three centers is Privy Counselor Dr. Kasem Wattanachai, former minister of education.

6. A Model of Teaching and Educational Excellence (Relevant to All Levels of Education from Preschool to Graduate Education)

Many Buddhist thinkers and intellectuals emphasize the application of Buddhist principles to both academic research and education/pedagogy. In that spirit, we have developed a model of teaching and educational excellence inspired by the insights derived from analyzing Buddhist thought (Fry & Kamata, 2018). In the interdisciplinary spirit of this chapter, we draw on a figure from theoretical physics, the tetrahedron, to present our basic tetrahedron model to explain teaching and educational excellence, which includes four closely intertwined components:

1) Passion for the subject matter
2) Knowledge of the subject matter
3) Knowing how to teach effectively
4) Compassion for students and learners

Fig. 7: Tetrahedron buddhist model for teaching and educational excellence: integrating affective and cognitive domains

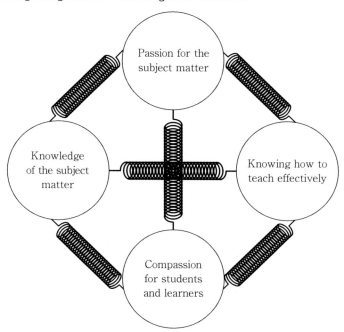

Intentionally this tetradhedron model is neither hierarchical nor linear. All the four key elements are important and it is an empirical question

as to which may be more powerful in explaining teacher and educational excellence. The model assumes that each of the four elements are a necessary, but not sufficient condition for teaching excellence and related student happiness.

Particularly in the West, the emphasis in education and in the schools has been on the development of the "left brain" and analytical, cognitive skills and knowledge. Thailand is placing a strong emphasis on holistic education and the integration of left and right brain skills.

A search of the literature suggests that our integrative model of educational and teaching excellence derived from the careful analysis of Buddhist thought is original.

Western models of pedagogy and teacher education tend to emphasize the cognitive and analytical domains represented in the tetrahedron model by knowledge of subject matter and pedagogy. Unfortunately, they often give too little attention to the *affective* domains represented by passion and *compassion*, the latter such an important and integral part of Buddhism.

The final element of this model derives directly from the compassion theme of Buddhist thought. Teachers must be devoted to their students and seeing them succeed. The Italian scholar, Piero Ferrucci, one of the world's most respected transpersonal psychologists, stresses the many unexpected benefits of leading a compassionate life. Teachers must also know their students well and understand their differential needs and capabilities. In work synthesizing recent cutting edge brain research Begley (2007) notes the neuroplasticity of the brain and how "the cultivation of compassion leads to measurable changes in the brain" (p.

54

240).

7. Concluding Thoughts: A Future with both Student Excellence and Happiness

In thinking about educational performance, Korean children clearly excel academically. However, there is a dark side to this success story. On both Korean and international surveys, Korean students appear to be the least happy in the world. They complain about not "having a life" and Korea has the world's largest shadow education system. Korean parents rank number one in terms of having high expectations for their children. To moderate this excessive attachment to high academic achievement, Buddhist thought is extremely relevant. The King of Buddhist Bhutan has stressed the importance of national happiness. Long before that, the Nobel laureate Bertrand Russell was writing about the critical importance of happiness. Emma Seppälä (2016) at the Center for Compassion and Altruism Research and Education at Stanford is currently working on developing a science of happiness. In Thailand there is now an active NGO focused on the development of happy societies called International Research Associates for Happy Societies (IRAH) (www.happysociety.org).

Strangely in education with so much emphasis on academic achievement and standards, happiness is rarely mentioned as a goal. What is more important than happiness? In cross-national surveys done as mentioned at the beginning of this chapter, Thai students rank among the highest in the world in happiness (number 4 out of 64 countries ranked), one area of education in which Thailand really shines. Thai students on this criterion are far above the OECD average. The Buddhist law of dependent origination provides insight into the factors causing human suffering.

55

The inverse of suffering and misery is in reality happiness. Thus, it seems eminently reasonable that students in highly Buddhist countries like Thailand would be relatively happy. Even today Thailand has many *rongrian wat* (โรงเรียนวัด) (temple schools), located on temple grounds. Fig. 2 is from a temple school.

A key concept in Buddhism is the *middle way or middle path*. The Thai Buddhist model presented in this chapter has implications globally. We need a kind of middle way between a concern for academic excellence and happiness/well-being for our students. Korea's students do extremely well in terms of academics, but are the world's least happy students and "often do not have a life". The optimal path is the creative combination of Buddhist thought and the best of Western thinking (John Dewey, Paulo Freire, and Sir Ken Robinson, as examples) to foster students to become both happy and high achievers demonstrating creativity. Empirical data suggest that Vietnam (both Confucian and Buddhist but with important French and Russian influences) has been successful in doing well in having students who are both happy and high-achieving. In the most recent rankings on happiness and well-being, it ranked fifth in the world. In terms of educational achievement, Vietnam is an impressive *outlier*, with its students performing at levels comparable to countries such as Germany (Huong & Fry, 2011).

Erich Fromm (1979), a prominent German social psychologist, psychoanalyst, and humanistic philosopher, in a classic volume posed the fundamental question facing humankind, *to have to be?* Related to this profound question with implications for our global future, we would like to conclude our chapter with the following quotation emphasizing how Buddhist thought can be the foundation for genuine *holistic human and wisdom development*:

However, the Buddhist approach is beyond economic concern due to the human-focus, especially the inner human aspects of mind and wisdom development. With key essences of moderation and life equilibrium, this approach supports human development with insights and can from a foundation for holistic development. It is believed that this approach would truly support sustainable development, which is the global development agenda of the post-2015 era and become the economics for humanity.

Sauwalk Kittiprapas (2017, p. 18)

Bibliography

Abeles, Vicki, and Grace Rubenstein. 2015. *Beyond measure: Rescuing an overscheduled, overtested, underestimated generation.* New York: Simon & Schuster.

Amornwich Nakornthap. 2018. Rethinking Thai secondary education. In Gerald W. Fry, ed. *Education in Thailand: An old elephant in search of a new mahout* (pp. 125-162). Singapore: Springer.

APCG2018. The Mechai Bamboo School: Creative education at an innovative school. The 15th Asia Pacific Conference on Giftedness, 20-24 August, Queen Sirikit National Convention Center, Bangkok. http://www.apcg2018.org/index.php/after-event/news/71-the-mechai-bamboo-school-creative-education-at-an-innovative-school

Avery, Gayle, and Harald Bergsteiner. 2016. *Sufficiency thinking: Thailand's gift to an unsustainable world.* Crows Nest, NSW: Allen & Unwin.

Barash, D. 2014, February 11. Is Buddhism the most science-friendly religion? *Scientific American.* http://blogs.scientificamerican.com/guest-blog/is-buddhism-the-most-science-friendly-religion/

Begley, 2007. *Train your mind, change your brain: How a new science reveals our extraordinary potential to transform ourselves.* New York: Ballantine Books.

Bennett, Peggy D. 2018. *Teaching with vitality: Pathways to health and wellness for teachers and schools.* New York Oxford University Press.

Bickley, Vemer. C. 1982. Language as the bridge. In Bochner, Stephan. (Ed.). *Cultures in contact: Studies in cross-cultural interaction* (pp. 99-125). Oxford, UK:

Pergamon Press.

Fromm, Erich. 1979. *To have or to be*. London, United Kingdom: Abacus.

Fry, Gerald, and Takehito Kamata. 2018. Buddhist and Confucian thought: A path to teaching excellence. Minneapolis: Department of Organizational Leadership, Policy, and Development, University of Minnesota.

Fry, Gerald W., Chun, Haelim, & Rosarin Apahung. 2017, March 6. The cultural, economic, and political correlates of student happiness: A call for happiness education. Paper presented at the 2017 Comparative and International Education Conference, Atlanta, Georgia.

Gould, Samuel Jay. 1996. *The mismeasure of man*. New York, NY: W. W. Norton & Company.

Hammon, Dawn. 2018. A sustainable campus is built from 22 recycled shipping containers. *Inhabitat*, September 20. https://inhabitat.com/a-sustainable-campus-is-built-from-22-recycled-shipping-containers/

Hesse, Hermann. 1951. *Siddhartha*. New York: New Directions.

Khammaan, Khonkai. 1982. *The teachers of Mad Dog Swamp* [translated by Gehan Wijeywardene]. St. Lucia, Australia: University of Queensland Press.

Kovit Khemananda, , Chalermsee Olson, and Grant Olson. 2015. *A sandy path near the lake: In search of the illusory Khemananda*. Newcastle upon Tyne: Cambridge Scholars. Publishing/<http://public.eblib.com.ezp2.lib.umn.edu/choice/publicfullrecord.aspx?p=2076503>.

Rosarin Apahung, et al. 2015. *Muthita: Kasien amla thi phakphum, nangsue thiraluek ngan kasien ayu rachakan Khun Khru Banleng Apahung. [Empathy: A proud retirement, a book in memory of the retirement party 2558 of Mr. Teacher Banleng Apahung*. Seka Bueng Kan: Ban Somkok School.

Saraiva, Catharina, & Jamrisko, Michelle. 2017, March 2. These economies are getting more miserable this year. Bloomberg. https://www.bloomberg.com/news/articles/2017-03-03/these-countries-are-getting-more-miserable-this-year

Sauwalak Kittiprapas. 2016. *Buddhist sustainable development through inner happiness*. September. Bangkok: International Research Associates for Happy Societies (IRAH).

Sauwalak Kittiprapas. 2017. *Buddhist economics: A holistic development approach for true well-being*. May. Bangkok: International Research Associates for Happy Socities (IRAH).

Seppälä, Emma. 2016. *The happiness track: How to apply the science of happiness to accelerate your success*. New York: HarperOne.

Suchada Bavornkitiwong. 2014. *Sati plian chiwit [Mindfulness to change our lives]*. Bangkok: Chulalongkorn University Press.

Thomas, Mark. *Buddhism*. 2018. Philadelphia: Mason Crest.

Fig. 1 Happy Thai students at Ban Madkanokthakumpun School, Prangku District, Si Sa Ket Province (school is in a remote Isan province bordering Cambodia) (Photo courtesy of Khun Khru Kwanpirom Sombat)

Fig. 2 Thai students taking a break from O-NET testing on February 27, 2016 (photo courtesy of Director Penpa Chomdech (Wat Muang School, Nakhon Pathom)

Fig. 3 Wan Wai Khru (วันไหว้ครู)
Day for showing respect for teachers at Chumchombansang School, Seka District, Buengkan Province, June 22, 2017 (photo courtesy of Dr. Rosarin Apahung)

第Ⅱ部　初等・中等教育

Fig. 4　HRH Princess Maha Chakri Sirindhorn presenting a degree to a Chulalongkorn University graduate.

Fig 5　HRH Princess Maha Chakri Sirindhorn visiting a remote disadvantaged school in Bueng Kan Province, May, 2017

61

Fig 6　Sustainable campus built from 22 recycled shipping containers. (in Chiang Mai)

8.　児童生徒の幸福感への仏教的道程―タイのケース研究　（日本語要約：村田翼夫）

ジェラルド　W.　フライ
ロサリン・アパフン

　仏陀、カルマ・スッタの言葉
「はい、不確かなことがあれば、疑うがよい。権威的伝統だから、うわさになっている、経典に記されている、すでに確定した理論である、個人の評判だから、先生がこういったからと言って何でも受け入れるな。・・・しかし、それを自分で経験しなさい。」

(1)　内容
　最近、タイ教育に対し有名な学者やジャーナリストからかなり批判があった。これらの批判は、タイの児童生徒が PISA,TIMSS や地方 O-NET テストなどの国際テストにおいて低い成績を取っていることに基づいている。こうした批判には多様な反応がある。最も一般的なのは、タイが危機に直面しており、教育システムの質を改善しなければならないというものである。もし

そうしなければ、「中所得国の罠」に陥ってしまう。第2の対応は、タイ児童生徒の成績が低いテストの性格に関するものである。これらのテストは、狭く学力に焦点を当て、創造性、性格、想像力、感情、文化的知性や他の重要な要因を配慮していないというのである。第3に、韓国、日本、台湾、シンガポールなどと比較して成績が低いと言われる。しかし、経済的発展の面で類似している国々（ブラジル、トルコ、コスタリカ、ペルーなど）と比べれば、タイの児童生徒の成績はそれほど悪くない、としている。

　近年、もう一つの発展や教育成果として人間の幸福感に関心が集まっている。幸福より重要なものがあるだろうか。ブータン国王は、GNH（国民総幸福論）の概念を導入した。韓国、タイの友人（Chun and Rosarin）とともに筆者は、世界の多くの国々におけるHQ（幸福指標）を評価するペーパーを発表した。最新のランキングによれば、タイは64ヶ国中第4位であった。Bloomlergaの最近における不幸のランキングでは、65ヶ国中、タイは最下位であった。写真1、2は、幸せなタイ児童生徒の証拠を示している。

　研究課題

　この節では、2つの基本的な研究課題に応える。

　①　タイの児童生徒は、どうして幸福と感じているのか。

　②　この幸福感に対し、仏教はどの程度まで影響しているのか。

　仏教のいかなる要素が彼らの幸福に影響しているのか。その回答は、タイにとどまらない意義を持つであろう。

⑵　タイの児童生徒の幸福感に影響する要因

　これらの要因分析は、筆者2人の学校における参加型観察に基づいている。

　①　タイの教員は、児童生徒に同情を持ち近寄りつつ指導している。教員と児童生徒の間に相互尊重（写真3参照）がある。

　②　タイ教員は、余り厳しくなく要求過多でもない。彼らは過度な宿題を課さないし、遅れた宿題に寛容である。

　③　タイの文化は、特に都市以外では、水稲耕作に基づく協力文化である。サヌック（快適）、満足感にひたり、非競争的で楽しさを重んずる。

④　タイには熱帯の美しい自然環境があり、タイの教員は教室を魅力的に
　　しようと努めている。
⑤　仏教文化は，親切、慈悲、礼儀正しさ、冷静を重んじる。
⑥　タイの王室は、教育を熱心に支援している。王室のメンバーが国立大
　　学の卒業生に卒業証書を渡している。シリントーン王女は、僻地の学
　　校や不利益グループの子どもを支援している。(写真 4.5 参照)。
　第 1、第 5 の要因は仏教的性格を有している。タイは、宗教的に多様な国で
あるが、95％の国民は、上座部仏教徒である。ほとんどの児童生徒、教員は仏
教徒である。国家三原則は、民族 (チャット)、宗教 (サッサナー)、国王 (プラ
マハカサット) の尊重である。仏教圏におけるすべての学校の校長室にはこ
れら三原則のシンボルが置かれている。普通、1 学期に少なくとも 1 回、僧侶
が学校を訪問して道徳教育を教えている。仏教日や仏陀の誕生日には、児童
生徒は寺院を訪問して清掃を手伝う。

(3)　仏教の背景

　次の内容に関して、タイ仏教の知者であるブダダス・ビク (Buddhadas
Bhikku) の著書によっている。また、ビク・ケマナンダ (Bhikku Kemananda)
の著書も参考にした。
　仏教には 3 つの原則がある。第 1 は、神のような超越者を信仰しない。第 2
は、非暴力主義で、すべての生き物を尊重する。第 3 は、因果応報の法則であ
る。それは、近代科学の原因・結果の法則に似ている。例えば、人間に苦悩が
あれば、その原因を探る。教育と関係するのは、無知からの脱却である。この
原因と結果の法則は、相対性、相互依存とも関係している。苦悩の反対は幸
福なので、因果応報の法則は、児童生徒の幸福と関係する仏教の重要な要素
である。

(4)　児童生徒の幸福感に最も影響する仏教の要素

　①　仏教認識論
　進歩的哲学は 2500 年前に発達した。John Dewy, Lev Vykotsky, Paulo

Freire, Ivan Illich の思想にも類似した思想が見られる。その主な特色は、批判的思考、体験的学習、プラグマティズム、相互依存を重んじる点である。タイのノンフォーマル教育の父と評されたコーウィット博士（Dr.Kowit Vorapipatana）が主張したキットペン（考え方を知る）の概念とも関連している。

仏教的認識論に基づく学習は、探求学習、批判的思考、経験学習を重んじつつ学校を楽しい場所にし、学習を楽しく、かつ挑戦的にする。タイの学校では、トンブリにあるルーンアルーン学校（Roon Aroon School）およびブリラムの竹林学校（Bamboo school）が典型的で、児童生徒は極めて幸せそうであった。

② 4つの仏教的徳：親切（カルナ）、慈悲（メッタ）、冷静（ウペッカ）、共感（ムディタ）

親切、慈悲は、国際的な倫理であり、すべての人々が有すべき徳であろう。タイの子どもは、毎朝僧侶が托鉢するときに食事を提供している。これも児童生徒の幸福感につながる行為である。冷静は、感情的になり過ぎて怒ることを戒める。共感は、多元的グローバル社会にとって大切な徳である。異文化を理解し、文化的多様性を容認する社会にとってきわめて重要である。

③ 教員の尊敬

タイの教員は児童生徒から尊敬されている。1月の第2土曜日は「教員に感謝する日」である。この日に児童生徒は、教員へ感謝の言葉や花束を贈る（写真3参照）。退職教員に対しても盛大なパーティが行われ、立派な贈り物がある。

④ 非永久性（アニッチャン）

すべてのものは変化し、不変ということはない。不死もない。変化と革新、創造的で革新的なアイデア、プロジェクト、研究が歓迎される。学校において退屈、無興味であるよりは、興味を持ち新たなことへ挑戦すれば楽しくなる。

⑤ 注意深さ（サティ）

不注意は、苦悩を招く。学校の重要な目的は、生徒の福祉を高め苦悩を減ずることである。ロバート・トレンメル（Robert Tremmel）は、仏教的注意

深さと教員教育の反省的実践を提唱した。禅仏教の伝統の利用により、反省的教員教育は高められる。行動の反省と実践を行うことで、教員は精神と身体を強めることができる。

⑥　非自己の原則（アナタ）

シリントーン王女は教育王女とも呼ばれ尊敬されている。彼女の謙虚さ、非自己主張の態度が好感を呼んでいる。彼女は僻地や不利益地域を訪問して、条件の悪い子どもを助けてきた（写真5参照）。偉大な教員は、この仏教原則を守っている。自己主張がなく、謙虚で自己中心的でない。

⑸　タイの学校における仏教と道徳教育を強化する特別プロジェクト

①　仏教志向学校の創設と拡大

2003年に始まったこのプロジェクトに公立の79校が参加した。2014年に、約2万校に拡大した。いずれの学校も多様な道徳教育を展開している。その教育には、学校管理者、教員、寺院、村が協力している。そこでは、道徳的行動、正しい精神、知恵の3つの要素が強調された。また、教員、児童生徒、地域社会の友情的関係も重視された。このことは、まさに児童生徒の幸福感に貢献する。

②　サティラクン青年教育財団の確立

この財団は2003年に設立され、3つのセンターを有している。①道徳教育学校促進センター、②足るを知る学習センター、③教育心理センターである。①のセンターは、道徳、性格教育を促進し、幸せな児童生徒がいる調和的学校の確立を目指している。急速な近代化、物質主義、グローバル化の進展により、道徳、伝統的価値（親切、正直、共感、冷静など）が失われていることを反省して設立された。同センターは、タイの教育全体を通して道徳教育を促進するためにワークショップ、訓練、研究を推進した。ワークショップ、訓練では、道徳教育を効果的に行う方法に焦点を当てた。②のセンターは、故プミポン国王が提示した足るを知る経済の考え方を深めようとするものである。

第Ⅱ部　初等・中等教育

(6) 優れた教育モデル（幼児教育から大学院教育まで）

　筆者は、仏教原則を適用した優れた教育モデルを開発した。仏教思想を注意深く分析し、学際的なアプローチで理論を考え、統合的な四面体モデルを工夫した。それらは、教科への熱意、教科の知識、効果的教育方法の理解、児童生徒・学生への思いやり、である。これは独創的なものである。このモデルは、階層的でも水平的でもない。4つの要素はいずれも重要であるが、すぐれた教育、児童生徒の幸福感充足のためには十分ではない。西欧の教育では、左脳の発達、いわば、分析的、認識的な知識や技能の習得を重視してきた。タイでは、全体的な教育を重視し、左脳と右脳の統合的発達を考慮している。西欧では、知識を重んじ、感情（熱意や思いやりなど）をほとんど考慮しなかった。この感情分野は、仏教の重要な要素で幸福感に貢献するものである。

図7: 教育的優秀性の四面体仏教モデル：感情分野と認知分野の統合

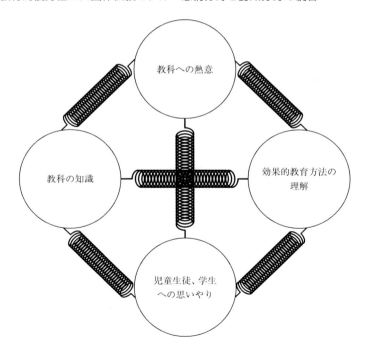

⑺　結論：児童生徒の優秀性と幸福感

　学力を考えると韓国の子どもたちは優れている。しかし、この成功の裏には暗い面がある。国際的調査によれば、韓国の児童生徒は世界で最も不幸と感じている。韓国には塾や予備校が多い。韓国の親は、子どもへの期待の高さでは第1位である。成績への過度の期待を和らげるために、仏教思想は深く関連している。

　章のはじめに述べたように、タイの児童生徒は幸福感調査では最も高いランクにある。それは、OECD 平均よりはるかに高い。しかし、教育では学力を重視し、幸福感についてはめったに言及されない。仏教の因果応報の法則は、人間の苦悩の要因を考察する。苦悩、不幸の反対は幸福である。タイのような仏教国の児童生徒が相対的に幸せを感じているのは不思議ではない。今日でも、タイには寺院に設立された仏教学校が多くある。仏教の主要な考え方は、中道を行くことである。児童生徒のために学力向上と幸福／福祉の中間が必要と思われる。望ましいのは仏教思想と西欧思想（John Dewy, Paulo Freire, Sir Ken Robinson など）の組み合わせにより、児童生徒に幸福を感じさせつつ創造性を含む高い学力を持たせることである。

　経験データによれば、ベトナムの児童生徒は、儒教、仏教、フランスとロシアの影響を受けて、幸福感を持ちつつ高い学力を示す点で成功している。幸福と福祉の面で、世界の第5位のランクにあった。かつて Erich Fromm は人間が直面する根本的問題「持つべきか、あるべきか」を提起した。これと関連して、地球未来を予見し、仏教思想が全体的人間と知恵の発展の基礎となることを強調した次の引用を持って締めとする。

「しかし、仏教的アプローチは、人間の経済的関心を超えて精神や知恵の発展にかかわる人間内部を問題にする。近代化と生活均衡の主要な本質に関連して、このアプローチは、内部からの人間発達を促し、全体的な発達の基盤を提供する。仏教的アプローチは、2015 年以降の地球的開発のテーマとなっている持続的開発を真に支援するものである。」（Sauwalk Kittiprapas, 2017,p.18）

第Ⅱ部　初等・中等教育

第4章　"Organic Agriculture Education in Thailand"

By Paiboon Suthasupa

Agriculture is still the dominant sources for most people in Thailand. The sustainability of current farming systems is however threatened by problems such as: soil degradation, deforestation, increase of pest infestations, massive use of agro-chemical and fluctuation of market prices.

Several technology interventions are proposed to overcome the above mentioned problems: diversified farming, agroforestry, improved fallows, fire-control, construction of terraced paddy fields and integrated pest management (IPM).

A successful adoption of sustainable agriculture requires peoples' participatory planning. The development of transportation networks between Thailand, Myanmar and South Asia China will influence the dynamics of Northern Thailand's agriculture, as farmer will get into direct competition with those neibouring countries. Program aiming at human resource development is necessary.

1.　Principle and Objectives of Organic Farming

Organic farming is a concept arising from the importance of soil fertility. Without using chemical fertilizer, insecticide and plant growth hormone and etc. but the production obtained is uncertain depending on the environment. Besides, chemical agents used will also destroy insects and natural living things resulting in the imbalance ecological system. Besides, organic farming also emphasizes on the use of local wisdom derived from the experience obtained from integrated farming which bring about agricultural sustainability.

69

It can be concluded that organic farming is an agriculture which trying to avoid using chemical fertilizer for the safety sake by using crop residue, animal dung, applying crop rotation , natural minerals togethereg with biological control.

The objectives of organic farming

1) To make the soil fertile

Soil is the most important factor of living things because all living things depend on soil, while plant is the food source of human being and animals. Therefore, plant is the source of living things. When plants grow well and those will become good food of human being and animals. Soil fertility must consist of 3 factors, e.g. minerals, organic matter and living things.

2) To create safety food

Due to the overuse of chemicals which is accumulated for a long time and affects the environment and natural resources, local wisdom and more importantly, affect the health of farmers and consumers from plant residues.

2. Principle and Conditions of Organic Farming

1) Avoid to use chemicals during the production process. For example; chemical fertilizer, insecticide, or plant growth regulator, etc. will pass into food chain cycle to the consumers.

2) Increase soil fertility by the use of fermented fertilizer, green manure, soil cover materials, mixed farming (both plant and animal, plant residue, cow dung, etc.). All of these are useful for plant growth.

3) Plant parasite can be controlled through biological, physical, chemical or natural methods. This can be done through animal raising together with plant growing, e.g. ox, buffalo, chicken, duck. All of these animals will eat weeds as food. Plant biological control can be used as predators and parasites.

_70_

第II部　初等・中等教育

In doing organic farm, the most important thing is to improve soil fertility. All of the following techniques are the major factors of success of organic farm:

ⅰ. The use of growing plant systems, e.g. mixed farming, crop rotation and cover crop.

ⅱ. The use of agriculture residue e.g. green manure, fermented fertilizer, etc.

ⅲ. The use of soil bacteria, e.g.　protozoa, fungi, virus, etc. This is biological chemistry for soil improvement.

ⅳ. The use of mineral stone for plant needs e.g. Rock Phosphates from oyster　in order to reduce the acidic soil and increase food nutrient.

ⅴ. The use of natural living things e.g. predators and parasites.

ⅵ. The use of extract matters from the nature e.g. to eradicate aphids by sunflowers.

ⅶ. The use of trap e.g. insect trap, etc.

3.　Developing Organic Farm in Thailand

Some organic farmers in Thailand who faced with health problem from using chemical fertilizer in their orange orchard have changed to use herbs instead. In this case, they can reduce production cost but more importantly their health is becoming better for not using chemical.

At present, organic farmers in Thailand have verity of production management. Some farmers grow a lot of plants in combination in order to see the variation. Some use biological control. Some grow single crops but do not use chemical fertilizer or any chemicals. Toxic-free product is popular among a well-to-do people because these people are willing to buy the product at a high price if they are sure that it is safety food.

Organic farms have a trend to increase more and more in order to respond to the needs of consumers both domestic and abroad. However, it

71

depends on size, taste, standard and quality. Therefore, in Thailand Organic Agriculture Certification has been set up in 1998 in order to correspond with "International Federal of Organic Agriculture Movement" (IFOAM).

4. Pattern and Strength of Organic Farm

Form of organic farm in Thailand can be classified according to the type of plant as follows:

1) Growing vegetables in the form of organic farm: This is one type of growing vegetables or various types of growing vegetables in the same area by avoid using chemical.

2) Growing filed crops in the form of organic farm: The main crop is rice. It may add leguminous crops or raising fishes in the rice fields in order to raise productivity more than one single rice crop.

3) Growing fruit trees in the form of organic farm: This method is to avoid chemical but using crop residue and green manure (e.g. cow dung) in order to improve soil fertility.

The strength of organic farm

1) It creates agricultural product which is toxic-free because organic farm product is clean, safety and nutritious and it is useful for human health.

2) It creates value added to the product. It responses to the consumer's need. This is because organic farm product is the product which the consumer is willing to pay higher than the other agricultural products. At present, most consumers need organic farm products very highly both domestic and abroad. Therefore, organic farm product market is not a problem but the producer should not take advantage with the consumer. Besides, the Organic Agriculture Certification and Quality Inspection must be clear and fair in order that both producers and consumers will have confidence to each other.

3) It rehabilitates the fertility of soil. The principle of organic farm is that people have to live together with the nature, using factor of production with care and to conserve the nature with sustainability. Besides, organic farm should give importance to holistic development and the balance occurring from biodiversity for the whole eco-system. Conserve soil fertility by using organic fertilizer, forage crop manure and other bio-mass.

Basic principle of doing organic agriculture

ⅰ. To do not allow to use synthetic chemical agents e.g. chemical fertilizer, herbicide, hormone, etc.

ⅱ. To emphasize soil fertility improvement by organic products e.g. manure, fermented fertilizer, forage crops, etc. including crop rotation.

ⅲ. To keep the balance of nutrients in the farm.

ⅳ. To prevent the contamination of chemical agents from the farm e.g. soil, water, air etc.

ⅴ. To use plant or animal having resistance and variation.

ⅵ. To eliminate weeds by labor or machine instead of weedicides.

ⅶ. To use herbs instead of pesticide.

ⅷ. To use fermented water instead of synthetic hormone.

ⅸ. To keep biotechnology by keeping all living things in the locality.

ⅹ. As for postharvest technology, natural processing and energy saving should be used.

ⅺ. To respect human and animal sight.

ⅻ. To keep record at least 3 years for checking.

5. Organic Agriculture Education in Schools

The Basic Education Core Curriculum 2008 is aimed at enhancing learners' quality regarding essential knowledge and skills required for their lives in the ever-changing society. And the learner-centered approach is strongly advocated stressing the importance of knowledge and skills for communication, thinking, problem-solving, technological know-how and life skills. In addition to preserving Thai culture and Thai wisdom, the protection and conservation of the environment has been put into one of the main curriculum goals. For applying life skills, self-learning, continuous learning, working and ability for self-adjustment to keep pace with social and environmental changes were also emphasized. Skills in application of technological process for development of oneself and society is said to be necessary in regard to learning, working and problem solving.

Those kind of principles and goals would be learned through studying agriculture focused in organic farming in the schools particularly the secondary schools. Because as I pointed out before, when students study organic farming, they would learn the protection and preservation of environment avoiding use of chemicals, such as chemical fertilizer, insecticide, or plant growth regulator and increasing soil fertility.

In the Basic Education Core Curriculum 2008 regulated that in Living Things and Life Process of Standard Science 1.1, Strand 1, Science, students try to understand the basic units of living things, the relationship between structures and functions of various system of living things which are interlinked. In Life and the Environment of Standard Science 2.1, the students study local environment, relationship between the environment and living things, and relationship between living things in the eco-system. In Standard Science 2.2 they appreciate the importance of natural resources and utilization of natural resources at local, national and global levels. They also investigate process for seeking knowledge and scientific reasoning.

In the process of study the Living Things and Life Process or Life and the Environment above mentioned the students learn sometimes organic farming and the importance of environment protection and preservation.

_74_

Some schools provide actually the students the occasions of field studies including planting vegetables and fruits. Through the real experiences in the fields they deep understanding of avoiding chemical use and the effects to environment. In Thailand the water and soil have been badly influenced by the use of chemical fertilizer, agriculture medicine. It is significant for the students to learn organic farming. And they also learn how to work, to apply technological process and life skills. However, in many schools teachers just explain students the methods and effects of organic farming and do not conduct field studies.

In the case of a field study there is some examples provided in the OISCA Centers in Thailand. For an example, the Lamphun Province Center of OISCA began an organic agriculture program since 1992. In the program the secondary school students in northern Thailand participated in and made activities of "Children Forest Plan". The program included an observation of nature, a spread of organic farming, planting trees, a community development through community forest. In the program experience the students learn, the skills of organic farming and the importance of an environment preservation. The center provides the students an organic farming and environment camp for 45 days. After finishing the program and coming back to their schools they usually make an eco- club and begin the organic farming project in their schools.

In the Surin Province of OISCA the project to plant trees was introduced since 1980s. The camps to learn an environment protection and preservation were provided to the students of the primary and lower secondary schools. In the camps the students conducted planting trees, organic farming and enjoyed nature games. They also had eaten organic vegetables at lunch and tried to sell those vegetables. Some of them have learned how to separate waste and to make recycle movement.

OISCA is the abbreviation for "The Organization for Industrial, Spiritual and Cultural Advancement-International". In the Charter of OISCA the 4th Article prescribes that recognizing every life is closely related each other, every people should try to coexist, maintain and grows the foundation of every life on the earth even though their nationality, races, languages, religions and culture are different. According to this principle, OISCA has main four activities. Those are the technical cooperation to foreign countries, the protection and preservation of environment, the training of human resources, and the deepening of international understanding. In order to realize this aim, OISCA holds many projects to make rural development and conduct an environment preservation activities in Asia and Pacific regions. Particularly in the OISCA Training Centers the staffs provide precious experiences to local people and school students by teaching organic farming, planting trees and how to protect and preserve the environment.

6. Sufficiency Economy

Organic farming is said to be useful in maintaining sufficient economy. So I will explain about the sufficient economy in this paragraph.

Sufficiency economy is the philosophy which the King of Thailand (King Phumipol) has suggested His thought to the Thai citizen (especially the Thai farmers) in order to suggest the way of living to the Thai citizen, to allow the Thai people to approach the middle path of life and to practice the sustainable development. This theory is the basic of life between rural society and universal society. The philosophy of sufficiency economy consists of five principles as follows:

1) General framework Sufficiency Economy is the philosophy indicating the existence and possible individual practice derived from indigenous way of life of Thai society enable them to look at the world in a systematic way trying to get away from the crisis.

76

2) Characteristics Sufficiency economy is able to apply with everything at any level by emphasizing on the middle path as step by step development.

3) Definition: Sufficiency economy consists of three characteristics simultaneously as follows

   3.1) Appropriateness: This means it is not too much and not too less and not to harm oneself and other people.

   3.2) Reasonableness: This means a decision dealing with appropriateness. It is reasonable by considering from the following factors:

   3.3) Self-immunity: This means the prepareness from the effect of all changes occurring in the future both in short and long time period.

4) Conditioning: Any decision-making and activities should be at sufficient level based on knowledge and ethics as follows:

   4.1) Knowledge conditioning: This means knowledge involving all kinds of academy as well as to consider all kinds of knowledge in terms of connectivity.

   4.2) Ethical conditioning: This ethic consists of the awareness to ethnicity, having honesty with patience as well as to apply wisdom with life.

5) Practical approach and Expected outcome:

After applying philosophy of sufficiency economy in order to become balanced and sustainable development, it is ready to change in every factors, no matter they are economical, social, environmental knowledge and technological factors.

Middle Way

Appropriateness

Reasonableness   Self-immunity

Knowledge Condition	Ethics Condition
(know well, thoroughly, carefully)	(honest, sincere, diligent, patient, sharing)

Leading to

(Life, Economy, Society, Environment, Balance, Security, Sustainability)

Sufficiency Economy and New Theory according to His Majesty of the King, Thailand.

Sufficiency economy and the adoption of new theory is development approach leading to the ability to help oneself at various levels as step by step by reducing the risk concerning natural change and various factors depending on appropriateness reasonableness, self-immunity, knowledge, patience, diligence, intelligence and wisdom, helping each other and unity. Sufficiency economy has the meaning broader than new theory whereas new theory (in farming) is concerned with agricultural development or practical sufficiency economy and it must be locale specific as well.

New theory may be compare with sufficiency economy which consists of two models, namely, basic and progressive models.

Sufficiency at individual and family levels: This is a typical basic model. For example, a farmer lives far away from water resources and he has to depend on rainfall and has not enough to grow rice for his consumption. In this case, he can make a pond for growing rice or raise fishes or rent the land to other farmers as non-farm income. This is an example to create immunity at the family level. However, a farmer can ask assistance from the community, government, foundation and the private sector as the case may be.

Sufficiency at community and organizational levels: After attacking sufficiency economy at the family level. It is necessary for the farmers to get together as cooperatives or business group or enterprise networks to create benefit for their groups not struggle each other but share assistance from each other depending on their groups and ability.

Sufficiency economy at national level: This is to encourage the enterprise networks cooperate with other organizations domestically e.g. large company, bank and research institutions.

Creating such the cooperation like this is very helpful for the transfer for freedom, knowledge, technology and lesson from each other. Once the community networks are linking together, they will help and share each other without struggling.

7. Conclusion

In conclusion, the organic farming is important and useful to the health of people and the community development respecting local wisdom. It has been taught or tried to teach not only in the primary and secondary schools but also in the universities in Thailand. Some secondary schools provided students precious experiences such as a practical organic farming, learning skills, environment camping, planting trees and selling vegetables produced.

If the sufficient economy is introduced in a society, it may promote the spread of the organic farming because it reduces the risk of natural destruction and guarantees a safe agriculture development without allowing the chemical fertilizer, herbicide, hormone and so on. The teaching of organic farming in the schools and the universities and the adoption of sufficient economy implemented in Thailand would be expected to become a kind of model of educational and economic development in South-east Asian countries.

8. タイにおける有機農業教育（日本語要約：村田翼夫）

パイブーン・スタスパ

現在、タイの農業は、化学肥料や殺虫剤散布などによる土地・水質汚染、森林破壊、害虫の侵入、農産物の市場価格の不安定などによって危機にさらされている。その危機回避のために有機農業の普及、農業の多様化、生態森林、休閑地の導入、火災制御、テラスの応用などが提案されている。

有機農業は、土地肥沃の重要性に対する認識から生まれ、化学肥料、殺虫剤、植物成長用ホルモンなどを使用せず、自然環境を保全し農業の持続性を狙いとし地方の知恵も尊重する。化学肥料を使用すれば、虫のみならず生態の不均衡をもたらし生物も破壊する恐れがある。有機農業は、動物の糞、生産物の残留分、自然の鉱物などを用いて、食糧の安全を配慮する農業である。

(1～2) 有機農業の目的・条件

有機農業の目的としては、①土地の肥沃性を重視する、②安全な食糧を生産することがあげられる。有機農業の原則では、主に①化学肥料の使用回避、②発酵した肥料、肥やし、混合農業を用いて土地の肥沃性を高める。③植物の寄生虫は、生物的、物理的に自然な方法で制御することが重要である。

その条件は次の通りである。

① 統合農業、生産のローテーション、カバー生産など、植物生産システムを利用する。
② 農業残留物を利用する。肥やし、発酵肥料など。
③ 土地バクテリアを利用する。それは土地改良に役立つ。
④ 酸性土地を緩和し、食糧の栄養を増加させるためにミネラル石を利用する。
⑤ 自然生物を利用する。
⑥ 自然の有害なものを取り除く。向日葵のアブラムシなど。
⑦ 虫の罠などの罠を利用する。

第Ⅱ部　初等・中等教育

⑶　タイの有機農業の発展

　化学肥料を使用して健康問題に直面したタイの農業者は、例えばミカン果樹園で草を使用することに変えた。これにより費用が安くなるばかりでなく、健康状態がよくなった。

　現在、有機農業者は、正当な生産経営を行っている。ある者は、単作であるが化学肥料は使わない。裕福な人々には、高価であるが毒がなく安全な食料が人気である。国内外の消費者の要求に応じて有機農業は普及している。ただし、その規模、風味、質の基準は様々である。それ故、1998年に「国際的有機農業運動連合」の規定に対応して「有機農業証明書」が発行されるようになった。

⑷　有機農業のパターンと長所

　タイの有機農業には3種類のパターンがある。第1は野菜の栽培。第2は米の栽培。第3が果物栽培である。

有機農業の長所

① 　清潔、安全で栄養価の高い植物を生産する。
② 　消費者の安全で健康に良い食糧確保の要望に対応した価値のある農業である。
③ 　土地の肥沃性を高めつつ、人々が自然とともに生活し自然の良さを保持するという目的に合致している。

⑸　学校の有機農業教育

　2008年の基礎教育カリキュラムは、変化する社会において必要とされる基本的な知識や技能を習得することを目的とした。そして、学習者中心主義により、思考力向上、問題解決学習、技術の応用、生活技能の向上が強調された。さらに、タイの文化・知恵、自然環境の保護と保全も、カリキュラムの主な目標に挙げられた。また、生活技能の習得のために自己学習、継続学習も強調された。

　これらの原則や目標は、特に中等学校における有機農業の学習を通して達

81

成されると思われる。なぜなら、有機農業の学習により、化学肥料、殺虫剤、植物生長促進ホルモンなどを回避し、土地の肥沃性を高めて自然環境の保護、保全について学ぶからである。

2008年の基礎教育カリキュラムは、理科標準1.1の生物、生活過程において生徒は生物の基本ユニット、生物の多様なシステムの構造と機能の関係を学ぶ。また、理科2.1の生活と環境において、生徒は、地方の環境、環境と生物の関係、生物と生態システムについて学習する。理科2.2のカリキュラムでは、地方、国家、地球レベルにおける自然資源の重要性と利用方法を学ぶ。これらの生物と生活環境の学習の中で、生徒は時には有機農業や環境保全について学ぶ。

いくつかの学校では、野菜や果物の栽培実習の機会も提供している。実際の学習体験を通して化学肥料の無使用、そのことによる環境への影響について理解を深めている。従来、タイでは化学肥料、農業薬品の使用により、土地や水が大きく汚染されてきた。有機農業の技術、生活技能の学習によりそのことの重要性を学んでいる。しかし、多くの学校では、有機農業の方法や効果について説明を受けるだけで実習を行っていない。

タイのOISCAセンターには、農業実習の例がみられる。例えば、ランプーン県のOISCAセンターでは、1992年以来、有機農業プログラムを始め、「子どもの森計画」(Children Forest Flam)を含めて北部の中等学校の生徒が参加した。それは、自然観察、有機農業の実践、植林、地域開発などを含んでいた。生徒たちは4〜5日間のキャンプによるプログラムを通して、有機農業技能、環境保全の重要性を学んだ。キャンプから学校に帰って、生徒たちは、「エコクラブ」や有機農業プロジェクトを工夫した。スリーン県のOISCAセンターでは、小中学生がキャンプに参加し、有機農業技能以外に植林方法も学び、自然ゲームを楽しんだ。昼食に有機野菜を食べ、その野菜の販売にも従事した。

OISCAは、"The Organization for Industrial, Spiritual and Cultural Advancement-International"の略語である。それは、公益財団法人で、国際的な農業開発協力、環境保全、人材育成、国際理解の促進などの活動を行っている。

⑹ 充足経済 (Sufficiency Economy)

これは、故プミポン国王の充足経済の哲学に基づくものであり、タイの開発アプローチを指す。タイの学者、諸機関によって具体化され、タイ政府によって実現をみた。タイの 23,000 カ村に適用された。

有機農業は、「充足経済」を維持するのに有益と言われる。「充足経済」には、5つの原則がある。

①　タイ社会の伝統的生活に由来する思想で、社会・生活の危機を脱する組織的方法を提示する。

②　漸次的な開発を進める中道的方法を強調する。

③　3つのアプローチがある。

　㋐　多過ぎず、少な過ぎず適切に処理する。

　㋑　合理性をもつ。

　㋒　自己免責により、短期、長期に起きる変化への対応を考慮する。

④　決定や活動が、適切な知識と倫理に基づいて行われる。

⑤　実践的アプローチをとる。

これらの原則に従って、バランスある持続型の開発を行えば、経済的、社会的、環境的技術的要因を含めて徐々に生活を改善する。

⑺ 結論

有機農業は、人々の健康維持並びに地方の知恵を生かす地域開発にとって重要かつ有益である。それは、初等中等学校においても教育されてきている。いくつかの中等学校では、生徒に対し有機農業の実践、技能習得、キャンプによる生態学習、植林、野菜販売などの貴重な体験を行わせている。OISCA センターにおけるキャンプ・プログラムはその例である。

もし「充足経済」が社会に浸透すれば、有機農業の普及に役立つであろう。それは、安全な農業開発を保障し、自然破壊の危機を減じるからである。タイの学校における有機農業教育、および「充足経済」の実践は、東南アジア諸国の教育的、経済的開発の一種のモデルになると思われる。

第5章 フィリピンにおける理科教育推進
—フィリピン大学国立理数教育研究所とサイエンスハイスクール調査より—

畑中敏伸

1. はじめに

　知識基盤社会と呼ばれる現代は、イノベーションを起こし科学技術の発展を牽引する高度な人材養成のニーズが高く、理科教育の新興に力を入れている国々も多い。フィリピンは、ASEAN の中で第2の人口を抱える国であり、2012年以降の GDP 成長率は6％前後で推移する近年の経済発展が著しい国であり、理科教育へも力を入れている。本稿では、フィリピンの理科教育に関わる機関の中から、理科教育の研究と教員研修に関係しているフィリピン大学内国立理数教育開発研究所（UP NISMED: University of the Philippines National Institute for Science and Mathematics Education Development）と、科学技術を担う高度な人材養成を目指すフィリピンのサイエンスハイスクールについての調査結果を示し、フィリピンにおける理科教育の東南アジアモデルとしての可能性を探っていく。

2. フィリピン国立理数教育開発研究所 (UP NISMED)

　フィリピンの教育行政は、中等教育段階までは教育省（DepED: Department of Education）、高等教育は高等教育委員会（CHED: Commission on Higher Education）が担当する。理科教育に関しては、科学技術省（DOST: Department of Science and Technology）内にある理科教育局（SEI: Science Education Institute）も関わっている。これらに加えて、理科と数学のカリキュラム開発を含む研究と研修を担う機関が、マニラ首都圏ケソン市のフィリピン大学ディリマン校内にある国立理数教育開発研究所（UP NISMED: University of the Philippines National Institute for Science and

第 II 部　初等・中等教育

Mathematics Education Development）である。本項では、UP NISMED の概要と活動について、特に研究と研修の側面から明らかにする。

（1）　UP NISMED の概要

UP NISMED は、1964 年にフォード財団による科学教授センター（Science Teaching Center）として設立され、その後、1990 年代には日本の資金援助による建物の建設、1994 年〜 99 年までは、日本の技術協力プロジェクトである「フィリピン理数科教員訓練センタープロジェクト SMEMDP: Science and Mathematics Education Manpower Development Project」を行った機関である。1997 年に、これまでの名称である ISMED: Institute for Science and Mathematics Education Development の最初に National の名称がついて、現在のフィリピン大学国立理数教育開発研究所（UP NISMED）という名称になった。

UP NISMED の事業については、5 カ年計画（5 year strategic plan）2013-2017[1] に、次の 6 項目がミッション（使命）として示している。それらは、①理科と数学の教育の研究、②理科と数学の教育の教材とスタンダードの作成、③理科と数学における教員と教師教育者のためのプログラムの開発と実施、④理科と数学の教育政策への提言をする、⑤国内に科学の文化を広める、⑥様々なエクステンションプログラムを通して社会に奉仕する、である。

UP NISMED には、小学校理科、小学校算数、生物、化学、物理、地球環境科学、中学校数学、情報科学の各教科や科目ごとのグループがあり、UP NISMED が対象とする教科領域は、初等と中等の理科と数学である。設備は、グループごとに実験室があるため実験実習を行うことができ、その他に、300 席の講堂、図書館（写真 1）、48 室 120 人収容の宿泊施設、天体観測の望遠鏡室（写真 2）、食堂も併設されている。また、書籍を印刷できる印刷室（写真 3）、書店（写真 4）、スタジオもあり充実した設備がある。

85

 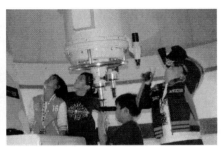

写真1　図書館　　　　　　　　写真2　天体観測室

写真3　印刷室　　　　　　　　写真4　書店

図1〜4の出典：http://www.nismed.upd.edu.ph/

(2) 研究活動

　UP NISMEDは、授業研究（Lesson study）の研究を推進している。NISMEDの数学グループが2006〜2009年、理科のグループが2010〜2012年まで研究した成果は書籍として出版されている（Ulep, Punzalan, Reyes, & Ferido, 2013）。数学教育では、APEC人材養成作業部会の授業研究プロジェクトへの参加など国際的活動へも参加している。

　また、国際学会も開催している、2014年10月には、ICSME: International Conference in Science and Mathematics Education 2014 を開催した。3日間のプログラムで、参加登録者は534名、参加者による一般発表の件数は、68件で行われた[2]。

第II部　初等・中等教育

(3)　教材とスタンダードの作成

　東南アジアでの ASEAN 経済共同体の発足は、教育へも影響している。フィリピンでは、これまでの 10 年間の初等中等教育に、2 年間の後期中等教育を新たに加え、2016 年度より 11 学年目、2017 年度に 12 学年目が始まるスケジュールで、他の ASEAN 諸国と同じ計 12 年とする大きな教育改革がなされた。UP NISMED は、科学技術庁理科教育局(SEI-DOST)と共にカリキュラム作成と教師教育スタンダードの作成に関わり、理科フレームワーク(SEI-DOST & UP NISMED, 2011b) を、理科カリキュラムガイド (Department of Education, 2013) の前に作成している。

　フィリピンでは教師教育のために、コンピテンシー基づく教師スタンダード (Department of Education, 2006) が作成されている。この教師スタンダードを踏まえて、UP NISMED は理科の授業に必要な知識やスキルを考慮した理科教師教育フレームワーク (SEI-DOST & UP NISMED, 2011a) の作成にも関わった。そこでは、理科教員の資質と能力とは何かということを考慮し、それらを評価するためのルーブリックも掲載している。

　日本の国際協力プロジェクトである SMEMDP (Science and Mathematics Education Manpower Development Project) の多くの成果は、各教科領域の観察実験 (practical work) 資料集として 2003 年頃まで順次出版された。その後は『小学校理科の評価項目』や『キッチンの混合物』という学習モジュールを出版し、これらを含め WEB サイトには 19 タイトルの本が掲載されている[3]。

(4)　教員研修

　NISMED は、様々な教員研修を実施している。国内には、次のような研修を行っている[4]。2015 年 4 月には、新しい 12 学年向けのカリキュラムを施行するため、第 10 学年の理科の教員研修指導者 429 名、第 4 学年の理科と数学の教員研修指導者 502 名を対象とした研修を各 6 日間行った。受講者が勤務地で研修の講師を務めることができるようになることを目的としており、研修内容は、カリキュラムの考え方、内容、パフォーマンススタンダード、学習コンピテンシーについてであり、カリキュラムで科学的概念がスパイラルに

87

配置されていることと、科学的探究スキルについても研修で扱った。また、他機関からの費用負担での研修も行っている。2015 年の 2 月には、BPI 財団の費用負担によりルセナ市で 99 人対象に、ヌエバビスカヤで 60 人対象に各 3 日間の研修が行われた。また、イスラム教徒ミンダナオ自治地域の教育省事務所とオーストラリア AID の費用負担で、2014 年 2 月にミンダナオのイスラム教徒ミンダナオ自治地域の第 8 学年 50 人、3 月に第 2 学年 65 人を対象とした各 4 日間の研修を実施した。

　国外向けには 2004 年から 2008 年まで、日本の国際教育協力の対象国であったケニア理科教育者向けの研修を行っており、NISMED は日本の国際協力のパートナーとなり得る機関でもある。研修内容は、受講者であるケニア理科教育者より肯定的に捉えられており、費用対効果の高い研修であった（畑中，2010）。

　その他として、フィリピンは地方への交通の不便さもあり都市部と地方との格差が大きい国であるため、フィリピン全国の教員をサポートするため、NISMED はインターネットを用いたオンラインでの教員サポート KaSaMa teacher[5] の運営もしている。

3.　サイエンスハイスクール

　フィリピンの教育制度は、初等教育 6 年間、ハイスクールと呼ばれる中等教育 4 年間、2016 年度から始まった後期中等教育 2 年間となっている。サイエンスハイスクールは、中等教育段階で理科を重視したカリキュラムを採用した学校である。なお、後期中等教育は、2016 年度より大学内やサイエンスハイスクールを含む中等教育段階の学校内に設置され、アカデミック、スポーツ、アートとデザイン、職業のコースに分かれた形で始まっている。

　フィリピンのサイエンスハイスクールには、2 つのタイプがある。フィリピン・サイエンスハイスクール（Philippine Science High School）と呼ばれる科学技術庁（DOST）によって運営されているタイプ A と呼ばれる学校[6] と、通常の教育省の管轄下のサイエンスハイスクールでタイプ B と呼ばれる学校である。タイプ A の学校では、全寮制で生徒への手当てもあるが、タイプ

Bの学校は通常の公立学校と同様で生徒は通学制である。本項では、タイプBであるセブシティー・ナショナル・サイエンスハイスクール（Cebu city national science high school）について、2016年の調査訪問の結果とWEB上の資料を基にサイエンスハイスクールの概要とカリキュラムについて示す。

(1) セブシティー・ナショナル・サイエンスハイスクールの概要

セブシティー・ナショナル・サイエンスハイスクール（写真5）は、1970年に設置された学校であり、1学年35人クラスが5クラスの定員175人の公立学校である。通常の公立学校であるため、先に示したサイエンスハイスクールのタイプ別ではBタイプに分類される。このよ

写真5　セブシティー・ナショナル・サイエンスハイスクール校門

うなタイプBの公立学校であるサイエンスハイスクールは、フィリピン国内ではほとんどの市にあるが、この学校がマニラ以外の都市の中では最も大きい。学費については、他のフィリピンの公立学校同様に学費は無料となっている。通常の公立学校より学校運営には費用がかかることもあり、年間1500ペソ（約3500円,2016年の為替換算）を自主的に納入してもらうこととPTAの活動からのお金を使っている。また、貧しい家庭の生徒へは、卒業生の会から1000ペソの奨学金をもらえる人もいる。

フィリピンでは、ハイスクール対象のナショナルアチーブメントテストが行われている。テストの教科は、理科、数学、英語、フィリピノ語、社会科である。セブシティー・ナショナル・サイエンスハイスクールは、セブ市内で一番良い点数を取っている学校である。

(2) 入学試験

セブシティー・ナショナル・サイエンスハイスクールの入学試験を受験するためには、小学校での成績の条件がある。通常の学級であれば、成績の上

位 10% で、かつ理科、数学、英語に関して 85% 以上の成績であること、他の教科で 83% 以上の成績であることが必要である。フィリピンの小学校では、各学年の中に成績上位者を集めたクラスであるサイエンスクラスと呼ばれるクラスが設けられている。そのサイエンスクラスであれば、理科、数学、英語に関して 83% 以上の成績であること、他の教科で 83% 以上の成績であることが必要である。

　試験は、筆記（数学、理科、知能検査）と面接試験で行われる。面接試験は、一般的な事項に加え、教科内容に即したものもあり、教科担当の教員が教科の内容に関する質問を行い、何をどのように答えるかが評価される。

(3)　カリキュラム

　フィリピンナショナルサイエンスハイスクールは、教育省下の公立学校であるため他の公立学校と同様のカリキュラムに則った授業科目がある。それらの科目に加えて、科学技術庁がサイエンスハイスクールのために定めたカリキュラムを加えている。そのため、通常の公立学校より科目数が多くなり生徒が学校にいる時間も長くなっている。学校は、朝 7 時 15 分より始まり、17 時まで行われる。その後、15 分間のフラッグセレモニー（集会）を挟み、18 時までがクラブ活動の時間である。クラブ活動の参加は自由で、シティズンシップ向上トレーニング（Citizenship Advancement Training）と呼ばれる生徒向けの軍事訓練を中心とするクラブ、ボーイスカウト、ガールスカウト、理科クラブ、数学クラブなどが盛んで、運動に関するクラブは少ない。

　サイエンスハイスクールとしての理科の特別科目は、2 科目ある。そのうち 1 科目は、1 日 1 時間で週 4 回あり、内容は 1 年生と 4 年生がコンピュータ実習、2 年生がバイオテクノロジー、3 年生がコンシューマーケミストリーとなっている。コンピュータ実習（写真 8）は、1 年生がコンピュータのハードウェアに関する学習とパワーポイントなどのプレゼンテーションソフトに関する実習で、4 年生がビジュアルベーシックなどのプログラミングに関する学習である。2 年生と 3 年生の科目は、それぞれ生物と化学の応用面や日常生活での活用を強調している科目である。

写真6　理科室外観

写真7　理科室内部

写真8　コンピュータ実習室

写真9　通常教室

　もう1つの特別科目は、リサーチ（Research）と呼ばれる理科の課題研究の科目であり、週4時間行われている。生徒が課題を決めて、グループもしくは個人で1年間かけて行っている。多くの生徒はグループで課題に取り組み、1学年あたり40程度の課題数を10人の理科教員が指導をしている。課題は、蚊の行動を調べるなどの簡単な道具で調べる課題から、大学の施設を使うことが必要な課題まで多様である。大学施設については、大学との連携協定に基づいて使わせてもらうとのことだが、使用の際には費用を支払わなければならなくなっている。例えば、5人グループの生徒に35000ペソ（約8万円、2016年の為替換算）の費用が課された場合には、1人あたり7000ペソ（約16000円、2016年の為替換算）の負担となる。課題研究の授業には年間4回の生徒発表の機会があり、それぞれの発表は、課題研究の段階毎に行われ、計画の発表、方法の発表、進捗状況の発表、最終結果の発表、である。学年が

次の学年に上がった場合は、調査する課題を変えたり、昨年度の調査を発展させ新たな課題に取り組んでいる。

その他にフィリピンナショナルサイエンスハイスクールの独自の特徴としては、週1回1時間の選択科目がある。科目は、数学、ジャーナリズム、外国語（スペイン語、中国語）であり、数学の選択科目が設定されている理由は、重点的に取り組む理科の科目に比べ相対的に数学の成績が低いためである。

4. おわりに―東南アジアモデルの可能性―

本稿で示したフィリピンの UP NISMED とサイエンスハイスクールには、次のような理科教育における東南アジアモデルの可能性がある。

UP NISMED は、理科と数学教育の研究と研修の双方を推進する機関としての東南アジアモデルとなり得る。本稿で示したように、UP NISMED は研究としては、国際学会の開催と、教材作成、カリキュラム、教師教育フレームワークなどフィリピンの理科と数学の教育へ貢献する実践的な研究を行なっている。その他に、ASEAN 内の国際的な連携についても、東南アジア教育大臣機構（SEAMEO）の理科の教師スタンダード[7] 及び理科カリキュラムのスタンダード（SEAMEO/ RECSAM,2017）作成に関わっている。研修については、国内外の研修と、インターネットを利用した国内教員のサポートも行っている。特に、アフリカの理科教育者向けの研修を行っていることは、日本にとって国際教育協力のパートナーともなり得る機関と言える。

日本では UP NISMED の担う事業は、様々な機関が分担して担っている。カリキュラム研究をはじめ様々な研究と教員研修は、国立教育政策研究所、教職員支援機構、各都道府県や市の教育センターが、理科以外の科目も含めて担当する。国外向けの国際教育協力としての国外の教育者向けの研修は、国際協力機構が実施し、国内の大学でも受け入れている。これに対し、UP NISMED は、科学技術系の人材育成ニーズの高さを踏まえ、理科や数学の教育の振興に限定し研究と研修を包括的に遂行できる。このように理科と数学の教育の振興を1つの運営機関が担う形態は、他の開発途上国のモデルとなり得る可能性がある。

サイエンスハイスクールは、理科教育の振興に重点化した中等学校として東南アジアモデルとなり得る。フィリピンでは、通常の公立学校にも学習の達成度が高い生徒には理科に力を入れた特別コースであるサイエンスクラスがあるところもある。これに加えて、多くの市に公立学校であるタイプＢのサイエンスハイスクールが設置されていることは、広く科学技術系の人材育成に繋がるシステムである。本稿で示したセブシティーナショナルサイエンスハイスクールは、通常の公立学校に理科の特別教科を加えるカリキュラムで運営される学校であり、公立学校と共通性があることから設置も運営も行いやすいと言える。

日本においては、公立の高等学校の理数科、科学技術振興機構による理科・数学に重点を置いたカリキュラム開発や大学や研究機関との連携について研究するスーパーサイエンスハイスクール事業や小中学生も対象とする次世代人材育成事業など多様な形で行われており、学校、教育委員会、大学が応募し、期間限定の形で理科教育への支援が行われているものもある。このように個々の事業として、選定、運営管理を行う形態に比べ、フィリピンのサイエンスハイスクールを多数設置する方式は、学校単位で意思決定が出来るため、管理運営がシンプルで、他の開発途上国にとって推進しやすい方式と考えられる。

現在、高校生を対象とする科学コンテストは、世界規模の大会も含め様々な場所で開催されている。東南アジア地域の科学コンテストに、東南アジア教育大臣機構（SEAMEO）の地域理数教育センター（RECSAM）が隔年に開催している SSYS（The Search for SEAMEO Young Scientists）がある。SSYS には旅費が支給される ASEAN 各国割り当ての参加者に加えて、自費で参加することもできる。筆者が審査員を務めた 2012 年の SSYS では、フィリピン各地のサイエンスハイスクールからの参加者が多く、フィリピンからの発表件数が最も多かった。フィリピンからの参加者の研究内容は、長期にわたり継続的に研究を行ったものなど、質的にも高いものが多く見受けられた。フィリピンのサイエンスハイスクールは、中等教育段階で理科の研究の推進に関して顕著な成果を出しうる方式と言える。

注

1　UP NISMEDの5カ年計画（2013-2017）は、http://www.nismed.upd.edu.ph/5-year-strategic-plan/3/を参照した。

2　ICSMEは、http://icsme.nismed.upd.edu.ph/を参照した。

3　出版物は、http://www.nismed.upd.edu.ph/science/を参照した。

4　研修は、http://news.nismed.upd.edu.ph/を参照した。

5　KaSaMa teacher の名称でWeb上で研修を受け、ディスカッションができるサイト http://kasamateachers.ning.com/が開設されている。

6　フィリピンサイエンスハイスクールは、http://www.pshs.edu.ph/を参照した。

7　Southeast Asia Regional Standards for Science Teachers（SEARS-ST）は、http://www.recsam.edu.my/joomla/index.php/resources/downloadsを参照した。

参考文献

Department of Education. (2006). *National competency-based teacher standards.* Pasig, Metro Manila: Department of Education, the Philippines. Retrieved from http://prime.deped.gov.ph/wp-content/uploads/downloads/2011/09/22June_POPULAR-VERSION-FINAL.pdf

Department of Education. (2013). *K to 12 curriculum guide science (grade3 to grade 10).*
Pasig City: Department of Education, the Philippines. Retrieved from http://www.deped.gov.ph/sites/default/files/page/2014/Final Science CG 3-10 05.08.2014.pdf

畑中敏伸. (2010). 国際協力による理科教員の第3国研修に関する研究-フィリピンにおけるケニア理科教員研修指導者対象の研修調査より-. 理科教育学研究, 51 (2), 66–75.

SEAMEO RECSAM. (2017). *SEAMEO Basic Education (SEA-BES) : Common Core Regional Learning Standards (CCRLS) in science and mathematics,* SEAMEO RECSAM.

SEI-DOST, & UP NISMED. (2011a). *Framework for Philippine science teacher education.* Manila: SEI-DOST & UP NISMED.

SEI-DOST, & UP NISMED. (2011b). *Science framework for Philippine basic education.* Manila: SEI-DOST & UP NISMED.

Ulep, S. A., Punzalan, A. E., Reyes, R. L., & Ferido, M. B. (Eds.). (2013). *Lesson study: planing together, learning together.* Quezon city: University of the Philippines, National Institute for Science and Mathematics development.

94

第Ⅱ部　初等・中等教育

第6章　マレーシアにおける三言語教育政策と英語教育の展開

手嶋將博

1.　はじめに

　マレーシアは、総人口約 3,107 万人、ブミプトラ（Bumiputera: 土地の子）と呼ばれるマレー系および原住民族 65％、中国系[1] 25％、インド系 7％、その他の民族 3％（2017 年 3 月末現在）という人種構成の多民族国家である。ここでは、イギリス植民地体制による分割統治の影響で、第二次大戦まで民族社会ごとに別々の教育が行われていた。地方農村で生活することが多かったマレー系は、都市生活者が多かった中国系・インド系と比べて近代教育を受ける上で後れをとっていた。このことが、戦後、共通の教育用語、教育内容を模索する過程において各民族間での主張の対立を引き起こし、教育改革が繰り返される大きな要因となった。1970 年以降、「ブミプトラ政策」と呼ばれるマレー化政策が展開され、教育の国語（マレーシア語）化の推進により、国民教育制度の再編が図られ、半世紀近くを経過した現在もなお、初等教育レベルではマレー語学校、中国語学校、タミル語学校という言語ストリームの学校が存在し、三言語の教授用語による授業を展開している（添付資料：公教育制度図参照）。そんな中、2002 年 7 月、当時のマハティール首相（2003 年 10 月末をもって 22 年間続いた首相のポストから退任。その後、2018 年 5 月 9 日の総選挙で、野党連合擁立の首相候補として勝利し、マレーシア初の政権交代が行われるとともに、選挙で選ばれた指導者としては世界最高齢となる 92 歳で第 7 代首相として再任）を中心とする政府与党連合 Barisan National（BN：国民戦線）は、「2003 年の新学期より、初等学校・中等学校の新 1 年生から漸次、全ての理数科目について、英語を媒体として教育を行う」と発表し、その導入スケジュールを発表した。このことは、2002 年当時で 30 年以上続いた「国語」としてのマレー語、すなわち「マレーシア語」優遇政策

95

のありかたを根底から揺るがす政策であり、マレーシア教育界に大きな波紋が広がった。

　本稿では、マレーシアにおけるこれまでの教育言語政策の変遷を概観しつつ、2003 年に実施された、理数科目の英語媒体授業の導入と 2012 年からの段階廃止に至る経緯、および、国民統合に関わるマレー語優遇政策とグローバリゼーションに関わる英語重視政策との間に存在するさまざまな課題について分析・考察する。また、このようなマレーシアの事例が示す、多文化・多言語社会における言語教育のモデルケースについても考察を行う。

2.　三言語教育と英語教育改革の流れ―2002 年までの動向―

　第二次世界大戦後の 1948 年マラヤ連邦（Federation of Malaya）が結成され、マラヤが独立に向かうと、国家統一を促進する国民教育制度の確立が急務になってきた。そのため、1940 年代末から 1960 年代初めにかけて、各民族社会に共通の教育内容、教授用語を持つ国民教育制度の模索が行われた。1949 年、イギリス政府は中央教育審議会を設置し、同審議会による 1951 年の『バーンズ報告』[2] において初めて国民教育制度について勧告が行われた。同報告書の要点は以下の 4 点である。

　1) 統一国家の実現のために、共通の国民性の形成を目指す。
　2) 無償による 6 年間の初等教育の実施（6 ～ 12 歳）。
　3) 国民初等学校（公立校）ではマレー語と英語による二言語主義教育を行い、中国語、タミル語による教育は認めない。
　4) 中等教育は英語のみによって行い他の言語による教育は認めない。

　これはマレー語を重視することで、社会的・経済的に立ち後れていたマレー系の教育水準の向上、マレー文化を核とした国民意識の形成や国民統合を企図する、これ以降の諸政策の端緒となる報告書であった。

　これに対して、中国人とインド人は強く反発し、中国語学校、タミル語学校の存続を要望した。また、中国人サイドは『フェン・ウー報告』、インド人サイドは『インド教育審議会報告』を作成、『バーンズ報告』を厳しく批判した。例えば、『フェン・ウー報告』では、「子供の教育は母語（mother tongue）

で行われるべきである」という考えから、中国語初等学校での中国語、英語、マレー語による「三言語主義教育」が主張された[3]。

一方、マレー語学校教員団体は、中等学校でも英語のみでなくマレー語でも教育が行えるように要望を出していた。その結果、1952年の教育令では国民初等学校は英語・マレー語を教授用語とする以外に、その他の言語が第三言語として教えられるようになった。中国語・タミル語の各学校は国民学校としては認められなかったが、存続は認められた。

1955年にトゥンク・アブドゥル・ラーマン首相により、教育制度の改革が打ち出された。それはマラヤの統一国家実現を目指したものであり、以下の2つの課題が重視されていた。

1) マレー人社会と中国人社会との間の経済的不均衡の是正

2) マラヤにおける中国人・インド人の同化促進。

こうして、当時の教育相アブドゥル・ラザクを長として、教育審議会による教育制度の再検討が行われ、これが翌1956年の『ラザク報告』となり、1957年のイギリスからの独立後、最初の教育令として法制化されることとなった。その骨子は、以下のようになっていた。

1) 国民学校としての初等学校は標準学校（Standard School: マレー語学校）と標準型学校（Standard-Type School: 中国語・タミル語・英語学校）に分ける。国民学校ではマレー語のみを教授用語とし、その他の教授用語を使う学校は国民学校と認めない。

2) 全ての学校をマラヤ志向とするために共通のカリキュラムを導入する。また、中等教育にマレー語中等学校を設立する。

すなわち同令は、独立後初めて、国家の統制の下教育制度が統一的基準に従って確立されたものであり、初等・中等学校段階においてマレー語を強調することによって、マレー語を国語とした国家の統一を図るものであった。

さらに、1961年には、マレー人に有利な教育政策が『ラーマン・タリブ報告』によって提案され、新教育令となった。その報告の要点は、マレー系を教育上有利な立場に導くための政策である。

1) 中国語学校とタミル語学校の児童は、中等学校に進む段階で1年間の移

行学級（Remove Class）において中等学校以降の授業に必要なマレー語を学習する。

2) 初等学校・下級中等学校（日本の中学校3年間にあたる）を通じて、マレー語学校の教育は無償とする。

3) 中等学校における修了資格試験（公的試験）は英語とマレー語で行う。

　また、ここではマレー語を教授用語とする学校を国民学校（National School）、英語、中国語、タミル語の各学校は国民型学校（National-Type School）としたり、中等学校においてマレー語学校と英語学校のみ財政援助が与えられたりといった政策も盛り込まれている。

　このようなマレー語学校優遇の政策に対し、マレー語学校のみを無償とすることに対して反対が強かったため、1962年には全ての初等学校が無償となった。一方、公的試験は教育内容の統一、共通語の普及と並んで、マレーシア統一のための教育を促進する重要な手段であった。これには初等学校修了試験（UPSR）、下級中等学校修了試験（PMR：2014年度から、学校毎の評価制度であるPT3に移行）、上級中等学校修了試験（SPM）、大学予備課程修了試験（STPM）があり、このうちUPSR以外は、中国語・タミル語による受験は不可能になった。

　こうして、1951年の『バーンズ報告』以来、国民教育制度は10年余りで一応の確立を見ることになった。その間、初等教育は二言語主義（マレー語・英語）から三言語主義（マレー語・中国語・タミル語）へ、中等学校はマレー語一本から英語学校を認めた二言語主義（マレー語・英語）へという変化こそあったが、マレー語学校を国民学校として教育制度の中核に据えることにより、教育の統合を図ろうとする点に主眼がおかれていたといえる。

　こうしたマレー人に対する優遇政策にもかかわらず、社会・経済的には、マレー人の生活はあまり向上が見られなかったし、都市部を中心とする工業化は依然として外資と中国人による資本に支配され、マレー人の参入は少なかった。このため、マレー人の不満は高まりつつあった。こうした中、1969年5月13日マレー人と中国人との間で起こった人種暴動事件は、民族間の対立の根深さ、国民統一の不安定さを露呈した。その結果、政府により、国民

統一の達成、民族間経済格差の是正、国民教育制度の再編を図る政策を推進させる契機となった。この政策をブミプトラ（土地の子）政策と呼び、その主目的は、農漁村に多く居住していたマレー人やその他の土着の民族を近代的な経済部門へ誘導し、農村生活の近代化を図り、都市活動への参加も増大させて、彼らが国民経済生活のあらゆる面で参加・活躍できるようにするものであった。

教育分野においては、マレー語の主要教授用語化、各民族間における教育機会の不均等是正等が重視された。特にマレー語は1970年から、「マレーシアの国語」を意味する「マレーシア語（Bahasa Malaysia）」と呼ばれるようになり、これを教授用語とする国民学校の拡大を図るため、英語学校を廃止してすべてマレーシア語学校に転換する政策が第2代首相ラザク政権下で具体化された。

こうして1970年以降、英語学校の第1学年の児童から全教科についてマレーシア語による教育が行われるようになり、漸次上の学年に移行していった。その結果、1982年までに初等・中等教育レベルの英語学校は全てマレーシア語学校に転換され、1983年までには、大学教育も原則としてマレーシア語によるものに転換された。また、この政策に対応して、全ての公的試験もマレーシア語によって実施されるようになった。

この英語学校廃止・マレーシア語学校への転換の政策は、結果として教育のマレー化を促進させ、マレー人の中・高等教育への接近にとって極めて有利に展開した。例えば、大学進学時には、統一試験の成績以外に、学生の出身地域、民族別の割り当て（クォーター制）が採用されているし、この統一試験が極めて難関で、マレー系の学生はこの点数が低くても割り当てにより優先的に大学に入学できるため、非マレー系の学生は相当の高得点を取らない限り、大学進学上不利な状況になる。従って、1960年代には2割程度にすぎなかったマレー系学生が、80年代には国内の大学入学者の7割を占めるまでになったのであった。

しかし、このマレー語優遇政策によって、マレー人は以前に比べて英語学習の必要性が低下したために、一般企業の多くが要求する英語力を十分に身

につけないで学生生活を終えることが多くなってきた。また、政府機関においても、結局は英語力がある少数のマレー系が昇進可能ということになって民族間ならぬ「民族内格差」も広がりつつある。すなわち、マレー語を国語とし、国民統合政策の柱として優先してきた言語教育政策は、大多数のマレー系にとって、政府への依存を増やし、企業への門戸を狭めさせ、政府機関においても昇進の機会を引き下げる結果となったのである。

　このように、マレーシアの言語教育政策は、ある種、政府の意図に反する結果をもたらしてきた。以前と比較して、全般的に国民の英語力が低下しているという危機感から、政府は共通試験における英語の配点比率の増加、公務員の英語学習の奨励といった対策をとってきた。こうした状況から、マハティール首相（当時）も、マレーシアが国際社会で競争力を維持して行くために必要なアプローチであるとして、1994 年から医学・工学分野を中心として、大学の授業を英語でも行えるように認めた[4]。また、経済活動に有利である等の理由から、高校での選択科目に中国語を導入する等マレーシア語以外の言語学習見直しの動きもあらわれてきた。慢性的な労働力不足が指摘されるマレーシアが今後国際社会で生き延びる道は、国家の発展に貢献し、また国際社会で通用する人材の育成であると考えられ、1990 年代後半から導入された「マルチメディア・スーパー・コリドー（MSC)」構想[5]や、「スマート・スクール」計画[6]も外資流入による産業構造の転換と、それを基盤としての地場産業の振興をめざした政策の一環である。しかし、国内の民族間の格差を是正する目的で行われたブミプトラ政策やそれに伴う教育に関する言語政策が、結果的にマレー系を二極化させる状況に導くことになり、中国系・インド系との間とはまた異なる新たな格差を生み出す結果となっている。

3.　三言語教育と英語教育改革の流れ―2002 年以降の動向―

　こうしたマレー系優遇政策と、それに伴う三言語教育政策が長年にわたり実施されてきた中で、2002 年 5 月、マレーシア政府から「初等・中等学校の理数科目を英語で教える必要性を多くの国民が支持すれば、教育省はその採用を考える」、「マレー語の地位は独自のアイデンティティを持った国家を築

第Ⅱ部　初等・中等教育

くための一環として保持することを我々は保証するが、我々はまたグローバリゼーションの時代に生きているという事実も受け入れなければならない」等として、初等学校における理科と数学を英語で教える方針が示された[7]。

　さらに、2ヶ月後の7月20日には、理数科目の英語による教育開始のスケジュールが発表された[8]（表1・2）。

表1：初等学校と中等学校での理数科目を英語で教育する開始年（2002年発表当時）

	小1	小2	小3	小4	小5	小6 UPSR	移行学級	中1	中2	中3 PMR	中4	中5 SPM
2003	開始							開始				
2004		開始							開始			
2005			開始				英語で実施			開始		
2006				開始							開始	
2007					開始							開始
2008						開始						

表2：大学準備教育期間と高等教育での理数科目英語授業の開始年（2002年発表当時）

	中6前期	中6後期 STPM	マトリキュレーション（大学予科）	ポリテクニック	国立大学
2003	開始				
2004		開始	開始		
2005					開始
2006					
2007					
2008				開始	

表1・2注：UPSR・PMR・SPM・STPM…各学校段階における全国統一修了試験。

　このように、2003年1月初めに入学する新1年生は、初等学校も中等学校も英語で理数科目の学習を開始、その後漸次学年が進むにつれ英語で理数科

101

目を教わることになった。前節までで述べたように、理数科目を含めてこれまで国民型初等学校は中国語又はタミル語で、国民初等学校はマレー語で授業を実施してきた方針から、理数科目に限ってこの原則から外すというのは、まさしく大きな変化であった。マハティール元首相が、それまでのマレー語優遇政策・三言語教育政策を足元から揺るがしかねないこのような思い切った改革に踏み切った理由は、当時の彼の言葉を借りれば、「毎日最新の書籍が出版され、何百という記事が英語で書かれている。もし我々がそれぞれの母語での理数教育に固執していれば、ものすごい速さで進む最新の知識の進歩についていけなくなる。だからこの理数科目を英語で教えることを提案したのだ。こうすることで、（英語媒体の）知識が直接我々に届くのである」[9]ということであり、そこには、①マレー系の英語力の低下に対する歯止め、②科学技術分野での国際競争力の強化、③IT 等を中心としたグローバル化への対応、等が考えられる。

　こうしたあまりにも急進的な印象を与える言語政策に対して、各民族団体は当然の如く、それぞれの立場から以下のような意見表明、および行動に出た。

(1)　マレー系団体

　まず、マレー系団体は、2002 年 8 月 25 日に開催された、全国言語学協会、マレー学生連合、マレーシアイスラーム青年運動（ABIM）、全国作家協会等が参加する、初等中等学校で理数科目を英語で教える政府案に対するマレー人組織・団体からの意見聴取会（アブドゥラ副首相主宰）において、これに関わる問題をはっきりさせるためにもっと時間が必要である、地方の生徒が影響を受ける、科目を教えられる教師の不足等、翌年度から実施するのは性急であること等が指摘された。また、英語の重要さは受け入れつつも、マレーシア語の教育言語としての地位に影響が出ることを懸念して、この方針に反対する者もいた。

(2)　インド系団体

　次にインド系団体であるが、タミル語初等学校に関しては、与党のインド人政党 MIC（マレーシアインド人会議）が賛成を表明していたため、7 月 23

日に理数科目の英語による教育が受け入れられることになった。与党 MIC
はタミル語学校が母語による教育にあまり積極的でないという批判に対し
て、反対者はごく少数であり理数科目を英語で教えるのは、インド人コミュ
ニティのステータスの向上につながる、英語媒体の授業が多くなれば、中等
学校に進学しても落ちこぼれることがない、等の見地から、英語教育を高め
る事でタミル語学校を一層インド人生徒にとって魅力的にできるとして賛成
したのである。また、IPF（インド人進歩戦線党）も政府案を支持する等、も
ともと実用的な言語としての英語志向が強いインド系団体には、大きな反対
の動きが見られないまま受け入れが決定していった。

(3) 中国系団体

　これらに対して、中国語初等学校への英語媒体授業の導入に関しては、中
国語教育界及び中国人基盤の政党を中心に最も強い反対論があり、最終決定
がかなり遅れていた。あくまでも中国語で理数科目を教授する意向の中国系
団体に対し、与党連合 BN は 2002 年 10 月 22 日にマレーシア華人公会（MCA）
等の各政党に 1 週間の猶予期間を与え、中国語初等学校おける英語教育の提
案を出すように要求し、ついに 10 月 31 日に与党連合 BN 最高会議の最終的
な英語教育調整案を受け入れ、与党の中国人政党 MCA 等が、野党や中国語
教育界からの反対を押し切る形で賛成し、中国語初等学校での英語媒体の授
業導入が決定となった。具体的には、中国語初等学校においては、理数科目
を英語と中国語の両言語を用いて、数学を中国語で 6 コマと英語で 4 コマ、
理科を中国語で 3 コマと英語で 3 コマ（1 コマ＝30 分）という時間配分で教
える方式、すなわち理数科目について、二言語で同じ内容の教育を行うこと
になったのである[10]。

　この時、理数科目を英語で教える方針決定に、中国人コミュニティの中で
も強力な教員団体である董教総が強く反対していることに対して政府与党連
合の幹部が批判したのを受けて、アブドゥラ副首相（当時）は、中国語初等学
校での理数科目英語教育を政治問題化させないためという理由で、董教総へ
の監視強化の姿勢を明らかにした[11]。しかし、改革に反対する野党の PAS（全
マレーシアイスラーム党）等は董教総の意見を支持する姿勢を見せ[12]、導入

が開始された後にも、こうした対立は続いた。

これと前後して、9月には2003年度予算案をマハティール首相（当時：経済相を兼務）が発表した。その中では初等中等学校での理数科目授業のために2002年から2008年分としてRM50億（約1,500億円）を割り当てることが盛り込まれた[13]。

また、2003年に入ってから、理数科目の英語媒体教育に伴い、教師の定年を大幅に延長することが決定し、2003年に定年を迎える教師は自動的に延長となったが、この特典は、理数科目と英語の教師のみの適用で、これは、両科目での教師の不足に対応するためであった[14]。さらに、この施策を進めるために教育省は教師に対する報奨金策も提案された。それは、英語、数学、理科等（純科学科目、技術科目、情報技術科目を含む）を担当する教師は基本給に特別手当てを上乗せするというものである。また、他の科目の教師でも英語の能力を上げれば給与増加があり、初等学校1年、中等学校1年と6年の学年で数学、理科、英語を教える教師約5万人が報奨金をもらえる対象になる。基本給に対する奨励金の割合は、非大学卒教師は10%、大学卒教師は5%であり、2003年7月には、英語教師の場合、前述の3学年で教えていなくても、全員奨励金受領の対象になることも付加された[15]。

4. 英語媒体の理数科目授業における諸課題

以上のような経緯を経て、ついに2003年1月の新学期から、マレーシアでは国内の全ての国民初等・中等学校および国民型初等・中等学校のそれぞれ1年次において、英語媒体による理数科目授業（PPSMI：Pengajaran dan Pembelajaran Sains dan Matematik dalam bahasa Inggeris）が開始された。

しかし、冒頭でも述べたように、この教育改革はそれまでのマレー語優遇の政策から大きな転換となるものであったにもかかわらず、あまりにも唐突に決定・導入されている印象を受ける。

前節で、この改革の導入理由として、①マレー系の英語力の低下に対する歯止め、②科学技術分野での国際競争力の強化、③IT等を中心としたグローバル化への対応、等を挙げたが、例えば、①のマレーシア英語レベルの問題

では、バイリンガル教育を受けているブルネイの学生が、東マレーシア・サラワク州の学生より英語レベルが熟達しているという事実について調査をしたところ、ブルネイの小学校では理科・算数・英語が、中・高校では歴史・地理が英語で授業が行われていることがわかったという。これに対してDAP（民主行動党）のリム・キットシャン総裁（当時）から「1991〜95年の第6次マレーシア計画において、政府は『英語教育は第二国語として非常に重要であり、標準レベルを上回らなければいけない』と発表しているのにもかかわらず、この10年間、何をしてきたのか釈明すべきだ」[16]との批判が出るなど、英語力低下についての批判は再三繰り返されてきた経緯があり、この後、1年にも満たないうちにマレーシア政府が英語媒体授業の導入を発表したのを見ると、隣国ブルネイのバイリンガル教育の実態調査結果は「英語による各教科の授業」の導入推進派にとってはまさに追い風となる影響力を与えたといえる。

　また、②の国際競争力強化や、③IT・グローバル化への対応についても、90年代後半からの政策であり、外資導入、産業振興、および、それらを将来支える有能な人材育成という視座から見れば、英語力の強化は国策として必須の懸案事項であった。実際、1997年から認可された私立大学では、現在その大半が英語媒体の教育を行っているなど、当時のマハティール政権の動向を見ると、ブミプトラ政策との相克を調整しつつ、いかに国際語として実用性の高い「英語」を普及させて行くかに腐心していたかが窺えよう。

　しかし、やはりあまりに急な改革・導入であったため、様々な点で早急に解決すべき課題がいまだ残っていることは否めない。それらは、以下の諸点である。

(1)　導入過程における矛盾点の解決の必要性

「技術発展は国の最重要課題」→「理数科目は国の発展の基礎を作る科目」→「英語は世界の『共通言語』であり科学・技術を発展させる言語」→「子供の時から理数科目を英語で学習することがマレーシアを発展させることにつながる」というマハティール元首相をはじめとした政府側の論理には、残念ながら、学術的な根拠が希薄であったと言わざるを得ない。かつて『フェン・

ウー勧告』において、「子どもの教育は母語で行われるべきである」という主張がなされたように、特に小学生等の場合、母語である第1言語が十分に習得されていない状態で第2言語を学ぶ（しかもこの場合は「それを使って別の教科の授業をする」という環境である）という方式は、どちらの言語も不十分になる危険性が高い方式であり、その実効性が疑問視される。たとえば、同じ多民族・多言語状況にあるフィリピンも英語媒体の理数科目授業を行っているが、国際レベルで理数科の成績が相対的に高いとはいえず、2000年代に入ってから、制度の改革も検討されている[17]。さらに、この論議の過程で、非英語国である日本、韓国、台湾、ドイツ、フランス等はいずれも初等教育・中等教育ともに理数科目を英語で教えてなどいないにもかかわらず技術面では世界のトップクラスであるという一部の反論はほぼ黙殺され、なし崩しに導入が決定したことに対しても、明確な説明の必要があったといえよう。

(2)　中国語初等学校の新1年生授業における負担増大の懸念

　国民型中国語初等学校は、全国的に午前部と午後部の2部制が多く、例えば、ほとんどの午前部は7時半から7時45分の間に始業し、1年生の場合は1日9コマ（各コマ30分）が標準で、12時20分に終業となっていた。これが、2003年1月に始まった新学期から、1年生は1日10コマ制になった（午前部の終業は12時50分頃。午後部は1時から開始し6時20分終業）。内訳は、1週間の基本授業時間数が5コマ、すなわち実質2時間30分増加（1日平均1コマ＝30分）。そのうち、英語の授業2コマ、英語媒体の数学4コマ、英語媒体の理科3コマが増えたわけで、美術・音楽・体育等の実技科目を除いた週43コマの内、英語媒体での授業が9コマ、マレーシア語の授業が9コマ、中国語媒体での授業が25コマとなり、同じ学校の中で、実質的なマレー語・中国語・英語の「三言語教育」となっていた[18]。満6才で入学する中国語初等学校1年生に、この三言語教育の方式は大きな負担であり、英語で理数科目を教えることができる中国人教師の確保・養成も必要であるなど、子どもだけでなく、親にも教師にも負担増となった。さらに、数学を6コマ中国語・4コマ英語で教え、理科を3コマ中国語・3コマ英語で教えるというスタイルの弊害も当然考慮しなければならなかった。

また、就学前教育に目を向ければ、中・英・マレー語の「三言語教育」を導入しうる、資金力のある大手の幼稚園がより優位な地位を占めていくことになる。これは、富裕階級や一部のエリートに有利な方向に働くので、同民族内でも教育格差が一層広がる懸念がある。筆者の 2003 年 8 月における就学前教育に関する現地調査でも、訪問した私立幼稚園はいずれも「英語・マレー語・アラビア語」か「英語・マレー語・中国語」の三言語主義教育であり、英語教育はもちろん理数科教育の強調も目をみはるものがあった[19]。

　また、董教総の最大の反対理由は、中国語の授業の時間数が現行の週 15 コマから 12 コマに減らされてしまったことに対する不満であった。「小学生が学習の初期段階で英語自体よりも理数科目に多くの時間を費やすのは非合理的である」[20] という董教総の基本的な方針は「英語力の向上には賛成だが、英語での授業を取り入れることには反対」という主張である。実際、2002 年度の UPSR の結果をみると、中国語初等学校は他の初等学校より好成績を収めていることもあり（表 3）、これが理数科目の英語媒体授業導入に反対する強い根拠にもなっていた。

(3)　教師間の格差助長の問題

　既述したように、この施策を進めるためにマレーシア教育省は教師に対する報奨金策を提案した。英語・数学・理科科目の教師は基本給に 5％上乗せ、他の科目の教師でも英語の能力を上げれば給与増加等が認められるといった優遇制度であるが、この方式は、どの科目を教えられるかという「指導可能科目」によって給与を優遇する措置であり、英語で教えられる教員の優遇、英語で教えられない教師の意欲の低下や教師間の対立を招き、学校現場のみならず、教員養成・研修等にも混乱を生じさせる危険性が伴うものであった。

表3：2002年度UPSR試験の結果

教科	数学 (Matematik)				理科 (Sains)			
評価	A	B	C	合格率	A	B	C	合格率
マレー語学校	24.2	26.7	31.1	82.0	16.9	33.9	29.9	80.7
中国語学校	52.7	3.2	16.7	92.6	23.9	40.7	21.3	85.9
タミル語学校	15.9	29.7	35.5	81.1	8.0	28.7	37.9	74.6

Ministry of Education Malaysia, November 6, 2002

⑷　マレー語の存在意義・地位低下

　ブミプトラ政策以降「国語＝マレーシア語」としての地位を保証されていたはずのマレー語であったが、今回の決定によるその地位および存在意義の空洞化・低下は否めない。理数科目が科学振興・産業構造転換には絶対必要であるから、それらを「科学の最新動向に直接触れることができるようにするために『英語』で学ぶべきである」という発想は、マハティール元首相自ら「マレー語ではそれが十分に出来ない」すなわち、これまでも出来なかったし、おそらくこれからも無理だろう、ということを認めてしまったのと同義であったといえる。これは中・長期的に見た場合、「ブミプトラ政策」の意味自体を考え直すことになりかねない大きな問題を内包していた。

⑸　エリート優遇主義の助長

　マレーシアは長い間英語を第2言語に使用してきたため、英語に対する翻訳文化が脆弱であるといわれる。とりわけ学術分野ではその傾向は強く、英語の論文や学術書等はそのまま発行されることも多い。加えて、1990年代後半から私立大学が続々と開学したが、国際的なビジネス展開が可能な人材育成や多くの留学生の受け入れを目論み、英語で授業を行っている大学が一気に増えてきた現状もある。無論、日常生活の中で英語が使われることが日本のような国々と比較して多いこともあるだろうが、この政策によって、ますます学術書はマレー語に翻訳されなくなり、それは、結果的に国民の教育の

第Ⅱ部　初等・中等教育

裾野が広がらないことにも繋がる。マレーシアの場合は英語使用頻度が高い都市部よりも、相対的にマレー系が多く居住する地方に住む児童・生徒あるいは成人の間では、実際には英語に接する機会が都市部より少なく、実は英語が苦手という者も少なくない。したがってこの改革は、中・長期的なヴィジョンで考えた場合、国民の英語リテラシーの全体的な底上げという目的の達成よりも、逆に英語で学術書等を正しく読める者だけが将来的にも優遇され、教育における地域格差・民族内格差を一層広げるだけのエリート優遇主義に陥る危険性が高いものであったといえよう。

5. 英語媒体の理数科授業の廃止・マレー語媒体授業の復活―2012年以降の動向―

　こうして、2003年以降、理数科目の英語化政策（PPSMI）をいわば「断行」してきた形になったマレーシアであったが、その後も、この教育方法については賛否両論の論議が続いた。マレーシア教育省はこうした反応を受けて、2008年以降、この政策を見直すための調査・研究に入ることになった。その結果、2009年7月に、当時発足したばかりのナジブ首相の政権下において、理数系科目英語媒体授業を、段階的に以前のマレー語及び民族語使用教育に変更する政策を発表し、2012年の新学年度から、国民小学校ではマレー語、国民型華語小学校では華語、国民型タミル語小学校ではタミル語で理科と数学を教える方式に戻していくこととなった。すなわち、事実上のPPSMIの廃止である。当時、教育省から発表されたその理由は、都市部の生徒と田舎部の生徒の間での（基礎学力の）格差が広がっているため、という、この政策が発表された当初からの懸念が表面化したものであった。

　具体的には2012年にまず小学校の1年次と4年次、及び中学校の1年次と4年次においてPPSMIを止め、順次上の学年に拡大していき、2014年度までに移行措置が完了するというスケジュールが示された。その後、「英語力の強化はマレーシア経済のさらなる発展のために必要不可欠な条件である」という名目で、児童生徒の英語力向上のために、以下の政策が段階的に取り入れられていった。

109

① 14,000人の教師を新たに雇用し、内訳は、外国人教師1,000人、退職した教師600人を再雇用する。
② 国民小学校の1年次から3年次対象に、英語科目の授業時間を90分増やして、週330分（11コマ）に、4年次から6年次は週300分（10コマ）にする。
③ 国民型の華語／タミル語小学校の1年次から3年次対象に、英語科目の授業時間を60分増やして、120分に、4年次から6年次は30分増やして週120分にする。
④ 中学校の1年次から5年次は、英語科目を80分増やして、週280分にする。また、Form6は、週400分にする。
⑤ 大学入学前の予備教育であるマトリキュレーションの学生には、英語科目の時間数を週3時間から6時間にする。
⑥ 英語関連科目では文法に力を入れる。

　以上のように、1957年の建国以来、国民統合のために教育のマレー化と、マレー語・中国語・タミル語の三言語教育政策を進めてきたマレーシアは、PPSMI導入から実施、そして廃止に至る10年余り（2002-2014）の間に、英語・マレー語・民族語（アラビア語・中国語・タミル語）の、いわば「新・三言語教育政策」の時代へと移行してきた。その背景には、国内的に国民統合政策を維持する一方、国際化に対応した人材育成を目指した英語重視政策強化の流れが存在していると考えられる。

6.　まとめにかえて―マレーシアの言語教育政策が示す教育モデル―

　本稿では、冒頭でも述べたように、マレーシアにおけるこれまでの三言語教育政策の変遷を概観しつつ、理数科目の英語媒体授業PPSMIの導入と廃止までに至る経緯、および、国民統合に関わるマレー語優遇政策とグローバリゼーションに関わる英語重視政策との間に存在するさまざまな課題について考察を行ってきた。

　杉村（2015）は、マレーシアでは、高等教育の教授言語も原則的に「国語」であるマレー語（マレーシア語）とされてきたが、国際的な大学間の留学や単位互換制度を実施する場合、「諸外国とのプログラム連携を行う上では、す

でに新紀元学院の例でもみたように英語の使用が必要不可欠であり、高等教育の様相は一変した」[21]と述べ、2003年のPPSMIの開始後、英語使用の是非をめぐる論議が過熱した結果、それまでのブミプトラ政策に見られるマレー化政策を支持するマレー系と、それに反対する中国系やインド系との対立がみられたものが、「英語重視」の政策については全く逆の反応が起こった、と指摘している。すなわち、英語重視政策を評価するインド系と一部の華人に対し、マレー系の保守派層が反対し、また一部の華人は英語と華語を同等に位置づけることを要求するなど、旧来のエスニック・グループ間の関係に変容が起きているという[22]。すなわち、グローバリゼーションの進展に伴い、国際語としての英語の扱いを巡って、マレーシアの言語教育政策は、従来までのマレー語・中国語・タミル語の三言語教育から、英語・マレー語・民族語（アラビア語・中国語・タミル語）の新・三言語教育への転換を余儀なくされつつあり、新たな民族間の対立と政治的な問題を生じさせている。

　このような様々な問題を内包するものの、多文化・多言語の複合社会であり、マレー系：中国系：インド系でほぼ6：3：1という微妙な民族比のバランス、しかも、人口的にはマイノリティに属する華人が経済的に優位にあるという、複雑な社会状況をもつマレーシアでは、ブミプトラ政策によるマレー化政策の一方で、小学校における各民族言語ストリームによる教育制度を維持しているといったような一見相矛盾する政策も、複合社会における「国民統合政策」を支える機能を果たしてきたといえる。このようなマレーシアの経験は、複合社会国家における言語教育政策のひとつのモデルケースとして位置づけられるといえよう。

注
1　一般に「中国系」という場合大陸からの移民（華僑）世代を指し、「華人系」は定住した現地生まれの者を指すが、マレーシアでは現在でも「中国系」という用語が使われている。また、両国で教えられている中国語は北京語（Mandarin）であり、シンガポールでは他の中国方言を含まないという意味からこれを「華語」と呼ぶが、マレーシアでは現在も「中国語」と呼んでいるため、本稿では便宜的に「中国人」「中国語」で統一している。

2 *Report of the Committee on Malay Education (Barnes Report)*, Federation of Malaya: 1951, pp.20-39.

3 *Chinese Schools and the Education of Chinese Malayans (Fenn-Wu Report)*, Kuala Lumpur: Government Printer, 1951, p.6, pp.33-39.

4 *Strait Times*, January 6, 1994

5 「マレーシアにおける情報教育の理念と展開—『スマート・スクール』構想を中心として—」、『比較・国際教育』第7号、筑波大学比較・国際教育学研究室、1999年、64-65頁。

6 「スマート・スクール構想」の詳細に関しては手嶋前掲論文(5)を参照されたい。

7 *Utusan Malaysia*, May 4, 2002

8 *Ibid.*, July 20, 2002

9 *Ibid.*, October 15, 2002

10 *Ibid.*, November 1, 2002

11 *New Strait Times*, November 14, 2002

12 *Ibid.*, November 13, 2002

13 *Ibid.(7)*, September 20, 2002

14 *Ibid.(11)*, January 1, 2003

15 *Ibid.*, July 14, 2003

16 『日馬プレス』(Nichima Press News.com) 2001年6月11日付。http://www.nichimapress.com/news4/news20010611.html

17 IAE (国際教育到達度評価学会) による第3回国際数学・理科教育調査 (第2段階：1999年実施) の結果を見ると、フィリピンは39ヶ国中数学・理科いずれも37位と低位であった。ここでは1995年の調査に続けてシンガポールが数学1位・理科2位、日本は数学5位・理科4位、マレーシアは数学16位・理科22位である。参照HP：http://www.mext.go.jp/b_menu/houdou/12/12/001244a.pdf

18 なお、主にマレー系が行く国民初等学校とタミル語学校は理数科目を「英語のみ」で教えるため、授業時間数の変更がほとんど無い。

19 2002・2003年度文部科学省科学研究費補助金・基盤研究(C)(1) (課題番号14510321)『タイ・マレーシア・シンガポールにおける就学前教育の実態に関する実証的比較研究－民族性・国民性の育成と国際化への対応を中心として－』(研究代表者：池田充裕) 最終報告書、2004年3月。

20 『星洲日報』November 3, 2002。

21 杉村美紀「国際化に伴うマレーシアの高等教育政策と華文高等教育の展開」『立命館国際研究27巻4号 (2015March)』立命館大学国際関係学部、2015年、94頁。

22 同95頁。

第Ⅱ部　初等・中等教育

図1：マレーシアの公教育制度図

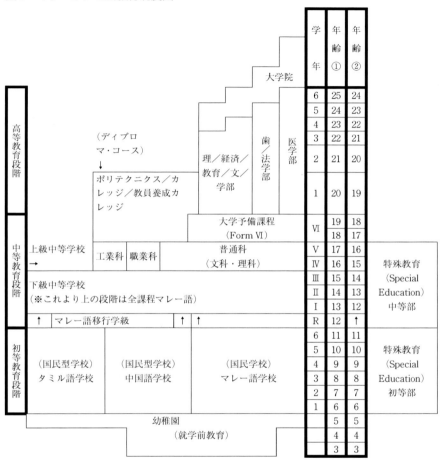

備考：年齢①…移行学級に行く場合。／年齢②…移行学級に行かない場合。初等教育段階から中等教育段階まで特殊教育（Special Education）も制度化されている。(Ministry of Education Malaysia, *Education Structure and School System*, 2015を参考に手嶋作成)

第7章　マレーシアにおける女子・女性の教育
―男女間格差の解消とジェンダー平等という2つの課題をめぐって―

鴨川明子

1.　国際的な「女子・女性の教育」開発の動向

(1)　1990年からミレニアム開発目標まで

　国際的に、女子・女性の教育に注目が集まっている。国連「ミレニアム開発目標（Millennium Development Goals: MDGs）」（2000年）において、2015年を目途に、「教育の完全普及の達成（目標2）」が男女の別なく達成されること、「ジェンダー平等推進と女性の地位向上（目標3）」が目標とされてきたことは広く知られるところである。さらに、2015年9月、ニューヨークの国連本部で開催された「国連持続可能な開発サミット」において、「我々の世界を変革する：持続可能な開発のための2030アジェンダ」が採択され、そのアジェンダに17の目標と169のターゲットからなる「持続可能な開発のための目標（Sustainable Development Goals: SDGs）」が掲げられている。そして、SDGsにおいても、女子・女性と教育に関する目標は引き継がれている。

　本論文では、マレーシアの女子・女性の教育が東南アジアのハブモデルとなりうるかという問いのもとに、その可能性と課題を検討することを目的とする。それに先立って、SDGsに至るまでのミレニアム開発目標と女子・女性の教育に関する達成状況を振り返る。

　1990年以降の教育開発の動向を振り返ると、「万人のための教育世界会議」（1990年、タイ、ジョムティエン）において、「万人のための教育世界宣言―基礎的な学習のニーズを満たすための行動の枠組み―（World Declaration on Education for All- Meeting Basic Learning Needs）」（1990年）が採択されてから今日まで、国連機関、世界銀行や各国の援助機関、非政府組織が、「すべての人に教育を（Education for All: EFA）」というスローガンの下で、教育

における男女間格差の解消に取り組んできた。

　2000年代に入ると、「EFA 2000アセスメント（EFA 2000 Assessment）」（2000年）において、女子・女性の教育普及に関する目標達成には程遠い状況が報告された。そのような状況を踏まえて、「世界教育フォーラム（World Education Forum）」（2000年、セネガル、ダカール）では、引き続き男女間格差の解消に向けた目標が、「ダカール行動の枠組み（The Dakar Framework for Action）」（2000年）の中で採択されることとなった。加えて、「国連ミレニアム・サミット（UN Millennium Summit）」（2000年、アメリカ、ニューヨーク）では、ダカール行動の枠組みと同様のミレニアム開発目標が採択された。しかしながら、2005年になっても男女間の教育格差は残されたままであり、女子・女性に対する教育普及は依然として重要な国際的課題の一つであった（UNESCO 2006）。

⑵　ミレニアム開発目標報告（2015）に見る達成状況

　ミレニアム開発目標報告（以下、報告）において、「初等教育の完全普及の達成（目標2）」が男女の別なく達成されることと、もう一つの目標である「ジェンダー平等推進と女性の地位向上（目標3）」について、どのような達成状況が示されているであろうか。

　まず、「初等教育の完全普及の達成（目標2）」とは、「2015年までにはあらゆる場所における子どもは、男子も女子も同様に、初等教育のすべてのコースを修了することができるようになる」という具体的な課題を示していた（UN 2015a, p.24）。報告によると、開発地域における初等教育の純就学率（net）は、83％（2000年）から91％（2015年）に上昇する見込みである（UN 2015a, p.24）。また、世界的に初等学校年齢相当の学校に通えない子供たちは1億人（2000年）から5700万人（2015年）までおおよそ半分に減る見込みである（UN 2015a, p.24）。ただし、非就学児童5700万人の内3300万人はサブサハラアフリカの子どもであり、その55％は女子である（UN 2015a, p.25）。この非就学児童の問題にジェンダー要因は大きく作用しており、非就学女子のおおよそ半分（48％）、非就学男子の37％が今後も就学しないと見込まれて

いる。また男子の方が学校を早くやめる傾向にある点も指摘されている。一方、1990年以来続く若年層リテラシー（youth literacy）におけるジェンダーギャップは減少し、より多くの若者が読み書きできるようになった。特に北アフリカと南アジアの若い女性の進歩は著しい。

次に、「ジェンダー平等推進と女性の地位向上（目標3）」には、「初等教育と中等教育におけるジェンダー不平等を2005年までに、2015年までにはすべての教育段階におけるジェンダー不平等を撲滅する」という目標が掲げられていた。報告で最も注目すべき点は、開発地域における約3分の2の国々は、初等教育の男女間格差を解消するという目標を達成した点である（UN 2015a, p.28）。より具体的には、9つの開発地域の内5つの地域（コーカサス・中央アジア、東アジア、ラテンアメリカ・カリブ、東南アジア、南アジア）において、ジェンダー格差を解消した。その内、南アジア地域で最も顕著な進歩が見られた。一方、初等教育におけるジェンダー格差が見られる国の半分以上（56％）は、サブサハラアフリカにある（UN 2015a, p.28）。

加えて、より高い教育段階のジェンダー格差は残されたままである。開発地域で利用可能なデータのある国々（148ヶ国）の内、36％の国々が中等教育におけるジェンダー格差を解消した。地域別に見ると、コーカサス・中央アジア、東アジア、北アフリカ、東南アジア、南アジア地域は、2015年に中等教育段階のジェンダー格差を解消した地域であるが、オセアニアやサブサハラアフリカ、南アジア地域では女性が、ラテンアメリカ・カリブ地域では、男性が不利な状況に置かれている（UN 2015a, p.28）。

最もジェンダー格差が大きいのは高等教育である。最もジェンダー格差が大きい地域の内サブサハラアフリカと南アジアで女性が、東アジアや北アフリカ、ラテンアメリカでは男性が少ない。また、開発地域で利用可能なデータのある国々（122ヶ国）のわずか4％が、高等教育における目標を達成した（UN 2015a, p.28）。

以上、ミレニアム開発目標の「初等教育の完全普及の達成（目標2）」および「ジェンダー平等推進と女性の地位向上（目標3）」に関する成果は著しい。しかしながら、初等教育の完全普及の達成に続くポスト2015年の課題に、①

第II部　初等・中等教育

中等教育の完全普及、②女子を含む特別なグループのニーズに合わせた関わり、③質の向上、④持続可能な資金などが残されている（UN 2015a, p.27）。

2.　男女間格差の解消とジェンダー平等という2つの課題

　1990年から現在までの国際教育開発の文脈に沿って、女子・女性の教育は「男女間格差の解消（gender equity, gender parity）」と「ジェンダー平等（gender equality）」という2つの目標に峻別される。UNESCOによると、男女間格差の解消とは「初等・中等教育において、男子と女子の平等な就学を達成する」という主に量の問題を示す概念であり、ジェンダー平等とは、「男子と女子の間の教育的平等を確保する」という主に質の問題を示す概念である（UNESCO 2003, p.285）。

　一般的に、男女間格差の解消は就学率や在学率などで表される量の問題を指し、ジェンダー平等は教育内容などに関わる教育の質を示す。具体的に、量を示す指標として、成人識字率や初等・中等教育段階の就学率が用いられ、質を示す指標として、初等・中等教育段階の終了率・修了率、中退率、学業達成度が用いられる。加えて、カリキュラムの内容、指導の実践と教師の期待における男女差（Stromquist 1997, pp.87-99）、教授法やカリキュラム、進路指導なども、女子教育開発における教育の質として挙げられる。これら2つの課題について、UNESCOは2005年までに男女間格差の解消を、2015年までにジェンダー平等を達成することを目標と定め、段階的に量から質へのパラダイムシフトを図っていた。しかしながら、女子・女性と教育の問題は、就学率や在学率が上昇すればするほど質の問題も解決されるようになるという単純な相関関係にはなく、量の問題を克服してもジェンダー不平等が根強く残ることが問題視されるようになってきた。

　本論文は、東南アジアの中でも女子・女性の教育機会が男子・男性のそれに比べて比較的拮抗しているマレーシアの事例を取り上げ、国際的な「女子・女性の教育」の2つの課題について検討することを課題とする。具体的な方法は、まず、一般的に男女の教育機会の格差を示す上で用いられることが多い国連の統計指標を概観し、女子・女性の教育機会が男子・男性のそれに比

117

べて比較的拮抗している東南アジアの特質を挙げる。東南アジアを事例として取り上げる理由の一つは、ジェンダーと教育をめぐる残された課題である中等教育段階で目標を達成しつつあるとともに、高等教育段階における男女間格差も解消しつつあるからである。次に、マレーシアの事例を「男女間教育格差の解消」という観点から分析するとともに、マレーシアの青年期女性の進路形成を事例に、「ジェンダー平等」という課題を検討する。これら2つの課題を分析軸としつつ、最後に、2030年に向けて新たに持続可能な開発目標が合意されたことを踏まえて、ジェンダーと教育の観点から持続可能な開発目標に向けて、マレーシアの事例が女子・女性の教育のハブモデルになることができるかについて、その可能性と課題を論じることとする。

3. 東南アジアにおける女子児童生徒と女性の教育機会の特質―男女間格差の解消に向けて

(1) 『世界の女性2015』に見る東南アジアの教育

前述した通り、世界の様々な地域を比較すると、教育の男女間格差の解消には地域差がある。他の地域と比較して東南アジア諸国においては、女子児童生徒の教育機会が男子児童生徒のそれに比べて遜色ない。以下、『世界の女性2015（The World's Women 2015）』における1990年から2012年までの統計をもとに、東南アジアにおける女子児童生徒や女性の教育機会について、国際的に対比し特徴を示す。

① 初等教育の純就学率と残存率、前期中等教育への移行率

1990年から2012年までの間、世界的に初等教育の普遍化は達成しつつある。同期間に女子の純就学率は77%から90%へ、男子の純就学率は87%から92%に伸びておりおおよそ男女同水準にあると言える。特に、女子の純就学率の伸び率は13%と男子の伸び率5%よりも高い（UN 2015b, p.63 Fig.3.2）。国際的に見ると男女差が依然として残る国もあるが、東南アジア地域は男女ともに平均して純就学率が90%を越えている地域の一つである。ただし、東南アジア地域にも初等教育段階における総就学率に男女間格差の

ある国が4ヶ国ある（UN 2015b, p.67 Fig.3.4）。

　また、1990年から2011年までの間に、初等教育の残存率は女子7%、男子4%と上昇している。ほとんどすべての地域で残存率は男女ともに上がったが、普遍化という目標までの歩みはいまだ遅々としている（UN 2015b, p.69 Fig. 3.5）。そのような中、初等教育の最終年度までの残存率が飛躍的に伸びた地域の一つに、東南アジアが挙げられる。

　さらに、1990年から2012年までの間の初等教育から前期普通教育への移行率は、途上国で改善されている。東南アジアでも男女ともにほぼ同様の割合で初等教育から前期普通教育へ移行しているが、普遍的なレベルには達していない（UN 2015b, pp.69-70）。

　1990年から2012年までのマレーシアでは、比較可能なデータが利用できる時期において、純就学率が男子96.0%・女子96.3%（1994年）から、男子98.5%・女子95.0%（2003年）と推移し、この間男女差が若干広がっている。また、残存率は男子82.7%・女子83.3%（1990年）から、男子98.7%・女子99.9%（2009年）と男女ともに着実に上昇している。加えて、前期中等教育への移行率は、男子100.0%・女子98.1%（1998年）から多少増減を繰り返しながら、2010年には男子100.0%・女子99.4%となっている（表1）。

表1　マレーシアにおける初等教育の純就学率と残存率、前期中等教育への移行率

	性別	変化	
純就学率 （1994年〜2003年）	男	96.0% →	98.5%
	女	96.3% →	95.0%
残存率 （1990年〜2009年）	男	82.7% →	98.7%
	女	83.3% →	99.9%
前期中等教育への移行率 （1998年〜2010年）	男	100.0% →	100.0%
	女	98.1% →	99.4%

出所　United Nations, 2015b. のデータをもとに作成。

② 前期中等教育の総進学率と総修了率

初等教育と同様に中等教育の総進学率も、1990年から2012年までの間で世界的に顕著な伸びを見せた。その顕著な伸びにも関わらず、女子の72%と男子の74%が中等教育に進学しているに留まる。

東南アジア地域における中等教育の総進学率は75%より低く、南アジアや東アジアと同じ水準である。また、東南アジア地域における前期中等教育の総進学率は、男子生徒よりも女子生徒の方が高い（UN 2015,p.69 Fig3.6）。

前期中等教育段階の総修了率は、先進国の多くや東アジアなどでは男女ともに80%を越える。東南アジア地域における前期中等教育の総修了率にはばらつきがみられるが、その男女差は5%以下程度とあまり大きくない。フィリピンでは、前期中等教育の総修了率が女子生徒の方が15%も上回っている。マレーシアやブルネイ、カンボジアでは男女で大差がない（UN 2015b, p.72 Fig.3.9）。

③ 中等教育段階のTVETへの参加

男女間の教育格差を見る指標の一つに、技術・職業教育および訓練（Technical and Vocational Education and Training, 以下TVETと略す）への参加がある。TVETは、教員研修プログラムから商学、産業における技術分野、エンジニアリングなどを含む。ラテンアメリカやカリブ諸国を除いて、世界的に男子が女子よりもTVETに参加する傾向にある。そして、1990年から2012年まで、中等教育段階における女子のTVET参加率は44%と変化がない（UN 2015b, p.74 Fig.3.10）。

東南アジア地域は、同期間で女子の参加率が若干減っている（UN 2015b, p.74 Fig.3.10）。東南アジア地域における中等教育段階のTVETへの女子の参加割合（2012年、マレーシアのみ2011年）は、ブルネイ（49.6%）、マレーシア（42.5%）、インドネシア（41.9%）、タイ（41.5%）であり、これらの国々では女子の割合は低いが、ラオス（54.0%）では女子の割合が男子の割合よりも高い（表2および図1）。

第Ⅱ部　初等・中等教育

表2　東南アジア各国における女子のTVETへの参加率（2012年）

	女子の参加割合
ブルネイ	49.6%
マレーシア（2011年）	42.5%
インドネシア	41.9%
タイ	41.5%
ラオス	54.0%

出所　United Nations, 2015b.のデータをもとに作成。

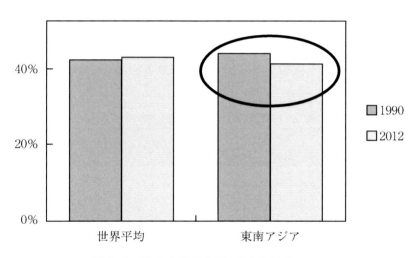

図1　TVETにおける女子の参加率比較
出所　United Nations, 2015b.のデータをもとに作成。

④　高等教育の総進学率と専攻分野

1990年から2012年までの間に高等教育は量的に拡大してきた。東南アジア地域における高等教育の総進学率は男性よりも女性の方が高く、高等教育の総進学率の上昇率は男性よりも女性の方が高い（UN 2015b, p.75）。

東南アジアでは、1990年当初から高等教育の男女差は大きくなかったが、

121

高等教育の総進学率の上昇とともに女性の割合が高くなった。GPI（Gender Parity Index）[1]の地域別比較（2012年）によると先進国（1.28）が最も高く、北アフリカ（1.22）、ラテンアメリカとカリブ諸国（1.28）、東アジア（1.08）、東南アジア（1.12）、コーカサスと中央アジア（1.07）と続く。一方、男性の方が多いという男女間教育格差は、サブサハラアフリカ（0.64）や南アジア（0.81）において見られる（UN 2015b, p.75 Fig.3.11）。

　表3より、東南アジア各国に共通して高等教育の総進学率が上昇してきている。高等教育段階（2012年）において男女の総進学率に5%程度の差しかない国に、インドネシア、ラオス、マレーシア、ミャンマー、ベトナムが挙げられる。特にマレーシアでは、データが利用できる1998年（1.072）から2011年（1.195）まで女性の方の総進学率が上回っている。また、ブルネイやタイでも女性の総進学率は、男性の総進学率を10%程度上回っている。

表3　東南アジア各国における高等教育の総進学率 (%)

	1993		2000		2012	
	Male	Female	Male	Female	Male	Female
ブルネイ	4.7	6.5	9.3	15.8	14.5	25.3
カンボジア	2.0	0.4	3.8	1.2	19.6	12.0
インドネシア	11.4	7.6	16.0	14.1	29.4	25.0
ラオス	1.9	0.8	3.5	1.8	19.7	14.4
マレーシア	..	..	25.0	26.5	32.7	39.1
ミャンマー	4.5	6.0	..	..	11.8	15.8
タイ	18.1	20.6	32.1	38.2	46.4	58.8
ベトナム	..	..	10.8	7.8	24.2	24.6

出所：United Nations, 2015. The World's Women 2015: Trends and Statistics. New York: United Nations, Department of Economic and Social Affairs, Statistics Division. Sales No. E.15.XVII.8, Statistical Annex.

筆者註：Annex Table3.11よりおおよそ各国の数値がある程度そろっている年のデータを抜粋。フィリピン、シンガポール、東ティモールはデータが掲載されていないため省略。

第II部 初等・中等教育

　高等教育段階において、専攻分野に見られる国際的な特徴は、教育、健康福祉、人文科学系の関連分野を卒業する女性が多い一方、科学や工学系分野を卒業する女性は少ないという特徴である。たとえば、男性の卒業生全体の5人に1人が工学系分野を専攻するのに対して、女性は20人に1人である。一方、女性の卒業生の6人に1人は教育分野を専攻するのに対して、男性の卒業生の10人に1人が教育分野を専攻している（UN 2015b, p.76）。

　2016年現在、公表されている最新のデータ（2011）によると、マレーシアもおおよそ上記の国際的な特徴を有している。たとえば、教育（67.4%、括弧内女性の割合）、人文科学（63.8%）、社会科学と法学（69.0%）、健康福祉（78.8%）では女性の割合が高く、工学では女性の割合が低い（35.7%）。ただし、マレーシアにおいて科学（58.9%）で女性の割合が高いことは注目すべきである。

⑵ 『世界の女性2015』における統計資料からの考察

　以上、1990年から2012年までの国際機関による統計をもとに示してきた、マレーシアを中心とする東南アジアの女子・女性の教育機会の主な特質は以下の通りである。

　第1に、初等教育の総就学率や初等教育の残存率、初等教育から前期中等教育への移行率に関して、東南アジア地域における男女差は小さく、初等教育の普遍化は男女同水準で達成しつつある。第2に、東南アジア地域における前期中等教育の総進学率および修了率は男子生徒よりも女子生徒が高くなっている。ただし、フィリピンを除いてその差は5%以下である。第3に、男子に比べて女子のTVETへの参加率はあまり高くない。第4に、高等教育の総進学率は男性より女性が高く、専攻分野の傾向は男女で異なる。人文系や教育系では女性の割合が高く、工学系や科学系では男性の割合が高い。

　マレーシアでは、東南アジア地域に共通して見られる上記の4点の特質が認められる。加えて、マレーシアの高等教育段階で科学分野を専攻する女性の割合が高い。これらのことから、マレーシアはTVETを除くあらゆる教育段階で男女間の教育格差が解消されつつあると言える。

123

4. マレーシアにおける青年期女性の生涯設計と進路形成に関する事例

(1) 事例を見る視点－ジェンダー平等と文化的・社会的文脈－

　女子・女性と教育の問題は、就学率や在学率が上昇すればするほど質の問題も解決されるようになるという単純な相関関係にはなく、量の問題を克服してもジェンダー不平等が根強く残るという点に難しさがある。量の問題が克服されても依然として質の問題が残る最大の原因に、学校で教えられる内容や方法に固定的な女性像や性役割観あるいはジェンダー観が埋め込まれていることが先行研究では指摘されている。ストロンキストは、「基礎教育における女子と女性の参加 (*Increasing Girls' and Women's Participation in Basic Education*)」(1997年) において、女性に課せられる家事などの性別役割分業が、女子の就学の障害となっている点を指摘した (Stromquist 1997, p.22)。また、多くの途上国においては、女子が教育を受けることや、女性が開発過程に参加し恩恵を被ることへの文化的・制度的な障害が残されている。その障害の主因として、男性の役割を補完する役割を女性に求める家父長イデオロギーや、女性のセクシュアリティを男性が統制することなどが挙げられる (Stromquist 1990b)。

　菅野は、「彼女(女性)たちの問題は、単に教育へのアクセスの面からだけでなく、広く社会・文化的側面からも取り組んでいかなければならない。女子・女性教育の普及が多くの国際会議や学会などで討議され、行動計画がつくられ、その重要性が十分理解されていながらなかなか達成できないのは、男性／女性のあり方やその関係が長い歴史を通してつくられ、また伝統文化や習慣、人々の価値観、世界観と深く結びついているからである(括弧内引用者)」(菅野 2002, p.79) とその問題の根深さを指摘している。

　つまり、女子・女性の教育開発は、男女間の教育格差という量的なアクセスを主とするアプローチだけでなく、ジェンダー平等という質的側面を主とするアプローチが求められる。さらに、ジェンダー平等という質的側面を検討する際に当該国や当該地域の文化的・社会的文脈に沿って解釈することが望まれる。つまり、固定的性役割観を守る文化や社会に生きる女性にとっての教育のありようを、文化的・社会的な文脈の中で解釈する必要があると筆

第Ⅱ部　初等・中等教育

者は考える[2]。

⑵　マレーシアにおける青年期女性の進路形成の事例—「ジェンダー平等」
　を考える—

①　調査の方法

　筆者は、2001 年 9 月から 2004 年 1 月まで 3 期にわたり断続的に、マレー
シアにおける青年期女性の進路形成に関わる調査を実施してきた。

　まず、進路指導カウンセラーに対する予備調査（2001 年 9 月）とパイロッ
トテスト（2002 年 7 月下旬〜 8 月上旬）、質問紙による第 1 次調査（同年 8 月
中旬〜下旬）を遂行した。第 1 次調査の結果から、後期中等学校の生徒が進
路選択する際に、エスニック集団別・性別に分化が見られることを確認した
が[3]、進路分化をもたらす要因や背景は、制限回答法による質問紙調査の方法
上の限界から十分に把握できなかった。そのため、第 2 次調査では、後期中
等学校の生徒と家族に面接し、エスニック集団間とエスニック集団内部に見
られる進路規定要因の異同を調査した。さらに、第 3 次追跡調査（2003 年 12
月下旬〜 2004 年 1 月上旬）では、青年期女性の実際の進路に対する自己同定
の問題を調査した。これは、少なからず進路形成に影響を及ぼす性役割観と
いう進路規定要因が、幼児期から少年・少女期、青年期とボトム・アップ式
に形成されるという性質を有し、年齢に応じて影響する程度も異なると予測
したからである。

　全 3 期を通じた調査対象は、3 つの中等学校の在校生 297 人、卒業生とそ
の家族である[4]。第 2 次調査では、第 1 次調査から有意抽出した生徒 44 人に
対して面接した後、4 人の生徒には家庭で集団面接（非指示的面接法）した（当
時 16 歳〜 17 歳）。さらに第 3 次追跡調査では、第 2 次調査から各エスニック
集団別の典型と考えられる 5 つの型の 7 人を選び、改めて面接した（当時 17
歳〜 19 歳）。

②　高校生の性役割観が進路選択に及ぼす影響

　女子高校生の「進路展望」に関わる第 1 次・第 2 次調査を通じて、性役割

観が進路選択に及ぼす影響は、マレー人女子生徒と華人女子生徒で異なるだけでなく、同じエスニック集団でも学校種別によって異なることが明らかになった。その相違は以下のようにまとめられる。

(a)マレー人女子生徒は、男性（父親・夫）として女性（母親・妻）として、各々の役割に忠実であろうとするために高等教育に進学するが、高等教育後の展望は男女で異なる。

図2　事例研究：マレー人の進路形成

(b)華人女子生徒にとっては、自らの興味・関心や、職業的な成功、自己実現のために高等教育に進学する。それゆえ、家庭での性役割観を果たすために高等教育に進学するという、マレー人女子生徒に特有の発想そのものがなかった。

(c)多くのマレー人女子生徒が教師や看護士など「女性に適する」職業に将来就くことを望んだ。たとえば、教師を志望する理由は、教師という職業が「負担が少な」く、性役割を守りやすい職業とみなすためであった。

(d)華人女子生徒は、職業選択の際に性別は関係ないと考えるため、男女にふさわしい職業に対する回答がマレー人女子生徒ほど多くなかった。

(e)エスニック集団間だけでなく、エスニック集団内部の性役割観が高等教育アスピレーションに及ぼす影響も一枚岩ではないことが判明した。たとえば、より階層の高い学校出身のマレー人女子生徒は、夫の経済力が十分であれば、職業的な成功を望まないという特徴を有する。これは中間層が増加し女性の主婦化が進行しつつあるマレーシアの現代的側面の一端を示すと言えた。それに対して、出身階層が低いマレー人女子生徒は、卒業した後によりよい職業機会を得ることが切迫した問題となっていた。

以上の調査結果から特筆すべき点は、性役割観が青年期女性の進路形成に

及ぼす影響は強いが、必ずしも性役割観がより高い教育機会を得る上で阻害要因になってはいないという点である。後期中等学校を終えた後に、就職するよりも高等教育を選択する方がより「女性らしい」選択と述べるケースも見られた。

③　青年期女性の進路に対する自己同定

　ジェンダー平等を文化的・社会的文脈に沿って解釈する上で、性役割観がより高い教育機会を得る上で阻害要因になっていないとしても、女性自身が自らの選択についてどのように思っているか。このような問いのもとに、第3次調査では、第1次・第2次調査と同じ母集団を追跡し、既に後期中等学校を卒業した青年期の女性に対して面接調査した。そして、性役割観などの進路規定要因が複雑に絡まり合いながら作用し、選択された実際の進路に対して女性自身が肯定的か否定的かという自己同定の問題を検討し次の3点を明らかにした（表4）。

　第1に、後期中等学校の最終学年であるフォーム・ファイブ時に女子生徒が描いていた進路展望と、中等学校修了後に青年期の女性が実際に選ぶこととなった進路とにギャップがあるという点、第2に、ギャップを生じさせる要因は、エスニシティ要因、ジェンダー要因、経済的要因などのノン・メリトクラティックな要因と、学業成績などのメリトクラティックな要因とが混在しているという点である。第3に、それら様々な要因の影響によって、フォーム・ファイブ時に抱いていた希望と現実とにギャップがある（ない）ことに対して、女性自身の受容や葛藤のありようも異なるという点である。

　調査結果から特筆すべき点は、希望が叶わなかった場合に、性役割観が自らの進路を受け入れる上で作用しているという点である。女性の進路形成に影響を及ぼす要因は多様であった。特に、属するエスニック集団で異なるエスニシティ要因、固定的性役割観に対する意識や態度などで異なるジェンダー要因、階層間で異なる経済的要因という3つの要因が大きな影響を及ぼしていた。キー概念としてきた性役割観をジェンダー要因とし、エスニシティ要因や経済的要因などの他の要因と相対化した。その結果、伝達されて

きた性役割観に従い進路形成するのはマレー人女性であるのに対して、全ての華人女性が、両親や祖父母が継承してきた「伝統的」かつ固定的性役割観を受け継ぐことに反対の意思を示しつつ進路形成していた。つまり、ジェンダー要因が進路形成に及ぼす影響は、エスニック集団間で異なると言える。

表4　青年期女性の進路形成と自己同定の類型

	希望が叶ったケース	希望が叶わなかったケース
受容型	私立カレッジ希望 G さん →私立カレッジ進学【華人】 経済的要因：近いところに エスニシティ要因：華人らしい進路 ➢　企業の経理・会計担当就職希望 ➢　26歳ぐらいで結婚 フォーム・シックス希望 H さん →フォーム・シックス進学【華人】 ジェンダー要因：性役割に反対 エスニシティ要因：仕方ない 経済的要因：授業料が安い ➢　マラヤ大学・理科大学進学希望 ➢　27・28歳ぐらいで結婚したい	

第Ⅱ部　初等・中等教育

	希望が叶ったケース	希望が叶わなかったケース
折衷型	マトリキュレーション希望 J さん →マトリキュレーション進学【華人】 エスニシティ要因：とまどう ➢　マラヤ大学・国民大学・理科大学進学希望 ➢　27・28歳から30歳で結婚	教員養成カレッジ希望 A さん →技術学校進学【マレー人】 経済的要因：費用がかからないよう ジェンダー要因：性役割に賛成 ➢　教師・工場勤務・進学も希望 ➢　結婚は分からない 留学希望 K さん →マトリキュレーション進学【華人】 ジェンダー要因：女性向きの職を エスニシティ要因：華人アイデンティティ ➢　マラヤ大学・教師か薬剤師 ➢　28から30歳で結婚
葛藤型		就職希望 C さん →工場勤務【マレー人】 経済的要因：費用がかからないよう ➢　技術カレッジ進学希望 ➢　23〜25歳で結婚 留学希望 L さん →マトリキュレーション進学【華人】 エスニシティ要因：華人アイデンティティ、幸運であり不運である、農村地区 経済的要因：留学困難 ➢　マラヤ大学進学 ➢　26・27歳で結婚

註：￭内は、第2次調査時の進路展望、→第3次調査時の実際の進路、➢第3次調査時の進路展望。

出所：鴨川2008, p.272.

さらに、これら3つの要因の影響は、エスニック集団間だけでなくエスニック集団内部でも差異が見られた。たとえば、進路形成過程においてマレー人女性はジェンダー要因や経済的要因の影響を受けやすく、華人女性はエスニシティ要因や経済的要因などの影響を受けやすかった。また、属するエスニック集団にかかわらず、希望が叶った女性よりも希望が叶わなかった女性の方が葛藤を誘引する要因が数多く存在していた。

　加えて、希望していた進路と実際の進路（のギャップ）に対する女性の自己同定のあり方は多種多様であった。程度の差はあってもあらゆる型のマレー人女性と華人女性が進路形成に何らかの葛藤を伴っていた。概して、ブミプトラ政策等の国家政策の影響下にあって、「マレー人らしい進路」「華人らしい進路」や「女性らしい進路」という、各々のエスニック集団別・性別の属性に特有の進路（エスニック・トラックやジェンダー・トラック）を早くから希望している場合には自らの進路を受容する傾向が強い。しかしながら、それらのトラックから外れた進路を選択した場合には、後期中等学校修了時から1年半を経た後でも強い葛藤が残されることとなった。すなわち、希望していた進路と現実の進路とにギャップがあることに加えて、国家によって規定された「らしさ」の枠（トラック）から外れた進路を選択した時により大きな葛藤を伴うのである。

5. 持続可能な開発目標（SDGs）へつながる「ジェンダーと教育」の課題とマレーシアモデルの可能性

(1) 東南アジアにおける女子・女性の教育の特質

　本論文の前半部では、ミレニアム開発目標報告をもとに女子・女性と教育の成果と課題を明らかにするとともに、東南アジアでは当該期間にどのような成果が見られたかを示してきた。

　2015年の第70回国連総会で採択された「我々の世界を変革する：持続可能な開発のための2030アジェンダ（外務省仮訳）」において、17の目標の内目標4と目標5に女子・女性の教育、ジェンダーと教育に関わる目標が盛り込まれた。SDGsに向けた課題を考察する上で、1990年から2012年までの

第II部　初等・中等教育

国際機関による統計をもとに示してきた、東南アジアにおける女子・女性の教育の状況は、初等教育段階から高等教育段階まで男女間で目立った差がなく、男女間の教育格差の観点から先駆的なモデルになる可能性を有している。くりかえしになるが、東南アジアの女子・女性の教育機会の主な特質は以下の通りである。

第1に、初等教育の総就学率や初等教育の残存率、初等教育から前期中等教育への移行率に関して、東南アジア地域における男女差は小さく、初等教育の普遍化は男女同水準で達成しつつある。第2に、東南アジア地域における前期中等教育の総進学率および修了率は男子生徒よりも女子生徒が高くなっている。ただし、フィリピンを除いてその差は5%以下である。第3に、男子に比べて女子のTVETへの参加率はあまり高くない。第4に、高等教育の総進学率は男性より女性が高く、専攻分野の傾向は男女で異なる。人文系や教育系では女性の割合が高く、工学系や科学系では男性の割合が高い。特に、マレーシアは東南アジア地域に見られる上記の4点の特徴を有している。加えて、高等教育においては科学分野を専攻する女性の割合が高いといった傾向が見られる。これらのことから、マレーシアはTVETを除くあらゆる教育段階で男女間の教育格差が解消されつつあると言える。

⑵　マレーシアモデルの可能性と課題

本論文の後半部では、統計的な比較と青年期女性の生涯設計と進路形成の事例を通じて、女子・女性の教育のマレーシアモデルに向けた可能性と課題について論じてきた。殊に、マレーシアにおける女子・女性の教育の状況は、初等教育段階から高等教育段階まで男女間で目立った差がなく、男女間の教育格差の観点から先駆的なモデルになる可能性を有していた。

一方、ジェンダー平等の観点からはどのように解釈することができるであろうか。アジアの多くの国や地域において女子・女性の進路形成には多くの制約がある。社会の環境整備が立ち行かないこともその原因の一つであるが、それ以上に固定的（伝統的）性役割観が根強く残ることが原因として挙げられる。つまり、生活するコミュニティで親や教師から「女性らしい」進路

131

を選択することが推奨されるなど、固定的性役割観があらゆる教育段階で女性の進学を阻害する要因の一つになっている。しかしながら、本論文で取り上げたマレーシアの事例は、固定的性役割観の影響を受けながらも女性自身が多様な進路選択をしており、必ずしも固定的性役割観が教育選択する上で障壁になるとは限らない。その意味で独自の女子・女性の教育のありようを提供し、男女間の教育格差の解消だけでなく、ジェンダー平等の達成という側面からも先駆的モデルになる可能性を有している。

　しかしながら、国際的な女子・女性の教育開発の目標が、男女間教育格差の解消からジェンダー平等の達成へ、あるいはそのどちらにも重きが置かれるようになった今日、マレーシアの女性が性役割を重んじ必ずしも職業的成功を目標としないという場合もあるため、女子・女性の「恵まれた」状況の解釈には課題も残る。それゆえ女子・女性が生活する地域の社会的・文化的文脈に沿って解釈するとすれば、必ずしもジェンダー平等を企図しない教育選択も、女子・女性の教育の独自モデルであると解釈することもできよう。

　したがって、マレーシアの事例から示唆されることは、ジェンダー平等を達成するという開発目標の重要性は認識しながらも、一元的な概念モデルを適用させようとする「女子・女性の教育」のあり方には慎重でなければならないということである。当該地域の文化的・社会的文脈の中で、女子・女性自身がより高い満足を得られる、そうした意味での女子・女性の教育のモデルを模索することが求められる[5]。

参考・引用文献
鴨川明子（2008）『マレーシア青年期女性の進路形成』東信堂.
鴨川明子（2016）「マレーシアの『女子・女性の教育』—青年期女性の生涯設計と進路形成を事例に—」村田翼夫編『教育開発における東南アジアモデル（多様な先進型モデル）の構築—南南教育協力への適用—』pp.79-91.
菅野琴（2002）「教育とジェンダー—新しい戦略—」田中由美子・大沢真理・伊藤るり編『国際協力叢書　開発とジェンダー—エンパワーメントの国際協力—』国際協力出版会.

菅野琴・長岡千寿子・西村幹子 (2012)『ジェンダーと国際教育開発―課題と挑戦』福村出版.

黒田一雄・横関祐見子 (2005)『国際教育開発論―理論と実践―』有斐閣.

服部美奈 (2001)『インドネシアの近代女子教育―イスラーム改革運動のなかの女性―』勁草書房.

結城貴子 (2005)「第9章　ジェンダーと教育」黒田一雄・横関祐美子編『国際教育開発論』有斐閣、pp.178-191.

結城貴子 (2015)「解説」ネリー・ストロンキスト『教育におけるジェンダー平等』黒田一雄・北村友人叢書編、東信堂、pp.x-xxvi.

Stromquist, Nelly P. (1990a), Challenges to the Attainment of Women's Literacy, The *British Journal of Sociology of Education*, vol.11. no.2.

Stromquist, Nelly P. (1990b), Women and Illiteracy: The Interplay of Gender Subordination and Poverty, *Comparative Education Review*, Vol.34. No.1, pp.95-111.

Stromquist, Nelly P. (1995), Romancing the State: Gender and Power in Education (Presidential Address). *Comparative Education Review*, Vol.39. no.4, pp.423-454.

Stromquist, Nelly P. (1997), *Increasing girls' and Women's participation in basic education*, Paris: UNESCO: International Institute for Educational Planning.

Stromquist, Nelly P. (ed.) (1998), *Women in the Third World*, NY and London: Garland.

UNESCO (1995), *The Education of Girls and Women: Towards a global framework for action*.

UNESCO (2000), *Education for All 2000 Assessment: The Thematic Studies: Girl's Education*, World Education Forum Dakar, Senegal 26-28 April 2000.

UNESCO (2003), *EFA Global Monitoring Report 2003/4 Gender and Education for All: The Leap to Equality*, Paris: UNESCO.

UNESCO (2004), *Guidelines for Implementing, Monitoring and Evaluating Gender Responsive EFA Plans*, Bangkok: UNESCO Asia and Pacific Regional Bureau for Education.

UNESCO (2006), *EFA Global Monitoring Report 2006 Literacy for Life*, Paris: UNESCO.

United Nations (1995), *The World's Women 1995: Trends and Statistics*, New York: UN Publication.

United Nations (2005), *The World's Women 2005 Progress in Statistics*, New York: UN Publication.

United Nations (2015a), *The Millennium Development Goals Report*, New York: UN
　　Publication.

United Nations (2015b), *The World's Women 2015: Trends and Statistics*, New
　　York: UN Publication.

国際連合 (2015)「我々の世界を変革する：持続可能な開発のための2030アジェンダ（外
　　務省仮訳）」http://www.mofa.go.jp/mofaj/files/000101402.pdf　（2016年9月16日
　　閲覧）

謝辞

　　本論文は、科学研究費補助金基盤研究 (C)「教育開発における東南アジアモデル
　　の構築－南南教育協力への適用－」（研究代表者　村田翼夫）（課題番号25381148）
　　および、科学研究費補助金若手 (B)「東南アジア域内の多国間学生移動と留学生
　　のキャリア形成―ASEAN共同体に向けて」（研究代表者　鴨川明子）（課題番号
　　25780510）の助成を受けた研究成果の一部である。

注

1　UNESCOによると、GPIは0.97から1.03の範囲である場合、ジェンダー公正
　　（gender parity）が達成されたと定義づけられる（UN 2015b, p.62）。

2　3章で取り上げた調査結果の詳細は、鴨川（2008）に詳しい。

3　各々「エスニック・トラック」と「ジェンダー・トラック」と呼んだ。

4　第1次調査のサンプル数（内訳）は、①農村部の学校がマレー人42人（男子9人、
　　女子33人）、華人51人（男子20人、女子31人）、インド人女子1人、その他女子2
　　人の計96人、②小都市の学校が華人103人（男子34人、女子69人）、インド人女子
　　1人の計104人、③都市の学校がマレー人女子のみ97人で構成される合計297人で
　　ある。

5　当該地域の文化的意味体系に配慮する必要がある試みとして、アフガニスタン女
　　子教育支援が挙げられる。日本では、お茶の水女子大学・津田塾大学・東京女子
　　大学・奈良女子大学・日本女子大学の5つの女子大学が「5女子大学コンソーシア
　　ム」を組織し、女性教師の研修や各種シンポジウム等を開催してきた。詳細は、ア
　　フガニスタンの女性支援に関する懇談会『アフガニスタンの女性支援策について』
　　（2002年5月31日）、藤枝修子・内海成治（2004）「アフガニスタン女子教育支援－
　　五女子大学コンソーシアムの取り組みと今後の課題－」広島大学教育開発国際協
　　力研究センター『国際教育協力論集』第7巻第2号pp.81-88も参照されたい。

第Ⅲ部
教員研修

　シンガポールとインドネシアの教員研修制度を検討した。シンガ
ポールの児童生徒が高学力を保つ原動力となっている授業改善の動
向、それを支える教員研修制度を明らかにした。インドネシアのケー
スは、教員の資質向上、資格・専門性向上プログラムと関係している。
学校と大学が共同で進める授業研究会も注目される。

第8章　シンガポールにおける学校ベースの教員研修制度
　　　　　―高学力を支える授業改善の取り組み―

池田充裕

1.　はじめに

　最新の「国際数学・理科教育動向調査」（TIMSS 2015）において、シンガポー
ルは Grade 4（小学 4 年）と Grade 8（中学 2 年）の数学・理科の成績で首位
を独占し、改めてその基礎学力の高さを誇示するとともに、15 歳児（高校 1
年）を対象とした「OECD 学習到達度調査」の直近の結果（PISA 2015）でも、
科学的リテラシー、数学的リテラシー、読解力の 3 分野全てでトップとなっ
た。シンガポールの教育はこれまで苛烈な試験制度について語られることが
多かったが、今回の TIMSS と PISA の結果から同国の生徒は基礎学力の面
だけでなく、問題分析力や知識活用力、思考力といった 21 世紀型の学力でも
世界の頂点に立っていることが明らかとなった。

　これを支えているのが「授業研究」（Lesson Study）やアクション・リサー
チといった学校ベースでの授業改善の取り組みとその研修システムであ
る。現在のシンガポールの教育実践では、学習者中心主義（Learner-Centred

135

Value）や子どもの全面発達の教育（Nurturing the whole child/Holistic education）という理念が据えられており、このような教育こそが今後の21世紀型のコンピテンシーを育むための土台となると考えられている。「授業研究」については、"日本型"教育モデルの一つとして、アメリカやアジアを中心に導入・展開されてきたが、シンガポールもまた日本の「授業研究」をモデルとして授業改善と教師の力量形成に取り組んできた国の一つである。

　本稿では、シンガポールにおける教員研修制度に焦点を当てて、日本の授業研究の導入の経緯も踏まえて、同国の授業改善の取り組みを概説したい。

2.　授業改善に向けた改革動向

(1)　「教えを少なく、学びを多く」（Teach Less, Learn More）

　シンガポールの学校改善の流れの中で大きな画期を成すこととなったのが、2004年の建国記念式典でリー・シェンロン（Lee Hsien-Loong ／李昇龍）首相が打ち出した「教えを少なく、学びを多く」（"Teach Less, Learn More: TLLM" ／"少教多学"）の方針である。首相は「私たちはシラバスの内容を削減すべきだ。これによって子どもたちへのプレッシャーを緩め、暗記学習を減らし、彼らに探究や発見のためのゆとりを与えることができる。また教員もゆとりを得ることで、考え、振り返り、子どもたちに最善の方法を見つけ出して、質の高い結果を導くことができる。私たちは子どもたちに教えることを少なくし、彼らがより学ぶようにしていかなければならない。成績は重要であり、試験に合格する努力は怠ってはならない。だが成績だけが人生の全てではない。学校で学ぶべき人生の事柄は他にもある」と唱えて、TLLMに向けた学習環境作りと教員制度の改革を打ち出した。

　TLLMでは教員が児童・生徒との交流を深く、豊かにすることで、個々の関心・意欲を適切に読み取り、その学力に応じた教授を行い、形成的・質的な様々な評価を組み合わせて真性の評価を行うことを目指している。そのコンセプトは図1のようにまとめられる。

　この方針に従って、既存の教科内容の10-20％が削減され、児童・生徒の状況に合わせて学校が自身の裁量で教育活動を展開する"ゆとりの時間"（white

第Ⅲ部　教員研修

図1.「教えを少なく、学びを多く」(Teach Less, Learn More) の概念図

教育目的 (*Why We Teach*)		教育内容 (*What We Teach*)		教育方法 (*How We Teach*)	
More... ←— Less...		More... ←— Less...		More... ←— Less...	
学習者のために 高い情熱 理解力の向上 生活のテスト	シラバスをこな すために 失敗への恐れ 情報の詰め込み テストの生活	全人教育 価値志向 過程重視 問題の探究	教科内容 成績志向 結果重視 教科書の解答	学習への集中 個別化教授 Guiding, Facilitating, Modelling 形成的・質的評価 革新・創業精神	ドリル問題の反復 一斉画一教授 Telling 総括的・量的テスト 型通りの模範解答

出典：http://www. 教育省 .gov.sg/bluesky/tllm.htm より筆者作成。

space) が設けられた。また学校教員数を全体で1割増やし、教員一人当たり週2時間の教材研究時間が確保され、2006年には初等1・2年次での30人学級が実現した。学校職員の充実も図られ、発達障害児担当の専門員やスクール・カウンセラーが2008年までに全ての小中学校に配置された[1]。施設面でも様々な学習活動・形態に柔軟に対応できるように、2005年から教室のパーティション化やマルチ機能スペースの設置といった学校施設の多目的化 (Flexible School Infrastructure: FlexSI) のために多額の資金が投入されてきた。[2]

　2005年に教育省は TLLM 普及のための制度的枠組みを検討するため、TLLM 実施委員会 (TLLM Steering Committee) を組織し、学校ベースのカリキュラム革新 (School-based Curriculum Innovation: SCI) の指針として、"教授法 (Pedagogy)"、"学習体験 (Experience of Learning)"、"環境構成 (Tone of Environment,)、評価 (Assessment)、学習内容 (Learning Content) の5領域から成る「PETALS フレームワーク」を発表した[3]。翌06年には「カリキュラム計画・開発局」(Curriculum Planning & Development Division: CPDD)[4] 内に「カリキュラム政策・教授法担当室」(Curriculum Policy and Pedagogy Unit: CPPU) を新設し、29の指定校とともに PETALS の5領域について SCI の実践研究を行った。その結果を受けて CPPU は2008年に、

137

カリキュラム・デザインや教授・評価法に関する専門家の派遣、教員の国内・海外研修、補助金支給などで構成される「TLLM Ignite！パッケージ」を導入し、その指定を受けた100校がSCIに取り組んだ。その成果は全国の学校や教員の間で共有されて、SCIの実践・普及が進んだ。[5]

TLLM以降、このほかにも以下のような授業改善やカリキュラム革新に関する委員会設置や先導的プロジェクトの試行・導入が相次いだ。[6]

・アクティブ・ラーニングと個別学習に関する研究（Strategies for Active and Independent Learning: SAIL）プロジェクトを開始（2004）

・魅力的で効果的な授業作り研究（Strategies for Engaged and Effective Development: SEED）を全小学校で実施（2005）

・華語カリキュラム改革・教授法改革委員会（Chinese Language Curriculum and Pedagogy Review Committee）が報告書を提出（2004）。華語版SEED（SEED-CL）開始（2005）

・マレー語・タミル語カリキュラム改革・教授法改革委員会（Malay Language Curriculum and Pedagogy Review Committee ／ Tamil Language Curriculum and Pedagogy Review Committee）が報告書を提出（2005）

・英語カリキュラム・教授法改革委員会（English Language Curriculum and Pedagogy Review Committee）が報告書を提出（2006）。英語版SEED（SEED-EL）開始（2006）

・英語学習・読書改善（Strategies for English Language Learning and Reading programme: STELLAR）プログラムの試行開始（2006）

このようにシンガポールではSCIや授業改善に向けて、教育省が多くの人材や資金を学校に投入し、専門家や教員による現場での検証作業を経て、効果的な授業プログラムが開発・導入されてきた。

(2) 「英語カリキュラム・教授法改革委員会」報告とSEED-ELプログラム

このようなTLLMによる教授法改革において、特に注力されてきたのが英語教育である。英語教育はシンガポールのバイリンガル教育を支える要で

あり、民族母語と人間性・市民性教育以外の教科は英語で教授されていることから、英語力の向上が他の教科全般の学力にも関わることになる。

子どもたちの英語力の底上げに対応するために、教育省は2005年9月に先述の「英語カリキュラム・教授法改革委員会」を設置した。同委員会は、「シンガポール、マレーシア、バタムだけでなく、世界で英語が通じるように(*"Be Understood. Not only in Singapore, Malaysia and Batam"*)」を改革スローガンとして掲げ、グローバリゼーションに対応して周辺諸国も英語教育に力を入れる中、シンガポールが今後もアジア地域の教育ハブとしての地位を確保していくためには、高度な英語能力を維持・発展させていくことが重要であると唱えた。

2006年10月に報告書が提出され、その中で同委員会は国民の英語能力について、読解力は大方が基準に達しているものの、会話や書く能力、文法知識の面で十分でない青年・労働者が見られるとし、今後は特に文法、スペリング、基本的な発音について力を入れていくべきであると勧告した。報告書では初等学校の英語教育について下記のような提言を行っている。

・初等学校の英語カリキュラムでは、会話に自信を持たせ、文法知識、英語への愛着を高めることに重点を置くべきである。
・「児童への効果的な英語学習支援 (Strategies for Effective Engagement and Development of Pupils in English Language: SEED-EL)」プログラムを2009年までに全ての初等学校に導入する。
・特別な指導を必要とする児童のために、学習支援プログラム (Learning Support Programme: LSP) をさらに発展・改良し、2007年までに全ての初等学校に導入する。
・2010年までに、全ての初等学校に英語の教授法を専門とする教員を1名おき、全ての中学校に英語教員を2名加配する。

このような同委員会の勧告を受けて、2006年から30の実験校において

SEED-EL プログラムの試行が始まった。SEED-EL プログラムでは、児童が英語の読み物教材を自分から積極的に読みこなし、正しい文法知識や会話能力を習得できるように、様々な教材や教授法の開発が進められた。今日 SEED-EL プログラムは、「英語学習・読書改善」（Strategies for English Language Learning and Reading: STELLAR）プログラムと名称を変えて、英語科のシラバスに反映され、全ての初等学校で実施されるに至っている。

SEED-EL の授業風景。SEED では、ラーニング・サークル、ビッグブック、パペット・シアター、ロールプレイなどを用いた授業技法が奨励された

LSP の授業風景。退職したベテラン教員を再雇用し、少人数の家庭的な雰囲気で、学習遅滞に陥った子どもの学力や学習意欲を取り戻そうと図る

(3) 「授業研究」（Lesson Study）の導入

　シンガポールでは、教育省や国立教育学院（National Institute of Education: NIE）が教員研修などを通じて新しい教授法の導入や開発に携わるほか、学校内にも学年別や教科別に学習サークル（Learning Circle: LC）や実践コミュニティ（Communities of Practice: CoP）といった授業改善のための組織が存在し、授業研究（Lesson Study: LS）やアクション・リサーチ（Action Research: AR）といった現場ベースでの授業改善に取り組んでいた。1998 年には教員ネットワーク（Teachers' Network）も組織され、LC 間での情報交換、フォーラムやワークショップの開催、共同 AR などの研究活動などが行われてきた。

第Ⅲ部　教員研修

　そして 2006 年に NIE は教員の学習・教授能力の向上に向けて、授業研究
に関するプロジェクトを立ち上げ、研究者と初等学校による 2 年間の共同研
究を開始した。同国でも、「日本において授業研究は教員中心から学習者中心
の授業への変革のために必要であると考えられており、何十年にもわたって
同国の小学校教育を着実に改善させてきた」[7]と高い評価を受けており、授業
改善における有力なモデル・メソッドと見なされた。

　このプロジェクトでは研究協力校において、英語科、理科、社会科、体育科、
民族語（華語、マレー語、タミル語）科などの教科で 20 の授業研究が行われ、
新任教員やベテラン教員など様々な教員がチームを組んで授業案を検討・立
案し、公開授業や相互の授業参観、ビデオ撮影による授業の自己分析などを
実施した。また教育省のカリキュラム研究官や NIE の研究者がファシリテー
ター役として参加し、授業改善のためのセッションが開かれ、新任教員だけ
でなく、ベテラン教員もまた学習者を中心とした授業実践や新しい授業技法
について対等な立場で意見交換を行い、互いに新鮮な学びを得ることができ
たという。「2 年間のプロジェクトによって、学校の活動は子どもの学習・発
達を促進することにより力点を置くようになった。授業を計画し、教え、相
互に観察し、子どもの学習に関するデータを集め、授業方法を検証し、失敗
から学んで授業を改善するために、建設的な環境を協力して築くことを教員
が学ぶ機会となった」[8]。

　だがプロジェクトの当初、「多くの教員は授業研究について否定的な見解
を持っていた。多くの教員は、ただでさえ仕事量が多く、また教員が研究対
象となることから、全ての教員が授業研究に参加すべきではない、または参
加することはできないだろうと考えていた。しかし参加した教員はこのプロ
ジェクトを経験した後、授業研究が授業力を向上させ、教員コミュニティを
形成させるということを理解し、同僚の教員も授業を参観し、より多くの教
員が自分たちで授業案を計画立案し、教えてみるべきである確信した」[9]とい
う。「このプロジェクトは、日本の研究授業のサイクルを試行し、現地適応さ
せることに貢献した。どのように異なる教員集団が授業研究のサイクルを運
営し、授業研究のプロセスが教員の学習にインパクトを与えるのか、このプ

141

ロジェクトはその効果を十分に証明した」[10]。

　そして、このプロジェクトにおいて、「授業研究をシンガポールの環境に合わせてどのように取り入れるか、注意深く調査・分析を行った結果、学校への支援を強化することで、授業研究が継続的・組織的な授業改善や教員の学習コミュニティ意識を高めていくことが分かった」[11]。以後、同国では、学校ベースでの教員による授業研究や AR を支援するために、NIE の授業研究・実践センター（Centre for Research in Pedagogy and Practice: CRPP）の研究者、先述の教育省 CPDD の担当官、そして各校の主任等のベテラン教員による三者連携の支援体制が構築された。さらには「授業研究の実践を進めて、NIE、教育省、学校という異なるコミュニティのメンバーが互いの知を交換する中で、一つのコミュニティであるという感覚を高めることにもつながった」[12] とも評価されている。

(4)　専門職学習コミュニティ（Professional Learning Community）の配置

　授業研究の試行結果を確認した教育省は、「授業研究や LC、AR といった先駆的な実践の持続性を確立することが重要」[13] と考えて、2009 年から「専門職学習コミュニティ」（Professional Learning Community: PLC）の導入を開始し、51 校で PLC の試行を始めた [14]。また教育省は PLC による授業改善を継続的・組織的に支援するために、教員ネットワークと教育省の訓練・開発局（Training and Development Division）を統合して、2010 年に「シンガポール教員アカデミー」（Academy of Singapore Teachers: AST）を設立した。

　もとよりシンガポールでも先述のように、学校内で授業改善を図るために、LC や CoP といった様々な校内組織が存在し、授業研究活動を行っていた。しかし、PLC では、トップダウン方式でその導入が進められ、AST という教育省直属の推進組織が置かれた点が異なっていた。このためその当初は、「理論と実践の乖離が見られた。実践にあたっては 3 つの課題が指摘された。教員への過度な負担、PLC のプロセスの曖昧さと効果への疑問、教員の自律的な専門職開発を妨げる官僚制と形式主義である。過度に集権化され

たやり方が効果的な PLC の制度的な障害となっていると指摘された」[15]。このような状況を受けて、現在 AST は PLC の普及に向けて、各校を支援するほか、PLC ネットワークを組織し、PLC 間の情報交換や交流を進め、教授法や評価法、優れた指導案や教材の研究・共有化に取り組んでいる。また AST は全国規模での教科指導研究班（Subject Chapter:SC）、生徒指導や発達障害、ICT などの専門領域研究班（Professonal Focus Group: PFG）を組織し、各領域での研究と成果の共有を進めている。

　また 2012 年にヘン・スウィーキート（Heng Sweet Keat）教育大臣は、授業研究や PLC への参加をさらに促すために、「教員成長モデル（Teacher Growth Model :TGM）」というコンセプトを発表した。教職という職務の多面性を反映し、また教員の全面発達に向けて、TGM は下記のような「21 世紀に求められ教員の到達目標（Desired Outcomes of the 21st century Singapore Teacher）」を掲げている。

- 倫理的な教育者（The Ethical Educator）…21 世紀の教員は専門職として高潔さと道義心を高い基準で備えて、児童・生徒や同僚の模範とならなければならない。また、自らの力と限界を認識し、他者と協力して、倫理的な環境を構築しなければならない。
- 有能な専門家（The Competent Professional）…21 世紀の教員は新しい知識と技術、そして人々を導き、思いやり、鼓舞する資質を伸ばし続けることができる有能な専門家でなければならない。さらに学習を促す強力な教授技法を備え、児童・生徒を全面的に発達させる資質を伸ばさなければならない。
- 協同的学習者（The Collaborative Learner）…21 世紀の教員は、同僚や専門家と交流して、積極的に学ぶ協同的な学習者でなければならない。他の教員と協力して課題に立ち向かい、チームとして協働し、指導役として活動することを通して、良い教育の実現に向けて教員の友愛的な関係を広げることに貢献しなければならない。

・変革するリーダー（The Transformational Leader）…21世紀の教員は、
児童・生徒が学び、成長することについて強い使命感を持ち、また同僚
を導き、そして革新するように奮い立たせることができなければならな
い。教育を実践する人々と信頼関係を構築することで、変革を導き、そ
れを統制することができなければならない。
・コミュニティ構築者（The Community Builder）…21世紀の教員は、シ
ンガポールの特殊な環境を理解し、地域や地球的規模での課題について
見識を持たなければならない。児童・生徒に強い社会的責任感を身につ
けさせ、彼らが思いやりのある市民と活動的な社会参画者（concerned
citizens and active contributors）となることができるように、関係者と
協働していかなければならない。

　教育省は TGM が掲げる到達目標の達成に向けて、NIE などで開催される
既存の出向型の研修に加えて、学校ベースで行われる授業研究や PLC 活動
を通じて、アクティブ・ラーニングや ICT 学習、メンター指導、振り返り実践、
協同的な調査研究といった多様な研修機会を提供している。

3.　教員研修の現状
　シンガポールの研修コースは大別して、①自校内の主任等のベテラン教員
が指導する学校ベースの研修、② AST が運営する教員相互間（ピア）での研
修、③ NIE において研究者が最新の教育知識や教授技法を提供する研修の3
つに区分できる。以下、それぞれの研修の内容と実施方法について、2014 年
8月に実施した現地調査の結果を踏まえて報告したい。

⑴　校内研修
　校内研修に関する調査のために、筆者はシンガポール南西部クレメンティ
地区にある政府立校のペイトン初等学校（Pei Tong Primary School）を訪問
した。
　同校は 1948 年に創立された華語学校からその歴史が始まり、現在は約 880

ペイトン初等学校の外観

人の児童が在籍している。同国では中規模の初等学校である。

表1に示すのは、同校で近年行われた校内研修等の学校改善の取り組みの事例である。

表1．ペイトン初等学校における近年の学校改善の取り組み

1. 授業研究（LS）／アクション・リサーチ（AR）のプログラムについて
2008年 ・理科の担当教員が教育省カリキュラム計画・開発局（CPDD）主催のLSサイクルに参加し、その成果を校内で報告。またNIE授業研究・実践センター（CRPP）にて発表。 2009年 ・英語科の担当教員がCPDD主催のARサイクルに参加。その成果を校内で報告。またCRPPにて発表。 ・2名の教員が香港で開催されたLSセミナーに参加。 2010年 ・上記2名の教員が校内で報告を行い、LSを企画・実践。年度末にその過程や成果を発表。 ・部門主任や教科主任、学年主任等の各主任がARの研修に参加し、学内で関係教員を率いてAR活動を実践。 2011年 ・本校でPLCの実践を開始。全ての教員が最低一つのLSやARに参加。実施に向けて、学年担当教員のために時間割を調整し、LS・AR活動の定期的な報告会のための時間を設定。 ・主任等のベテラン教員がLSやARついて教員に簡単な説明。 ・研修会を企画…NIEの齊藤英介准教授からLSについての紹介、民間のマーシャル・キャベンディッシュ研究所（Marshall Cavendish Institute）から授業研究参観について説明、教育省から研修のためのコーディネーターを派遣。
2. 職能開発の計画立案について
・学校現場に焦点を当てた研修 ・部門別での研修 ・業務改善セッション（Work Review Session）における協議内容や職務契約（Teaching Assignment）における研修計画に基づいて、自身で研修計画を企画

3. ティーチング・トラックにおける教員の年度評価について
授業観察 ・年3回の業務改善セッション（Work Review Session） ・部門ごとでの業績分析 ・年間を通しての業務の質
4. 職能開発計画の評価結果の利用
・各主任からの指導 ・学年担当教員のミーティングにおける学年での指導
5. 教員アカデミー等による外部での教員研修プログラムへの参加
・各教員は年間最低50時間の研修参加のための計画を立案。 ・学校のニーズに応じて参加

(出典) ペイトン初等学校のChris Loh校長提供の資料を基に筆者が作成。

　初等教育においては、2009年の初等教育改革委員会（Primary Education Review and Implementation Committee）報告に従って、現在アクティブ・ラーニング・プログラム（Programme for Active Learning: PAL）や全面発達評価（Holistic Development Profile）の導入が進められている。特に創造力や協調性、リーダーシップやチームワークを養うPALの実施にあたっては、日本や台湾の教育活動がそのモデルとなった。

　初等1－2年で週2時間行われているPALについては、年4回の各タームで一つの活動トピック（2年間で計8トピック）を実施する。各校はダンスや音楽、キャンプ、球技ゲームなど様々なプログラムを準備しなければならない。このため教育省は各校に2・3年間の期間限定で補助金を交付し、各校はこれを用いて民間からインストラクターを招聘して指導にあたってもらうとともに、教員も補助金の交付終了後からプログラムを担当できるように、インストラクターからその技術を習得したということであった。

　また表1の通り、同校でも2011年からPLCの導入が始まった。学年単位や教科単位でPLCを組んで、毎週水曜にその検討会を開き、1年間で最低1回の授業研究やアクション・リサーチのサイクルを実施し、授業研究の計画や運営、結果の分析や共有を進めている。上級教員や指導教員も各PCLに参

加し、また時には NIE から指導員を招いて、授業実践力の向上のために若手教員の指導にあたっている。年度末には、授業研究やアクション・リサーチに関する校内発表会を開き、異なる PLC 間でその過程や結果を共有している。年間の PLC 活動に関する情報や実績は校内で保管し、これを教育省に提出するような義務はないとのことであったが、教員の業績評価においては、学級経営や授業実践とともに、PLC 等の研修活動への参加度や意欲もその評価の対象となっている。

ルーブリックなどを用いた全面発達評価の実施にあたっても、PLC 内で意見交換が図られている。以前はペーパー試験の結果を基に、成績評価を行い、保護者への通知を行っていた。しかし現在では、例えば英語については、プレゼンテーション、スピーキング、ライティングなどの各領域のスキルについて、ルーブリック形式でそれぞれの到達度を示し、保護者に通知している。保護者の反応も、子どもの長短所やそれぞれのスキルの達成度を具体的に把握でき、家庭での学習指導にも役立つということで、好評とのことであった。

(2) **教育省・シンガポール教員アカデミー（Academy of Singapore Teachers: AST）の教員研修プログラム**

AST の外観。St Andrew's Junior College の旧校舎を再利用している

先述の通り AST は、「卓越した専門職能への向上に向けた教員主導の文化（Teacher-led Culture）」[16] を根付かせるために設けられた組織である。「21 世紀に対応できるように生徒をより良く育てるために、教員は健全な倫理観や社会観に基づいて、生徒の個性に対応し、協同的な教育活動を提供していく必要がある。そのためには、教員は継続的に新しい知識を獲得し、革新的な教授法をもって効果的な教育を実践していかなければならない」。AST はそのために、「授業実践力の向上を図るために教員を指導し、啓発し、教員相互が学び合うための機会を提供する」

147

ことが期待されている。

またASTは、シンガポール英語学院(English Language Institute of Singapore: ELIS)、体育・スポーツ教員アカデミー(Physical Education & Sports Teacher Academy: PESTA)、シンガポール芸術教員アカデミー(Singapore Teachers' Academy for the Arts: STAR)も備え、各分野のベテラン教員を配置して、教員の研修活動を支援している。

現在ASTが実施している教員研修プログラムは表2の通りである。

表2. ASTが実施する教員研修プログラム

①熟練教員によるメンター強化プログラム(Skilful Teacher Enhanced Mentoring Programme : STEM)	ASTと米国のResearch for Better Teaching(RBT)、New Teacher Centre(NTC)が連携して実施する初任者研修プログラム。ベテラン教員への4日間(半日制)のメンター指導員(Instructional Mentor :IM)養成プログラム、10日間(全日制)のIM研修プログラム、8日間(全日制)の新任教員への研修プログラムなどで構成。IMによる初任者の授業改善指導、メンター相談、ワークショップやオンライン相談などを実施。
教員の啓発・交流機会の促進(IN-Place)プログラム	教員の啓発・交流の機会(Inspire and Network: IN-Place)として企画。マスター教員や指導教員、上級教員を招き、ティーチング・トラックで将来が期待される若手教員を対象に、少人数での意見交換セッションや個人指導を実施。
リーダー教員の養成プログラム(Teacher-Leaders Programmes: TLP)	ティーチング・トラックで指導的立場にあるリーダー教員を対象としたプログラム。1-5年目の上級教員向けのTLP1、6年目以上の指導教員向けのTLP2、マスター教員向けのTLP3を開設。ASTとNIEが連携して、授業改善や協同学習のための研修指導、コーチングやメンター相談、評価の記述方法など、リーダー教員に求められる技術や知識を高めるための内容を用意。

第Ⅲ部　教員研修

新任教員導入プログラム（Beginner Teachers' Induction Programme: BTIP）	新任教員を対象とした2年間の継続プログラム。新任教員歓迎会や3日間の新任教員オリエンテーションの後、学級経営（8時間）、保護者支援（16時間）、子どもの心理理解やカウンセリング技術（8時間）、授業評価（3時間）、学習評価（8時間）などについて学ぶ。
異業種体験（Teacher Work Attachment : TWA）	国内外において、民間企業や公共施設、教育省本庁や他の学校などで、1週間から1年間にわたって就業体験を実施。
教育職員専門職開発（Professional Development for Education Officers）	ASTとNIEが連携して提供する、様々なテーマについて学ぶ研修コースや学位取得のためのプログラムや学校職員の職能開発ためのプログラムなど。
上級経営職員専門職開発（Professional Development for Executive & Administrative Staff）	ASTと公務員カレッジ（Civil Service College）が連携して行う職能開発プログラム。スタッフ・マネジメント、公務員としての適切な職務姿勢、触法行為の注意喚起、政府の政策理解などに関する講習。
教育支援員職能開発（Professional Development for Allied Educators）	授業補助や障がい児への教育支援、学校カウンセラーなどを担当する教育支援員のための開発プログラム。
公開授業ワークショップ（Teacher-led Workshops）	研究指定校で開催する公開授業の企画・案内。
教員の研究力向上（Research For Educators : R4E）	教員の研究力向上のためのプログラム。研究解明－研究の概念化－研究の実践の3段階のコースを設置し、教員の課題解決力や分析力の向上を図る。
海外優秀教員の招聘 Outstanding-Educator-In-Residence: OEIR) プログラム	米国、英国、中国、フィリピン、イスラエルなどの海外から、優秀な教員を招聘して、シンガポール国内の学校で授業を実演。シンガポール教員との交流や情報交換を図る。

　このようにASTのプログラムは、様々な職位・職務内容の教職員の職能開発を担っている。以前の教育省やNIEが担当していた研修プログラムを独立させるとともに、一瞥の通りベテラン教員の活用や教員相互の学び合いをファシリテートする内容が多くなっている。

149

またASTは先述のPLC Networkと同じく、教科や職位によるネットワーク組織（Sujcect Chapter, Professonal Focus Group, Master Teachers Network, Lead and Senior TeacherS Network, Mentors Network, Begininng Teachers Nerwork）を設けて、教員間の交流にも取り組んでいる。

(3) 国立教育学院（National Institute of Education: NIE）の教員研修プログラム

NIEはシンガポールにおいて高等教育レベルでの教員養成を行う唯一の機関である。同国には教員免許制度がなく、NIEの上位機関である南洋理工大学（Nanyang Technological University）の認定する学位がそのまま教員資格として通用してする。一部の幼稚園教諭を除けば、同国で学校の教壇に立つためには、NIEが開設する養成・研修課程を修了して、所定の学位やディプロマを取得するしかない。いわば戦前の日本の師範学校のような養成目的に特化した教育機関による、典型的な閉鎖型の教員養成制度となっている。

NIEは教員養成だけでなく、現職教員の研修についても中心的な役割を担っている。新任教員は養成課程を修了して現場に立った後、1年間の初任者研修に入るが、多くの教員は卒業したばかりのNIEに研修のためにまた通うことになる。新採教員は通常の勤務時間の20％を研修に割り当てることとされ、教授法や学級経営などの指導を現場のベテラン教員やNIE研究者から受ける。

また一般教員については年間100時間まで研修を受ける権利が認められており、NIEは教育省や学校と連携して、就任時の学歴や職位に応じた次のような職能開発のためのプログラム（表3）を準備している。

第Ⅲ部　教員研修

表3. NIE が実施する教員研修プログラム

①教育管理職養成プログラム (Leaders in Education Programme)
対象：副校長や教育省出向教員の中から、特に学校長として将来が期待される教員 内容：校長職に求められる資質－倫理観に富み、目的意識が明確で、革新的で前向きであり、また強いリーダーシップで人々を導き、複雑な経営環境においても戦略的な経営スキルで効果的に職務を遂行できる資質－を開発する。 期間：6週間
②学校経営・指導力養成プログラム (Management and Leadership in Schools Programme)
対象：部門を超えて職務を幅広く担当し、学校の教授・学習活動で直接的なリーダーシップを発揮する中堅教員 内容：単一の領域や教科を超えた協同学習の新しい知識を創造し、カリキュラムの継続的な改善のために学習チームを牽引して教授・学習活動を向上させ、学校改善において学校長を支援できる革新的な中堅教員を養成する。 期間：17週間
③教育の架け橋作り：学校リーダーシップの革新力養成プログラム (Building Education Bridges: Innovation for School Leadership)
対象：学校から選ばれたリーダー教員に対して、NIE と海外の様々な機関が連携し、諸外国のユニークな教育制度について理解を深めるためのプログラムを提供する 内容：経験豊かで成功収めたリーダー教員に、革新的で高い実績を上げている教育システムに注目して、国内外の環境において重要となるリーダーシップの課題について探究する機会を提供する。 期間：2週間
④リーダー教員養成プログラム (Teacher-Leaders Programme) 1・2・3
対象：重要な知識や技術を得て、学校や学校区内でそれらを開発し実践したいと考えている選ばれた上級教員、指導教員、マスター教員。 内容：TGM が掲げる "倫理的な教育者"、" 有能な専門家"、"協同的学習者"、"変化するリーダー"、"コミュニティ建設者" の5つの到達目標に向けて、ティーチング・トラックのリーダー教員の職能開発を支援する。 期間：10週間

(出典) National Institute of Education (2013), *Graduate Studies & Professional Learning* 内 pp.17-18 の情報を基に筆者作成。

これらのプログラムの内、フラッグシップ・プログラムと位置づけられているのが、主に副校長を対象とする「教育管理職養成プログラム」（Leaders in Education Programme）である。教育省は年2回実施される教員評価の結果から、校長としての資質が期待される副校長を選び、校長への昇格要件となる同プログラムへの参加を要請する。要請を受けた副校長は休職の上、全日制の同プログラムに参加し、これを良好な成績で修了した場合に、校長職に再び採用されることになる。つまり、教員評価の結果、優秀な業績を認められた副校長のみが同プログラムの研修に参加して、昇格の機会を得ることができる。[17]

4. おわりに―シンガポールの教員研修制度のモデル性

シンガポールにおける授業改善に向けた教員研修の取り組みについて、現地調査の結果も踏まえて検証を行ってきたが、改めてその特徴を2点にまとめてみたい。

一つは、SEEDプログラムや授業研究、PLCなどの授業改善の導入・実施の事例でも見られるように、シンガポールにおいては教育省・ASTといった行政機関、教員の養成と研修を継続的に担うNIE、そして学校長の三者が、緊密な協働体制を構築して、学校改善に取り組んでいるということである。教育省が打ち出した学力観や長期的なミッションに向けて、NIEはこれからの教員に必要となるコンピテンシーを具体化して養成・研修システムに反映させ、学校長や教員は組織化された業績管理の中で各々の実践を担っている。教員主導文化（Teacher-led culture）を学校現場に浸透させ、学校改善を図る過程においても、授業改善や教員研修のスキームはより細密となっており、三者の緊密な連携はむしろ強化される傾向にある。

二つ目には、シンガポールは「改良を進め、教育の価値を上げるために、国際的なベンチマークを広く用いてきた。教育省やNIE、教員は他国の教育システムを視察し、国際的に最も優れた教育実践を調査してきた」[18]。世界の教育を見渡して、授業改善の領域でベスト・プラクティスと評価されている方式を借用し、その現地適用化に多大な努力を費やしてきた。授業改善におい

ても、授業研究やアクション・リサーチは強力なツールと認識され、その際にモデルになったのが日本であった。そのローカライズの過程において、現場からの不満や批判が上がった際には、調整・改良を迅速に行い、目標達成に向けて徹底普及を図ってきた。

　このように"教員主導文化(Teacher-led culture)"をコーポラティブな体制が支える協働の枠組みや、海外からの教育借用に依拠しつつも、そのローカライズを行政主導で実施する政策手法は他の東南アジア諸国でも参照可能なモデルとなりうるだろう。

※本稿は、「アジアにおける学校改善と教師教育改革に関する国際比較研究」
　（研究代表者：小川佳万）文部科学省科学研究費基盤研究(B)海外学術調査（課題番号24330230）の助成を得た海外調査の研究成果を踏まえている。

注
1　Ministry of Education. (2004). MOE gives more resources to support teaching, *Press Releases*. 29 Sep 2004. Singapore: Ministry of Education.
2　Ministry of Education. (2005). Flexible school design concepts to support teaching and learning, *Press Releases*. 29 Dec 2005. Singapore: Ministry of Education.
3　Ministry of Education. (2007). *PETALS Primer*. Singapore: Curriculum Planning and Development Division, Ministry of Education.
4　「カリキュラム開発・計画局」は英語や数学といった主要教科のシラバスの作成や授業効果の検証、教材開発を担当する。また、「人間性開発カリキュラム局」(Student Development Curriculum Division) は、芸術科目や体育、人間性・市民性教育(Character and Citizenship Education: CCE)、生徒・進路指導(Education and Career Guidance: ECG) などのシラバスを策定する。「カリキュラム政策室」(Curriculum Policy Office) は、NIE やシンガポール試験・評価局と連携して調査・研究を進めるとともに、現場教員や保護者、企業等の各種団体の代表者も加わった専門の審議会の設置・運営を行い、中長期的なカリキュラム政策の立案を担う。
5　Teo, J. E., Deng, Z., Lee, C. K.-E.& Lim-Ratnam, C. (2013). Teach Less, Learn More: Lost in translation. Deng, Z., Gopinathan, S. & Lee, C.K.-E. (eds.). *op cit.*,

153

pp.99-117.

6 Silver, R.E., Curdt-Christiansen, X., Wright, S., & Stinson, M. (2013). Working through the layers: Curriculum implementation in language education, Deng, Z., Gopinathan, S. & Lee, C.K.-E. (eds.). *Ibid.*, pp.151-167.

7 Fang Yanping and Christine Kim-Eng Lee, Lesson study and instructional improvement in Singapore, *Research Brief*, No.10-001, NIE, 2010, p.1.

8 *Ibid.*, p.3.

9 *Ibid.*, p.2.

10 *Ibid.*, p.2.

11 *Ibid.*, p.1.

12 *Ibid.*, p.3.

13 Daphnee Lee, Helen Hong, Wanying Tay and Wing On Lee, Professional learning communities in Singapore schools, *Journal of Co-operative Studies*, 46:2, 2013, p.54.

14 Dr Ng Eng Hen, Speech by Minister for Education at the MOE work plan seminar 2009 on 17 September 2009 at the Ngee Ann Polytechnic convention centre.

15 Daphnee Lee, Helen Hong, Wanying Tay and Wing On Lee, *op cit.*, p.54.

16 Ministry of Education Singapore, Academy of Singapore Teachers, *Press Releases*, September 6, 2010.

17 金井里弥「シンガポール　能力主義を基盤とするキャリア形成」、小川佳万・服部美奈編著『アジアの教員－変貌する役割と専門職への挑戦』ジアース教育新社、2012年、274-275頁参照。

18 池田充裕訳「シンガポール：将来を見据えた教育」、経済協力開発機構（OECD）編著『PISAから見る、できる国・頑張る国－未来志向の教育を目指す：日本』明石書店、2011年、225頁。OECD, *Strong Performers and Successful Reformers in Education: Lessons from PISA for the United States*, 2011の翻訳。

第Ⅲ部　教員研修

第9章　インドネシアの義務教育段階における
教員研修制度の概要

中田英雄

1.　はじめに

　インドネシアはおよそ34万の学校に6千万人の児童生徒と400万人の教員を擁し、アジアで3番目、世界で4番目の規模を誇る国である（OECD/Asian Development Bank, 2015）。教育制度を管轄するのは教育文化省と宗教省である。前者が学校の84%、後者が残り16%を管轄している。義務教育は9年制で小学校6年、中学校3年である。小学校で私立学校の占める割合は7%であるが、中学校になると56%、高校では67%と高くなっている。正式な入学年齢は7歳であるが、多くの児童は6歳で入学し、80%が公立学校、20%が私立学校（イスラーム系が多い）へ就学している。

　1970年代から教育改革が行われ、基礎教育段階の就学率は向上してきた。1994年に9年制の義務教育が正式に導入され（Kristiansen and Pratikno, 2006）、2004年までに95%の就学率を達成する目標が掲げられた。OECD/Asian Development Bank（2015）によると小学校の粗就学率は2004年に100%を超え、初等教育の普遍化が達成されつつある。中学校の粗就学率は2013年には96.9%まで増加している。

　ここでは、インドネシア教育文化省が教員の質改善を図るために取り組んでいる教員研修制度の概略を述べる。また、インドネシアの教員研修制度が東南アジアにおける南南教育協力モデルとして適用可能かどうか教育開発の視点から検討する。

2.　2016/2017年度インドネシア教育統計短報

　インドネシア教育統計短報（Indonesia Educational Statistics in Brief 2016 - 2017, MOEC）を用いてインドネシアの義務教育を見てみる。インドネシ

155

アには 34 の州があり、州別に統計が公表されている。

1) 小学校

インドネシアの小学校は 14 万 7503 校であり、公立は 13 万 2022 校（約90％）、私立は 1 万 5481 校（約 10％）である。ちなみに、わが国の平成 26 年度における小学校（公立・国立・私立を含む。以下同様）は 2 万 852 校であり、そのうち私立は 222 校（約 1.1％）である（わが国の統計は平成 26 年度学校基本調査を用いた。以下同様）。インドネシアの小学校数はわが国の約 7 倍である。

小学校の児童生徒数はインドネシアが 2561 万 8078 人、わが国は 660 万 6 人である。インドネシアでは児童の 84.6％がイスラーム教徒である。7 歳未満の児童が 243 万 7626 人（9.5％）、12 歳以上の児童 70 万 4710 人（2.8％）が在籍している。

公立小学校の教員は 140 万 7691 人、私立小学校の教員は 17 万 8436 人、合計 158 万 6127 人である。わが国の小学校教員は 41 万 6475 人である。インドネシアの小学校教員数はわが国の約 3.8 倍である。小学校教員の 59.3％が公務員、40.7％が非公務員である。

2) 中学校

公立中学校は 2 万 2803 校（60.0％）、私立中学校は 1 万 4960 校（40.0％）、合計 3 万 7763 校である。わが国は 1 万 557 校、うち私立は 777 校（約 7.4％）である。

児童生徒数は 1014 万 5416 人で、うち 13 歳未満が 203 万 8109 人（20.0％）、15 歳以上が 51 万 6887 人（5.1％）である。イスラーム教徒の児童生徒は 842 万 1314 人で 83.0％を占める。わが国の中学生は 350 万 4332 人である。

教員は 62 万 2781 人で公立の教員は 46 万 6189 人（74.9％）、私立の教員は 15 万 6592 人（25.1％）である。わが国の中学校教員は 25 万 3829 人である。インドネシアの中学校教員数はわが国の約 2.5 倍で、小学校教員の 55.5％が公務員、44.5％が非公務員である。

第Ⅲ部　教員研修

3) 特別支援学校

特別支援学校は公立が 545 校 (26％)、私立が 1525 校 (74％) である。わが国には 1096 校あり、うち私立は 14 校である。

特別支援学校の在籍児童生徒総数 12 万 1244 人のうち小学生が 8 万 850 人 (66.7％)、中学生が 2 万 6592 人 (21.9％)、高校生が 1 万 3802 人 (11.4％) である。わが国の特別支援学校在籍児童生徒は 13 万 5619 人である。

教員数は 2 万 4657 人で公立は 9403 人、私立は 1 万 5254 人である。公務員・非公務員のデータは明示されていない。

3.　教員の資格

2005 年に制定された新法律には、幼稚園、小学校、中学校、高校の教員 (講師・教授) になるには 4 年制の大学で専門分野を学び、学士を有する S1 (S: Sarjana の略) もしくは専門高等教育を 4 年間受けた D4 (D: Diploma の略) の資格を有することとある (薮田、2010)。S と D は学歴によって以下のように区別されている。S は S1 (学士卒)、S2 (修士修了)、S3 (博士修了) に、D は D1 (専門高等教育 1 年修了者、高卒以下)、D2 (専門高等教育 2 年修了者、高卒以下)、D3 (専門高等教育 3 年修了者、高卒以下) D4 (専門高等教育 4 年修了者) に区分されている。

1) 小学校教員

薮田 (2010) によると、2006 年時点で規定の学歴 (S1 もしくは D4 の資格) を満たしていない小学校教員は 104 万 1793 人 (83％) であり、一方、D4・S1 取得者は 20 万 7074 人 (17％)、S2 は 1161 人、S3 は 4 人であった。

2016/2017 年度インドネシア教育統計短報では、公立小学校 140 万 7691 人の教員のうち S1 未取得は 21 万 9294 人 (15.6％)、S1 以上取得は 118 万 8397 人 (84.4％) である。私立小学校教員 17 万 8436 人のうち S1 未取得は 3 万 1151 人 (17.5％)、S1 以上の取得は 14 万 7277 人 (82.5％) である。公立と私立の小学校教員数を合計した 158 万 6127 人のうち S1 未取得は 25 万 453 人 (15.8％)、S1 以上取得は 133 万 5674 人 (84.2％) である。2006 年と比べると

157

S1 以上を取得した小学校教員は約 6.5 倍に増加している。

2) 中学校教員

薮田（2010）の報告では、2006 年時点で全中学校教員 48 万 8206 人のうち S1 未取得が 18 万 5603 人（38%）、D4 もしくは S1 取得が 29 万 9319 人（61%）、S2 取得が 3277 人（0.7%）、S3 取得が 7 人であった。

2016/2017 年度インドネシア教育統計短報では、公立中学校教員 46 万 6189 人のうち S1 未取得は 3 万 21251 人（6.9%）、S1 以上の取得は 43 万 4064 人（93.1%）である。私立中学校教員 15 万 6592 人のうち S1 未取得は 1 万 7022 人（10.9%）、S1 以上の取得は 13 万 9570 人（89.1%）である。公立と私立を合わせた教員 62 万 2781 人のうち S1 未取得は 4 万 9147 人（7.9%）、S1 以上の取得は 57 万 3634 人（92.1%）である。2006 年と比較して S1 以上を取得した中学校教員は約 1.9 倍に増加している。

3) 特別支援学校教員

2016/2017 年度インドネシア教育統計短報では、公立特別支援学校教員 9403 人のうち S1 未取得が 1166 人（12.4%）、S1 以上の取得が 8237 人（87.6%）である。私立特別支援学校教員 1 万 5254 人のうち S1 未取得が 2041 人（13.3%）、S1 以上の取得が 1 万 3213 人（86.7%）である。公立と私立を合わせると S1 以上取得の割合は約 87%、S1 未取得の割合は約 13% である。

4. 教育の課題
1) 就学率

インドネシアの教育制度は複雑である。正規の基礎教育は公立と私立の学校で行われるが、私立学校のなかには教育文化省が管轄しない学校もある。イスラーム教系の私立学校は宗教省の所管であり、他の私立学校は営利を目的にしている。富裕層の児童生徒は私立学校で学び、低所得層の児童生徒は公立の学校で学んでいることが多い。2005 年に導入された学校支援補助金制度（bantuan operasional sekolah; BOS）によって就学が促進され、教

育予算不足にあった地方の学校の就学率が向上し、初等教育では完全就学率が達成されつつある（OECD/Asian Development Bank, 2015）。小学校の粗就学率は 2004 年に 100％を超えて 2013-2014 年度に 110.68％、純就学率は 93.3％となり、中学校の粗就学率は 2001 年に 76.1％、2013 年に 96.9％になった（OECD/Asian Development Bank, 2015）。中学校の純就学率は 2001 年に 58.6％であったが、2013 年には 76.5％に増加している。

　就学率は州間で異なる。小学校の就学率はバリ州で 94.7％、西パプア州で 83.1％である（OECD/Asian Development Bank, 2015）。中学校の純就学率をみると、ジャカルタ首都特別州が 94.7％であるのに対してパプア州は 31.6％と激減する（OECD/Asian Development Bank, 2015）。これには地理的な要因と世帯の経済状況が影響している。都市の小学生の純就学率は 98.5％であるのに対して地方では 96.8％である。中学生の純就学率の格差はさらに拡大し、都市で 85.7％であるのに対して地方では 74.4％となり、10％以上の格差がある。

　一方、OECD/Asian Development Bank（2015）の報告によると、教育文化省は障がいの有無にかかわらず、すべての児童生徒に質の高い教育を提供するためにインクルーシブ教育を推進し、特別支援学校の児童生徒数を削減する方向へ舵を切っている。2016/2017 年度インドネシア教育統計短報によると東ジャワ州と西ジャワ州にはそれぞれ 437 校、367 校の特別支援学校が設置されているが、34 州のうち 4 州は 10 校以下である。西パプア州の特別支援学校は 5 校（児童生徒数は 179 人）にすぎない。西パプア州には小学校が公立と私立を合わせて 966 校（児童生徒数は 13 万 3002 人）、中学校は 280 校（児童生徒数は 4 万 6581 人）ある。これらの小・中学校のうちインクルーシブ教育を行っている学校があるかどうか不明である。

2）留年と退学

　1976 年当時小学校新入生のなかで幼稚園経験者は 10.5％であった（牟田、1987）。牟田（1987）によると、1980 年代の小学校は、満 6 歳から入学できることになっているが、学校施設の不足から 6 歳から入学する児童は多くな

かった。また、各学校は入学希望者のうち、まず満7歳の児童を受け入れる。施設・設備に余裕があるときに満8歳以上の児童を受け入れ、さらに余裕のあるときに6歳の児童の入学が許可されたという。7歳から12歳の児童の割合は、1971年に82.55％であり、徐々に増加して1977年に85.22％のピークとなり、その後減少傾向を示している。これは入学時の年齢の幅と留年児童によるものである。毎年度末に進級試験、卒業試験があり、成績が低いと留年となる。ここが日本の教育制度と大きく異なる点であるが、2018年に訪れた際にこの点について教育関係者に質問したところ、留年制度はすでに廃止されているとの回答を得た。

　2016/2017年度インドネシア教育統計短報によると、小学校に7歳未満の児童が243万7626人（9.5％）、12歳以上の児童70万4710人（2.8％）が在籍しており、1970年代からの傾向は現在も続いていることになる。就学年齢は正式には7歳であるが、6歳児の入学は当たり前になっている（OECD/Asian Development Bank, 2015）。牟田（1987）の報告によると小学生の退学率は1971年に12.3％であった。その後、その割合は減少するものの、それでも1983/1984年度は10.2％である。牟田（1987）は、きびしい学年末の評価が教育水準を保つ働きをすることに疑問の余地はないが、同時に、多くの中退者を生み出し、就学率の上昇を妨げる要素のひとつになっていると指摘している。一方、留年する児童生徒も多く、3％に達する（OECD/Asian Development Bank, 2015）。その多くが貧困家庭の児童生徒である。

　OECD/Asian Development Bank（2015）によると2011/2012年度における小学校の退学者は1.09％であった。50万人以上の児童が退学したことになる。中学校では1.74％が退学し、8％が高校へ進学できなかった。退学者が多いためインドネシアの教育制度がleaking pipeline、つまり終着点まで行き着かず途中で漏れるパイプラインのようであるといわれる所以である。Yeom, Acedo, and Erry Utomo（2002）は、中学生の退学者の割合が1990/91年度は7.35％、1995/96年度は3.25％、1999/00年度は4.14％であったと報告している。退学の理由もまた貧困であることが多く、児童労働へと導く要因にもなっている。

第Ⅲ部　教員研修

　また、未就学の児童生徒は全国で 2.4% に上る。政府は、義務教育は無償で
あるとしているが、それでも文房具代、制服代をはじめさまざまな学費はか
かる。貧困家庭にとってはそれが負担になっている。貧困家庭の教育費を軽
減するために学校運営助成費（BOS）がある。これは公立、私立を問わず基礎
教育を学ぶすべての児童生徒に適用され、その用途は拡大してきている。
　さらに、地方に住む児童生徒は近くに学校がないので遠距離通学を強い
られている。障がいのある児童生徒にとって遠距離通学はきわめて困難で
ある。

3）学力
　インドネシアの OECD 生徒の学習到達度調査（PISA）の成績は平均以
下であった。2011 年国際数学・理科教育調査（Trends in International
Mathematics and Science Study; TIMSS）における数学の成績は 45 ヶ国
中 38 位、理科は 45 ヶ国中 40 位である（OECD/Asian Development Bank,
2015）。2012 年の数学の成績は 76% が平均以下の成績であった。低成績の原
因がカリキュラムにあるとし、2013 年にカリキュラムが改定された。

5.　教員研修制度
　教育文化省は長年に亘って教育の質の改善を図る国際プロジェクトを実
施し、教員研修制度の整備と改革を進めて来た（Nielsen, 1998; OECD/Asian
Development Bank, 2015）。薮田（2010）の報告と Eka Koesuma（2015）の未
発表資料を参考にしてその概略を述べる。
　教育文化省は、2005 年からすべての教員が S1 資格を取得できるように
研修制度を改革し、2015 年までに S1 未満のすべての教員を S1 資格者とす
る目標を掲げ（OECD/Asian Development Bank, 2015）、S1 資格者に対す
る教員給与を改定し、基本給の 2 倍を支給するようにした（Prita Nurmalia
Kusumawardhani, 2017）。教員研修は、教育文化省の教員・教職員管理総局
によって管轄されている。一方、特別支援教育分野の教員研修は早期教育・
社会教育管理総局および小・中等教育管理総局の管轄下にある。

161

・教員志望者の資格認定

　2015年から教員資格認定条件とし、大学（S1）あるいは短大（D4）卒であること、4つの能力（指導力、望ましい人格、社会性、専門性）を有していること、心身ともに健康であることが定められた。教員志望者は大学卒業後に教職専門コース（Pendidikan Profesi Guru：Professional Class）を1年間受講する。受講資格を得るには行政機関の審査あるいは入学試験に合格する必要がある。1～2学期制の教職専門コースの履修単位は18から40単位である。カリキュラムは実践的な内容、とくに指導力に重点が置かれ、教育実習もある。このコースで教員としての適格性が審査され、合格すると教員免許が授与される。

・教員採用試験

　教員志望者は、公務員か私立学校のいずれかの受験を決め、応募することになる。公務員教員志望者は初任者教員研修を1～2年間受ける。この間の研修成績が評価の対象となり、採否が決定される。公務員として採用された教員は2年間の勤務を終えると教員登録番号を申請する権利が与えられ、教員登録番号を取得する。一方、私立学校を志望する者は当該私立学校に2年間勤務し、教員登録番号を申請する権利を得て、教員登録番号を取得する。こうして正式の教員になる。

・教員の資質向上

　2015年に教員・教職員管理総局は教員に対して教員能力検定試験（Uji Kompetensi Guru）を実施した。試験問題は教員・教職員管理総局にある中央委員会（P4TK）で作成された。受験者は教育文化省に登録された公務員・非公務員教員294万9110人であった（Eka Koesuma, 2015）。

　薮田（2010）によるとS1あるいはD4の教員が検定を受ける場合、教員は「能力・経験のポートフォリオ（教員としての能力・経験を証明する書類をそろえたファイル）」を国が認定した高等教育機関に提出し、審査を受ける必要があった。その当時のポートフォリオの内容は以下の10項目であった。最高得点1500点で850点以上であれば合格と認定された。

⑴　学位を証明するもの

⑵　教職コースや研修の受講実績

⑶　現職教員としての指導経験

⑷　授業計画と実際に行った授業内容のレポート

⑸　校長と指導主事による評価

⑹　学力

⑺　学術研究・論文の業績、論文審査経験、教科書等作成経験

⑻　科学的フォーラム（学会等）への参加・発表業績

⑼　教育関連団体、なんらかの社会的組織への所属経験

⑽　教育分野における社会的評価及び受賞歴

ポートフォリオ評価の不合格者は教員研修コースを受講する必要がある。教員研修コースの不合格者には２回の受験チャンスがあり、最終試験で不合格の教員は県・市による教員研修を受け、S1認定の試験に再挑戦することになる。

・資格向上支援プログラム

教育文化省には、教員の資格向上と研修参加を支援するためのプログラムがある。政府は資格向上を目指す教員に対して支援金を用意し、応募者に提供している。小・中等教育管理総局の管轄の下、勤務先の校長の許可があり、教員・教職員登録番号所有者であれば公務員、非公務員の区別なく応募が可能であった。

・幼稚園教員・特別支援教育教員・教職員能力開発センター

S1教員の研修は教員・教職員管理総局にある幼稚園教員・特別支援教育教員・教職員能力開発センター（Pusat Pengembangan dan Pemberdayaan Pendidik dan Tenaga Kependidikan Taman Kanak-Kanak dan Pendidikan Luar Biasa; P4 TK dan PLB）が行う（Eka Koesuma, 2015）。バンドン市にある政府直轄のこのセンターは教員養成大学と連携して教職員の資格向上プログラムを実施している。S1未取得の教員に対してS1の資格を認定するための研修機関である。

2005年に特別支援学校のD3教員を対象にした３学期制の学士基準認定能

力向上通信制研修が開かれている。科目は理論と実践の内容から成り、特別支援教育政策、インクルーシブ教育、障がいのある生徒のための体育（アダプティブ体育と呼ばれている）、重複障がいのある児童の学習モデル、教育相談、アセスメントの方法などがある。研修修了者は資格証が授与され、インドネシア・イスラーム大学（UNINUS）から3学期分の30単位を認定される。通信制にすることで遠隔地の教員の負担が軽減され、参加しやすくなっている。

　2007年にはジャワ州及びバリ州のS1取得教員とS1未取得の教員を対象にした特別支援教育研修がインドネシア・イスラーム大学（UNINUS）の指導下で実施されている。3学期制で各学期の履修科目は10科目である。遠隔地の教員、あるいは受講を希望しながらも現職を一時的に離脱できない教員などの状況を配慮した通信制プログラムも用意されている（薮田、2010）。実践中心のカリキュラムは多岐に及んでおり、特別支援教育政策に始まり、生徒指導・カウンセリング、英才児学習モデル、重複障がいのある児童生徒の学習モデル、アダプティブ体育、教育的ニーズのアセスメント、個別の指導と学習モデル、アクション・リサーチ、学校運営、地域社会との連携などがある。なかでも主に通信制のアダプティブ体育研修が重視されている。2007年に中部ジャワ州、東部ジャワ州、バリ州の特別支援学校教員各50名が研修に参加し、2008年には西部スマトラ州、南部スマトラ州の特別支援学校教員50名も同研修に参加している。特別なニーズを持つ児童生徒のカウンセリング指導研修会は、2007年に中部ジャワ州、東部ジャワ州、バリ州で行われ、2008年には西部スマトラ州、南部スマトラ州、北部スマトラ州でも開かれている。

　各州で教員研修が行われている。各州に教育質保証機関（Lembaga Penjaminan Mutu Pendidikan; LPMP）が設置され、県・市教育委員会が行う教員研修を管轄している。全国11ヶ所にある理科開発センター、数学開発センター等が協力している。

・継続的専門性向上プログラム

　教員は教員能力検定試験に続いて継続的専門性向上プログラム（Pengembangan Keprofesian Berkelanjutan; PKB）研修に取り組まなければ

第Ⅲ部　教員研修

ならない。これは自己開発（Self-development）、教材・教具の作成（Innovative Works）、研究成果（Academic Publication）の３つの柱から成る。自らの教育指導法・授業力を研究開発する力を高め、教材・教具を工夫し、創造し、作成する力を身につけ、研究した成果を発表する力を養う内容である。教員の独創性、独自性、考える力を養い、主体的に取り組む教師を育成することを目的にしている。

　P4TK や州の主催のほかに校長会（KKS）、教育委員会（KKG）、教科別教育会（MGMP）などが主催する自由参加型の教員研修にも参加することができる。研究成果と教材・教具の作成の研修にはクレジット・ポイントがあり、獲得したポイント数が評価対象となる。研修を身近な場所で行うことで教員の経済的負担を軽くし、参加しやすくなるように配慮されている。

・現職教員能力検定試験

　図１は 2012 年から 2014 年に実施された現職教員能力検定試験のフローチャートである（Prita Nurmalia Kusumawardhani, 2017）。現職教員能力検定試験には①実績審査（Direct Certification）、②ポートフォリオ審査（Portfolio）、③教員研修試験（Teacher Training）がある。現職教員は①、②、③の試験から一つを選択して受験する。①あるいは②を選択した教員は審査に合格すると教員能力検定試験合格書を授与される。一方、③を受験した教員は、教員能力検定一次試験（Initial Competency Test）に合格し、つぎに教員研修を受け、さらに教員能力検定二次試験（Competency Test）に合格する必要がある。①あるいは②の不合格者は③を再受験することができる。③で不合格になると、次期の試験を受けることになる。

　2015 年に③教員研修試験に新たな研修コースが加わったが、翌年にそのコースは廃止された。2016 年、教員研修試験の合格点が 42 点から 80 点に引き上げられた。また、不合格者は合格するまで４回受験できるようになった。教員の資格・資質の向上を図るためにインドネシア政府の試行錯誤はいまも続いている。

165

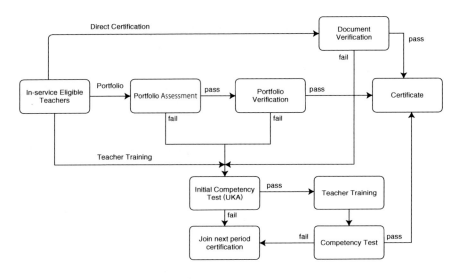

図1　現職教員能力検定試験フローチャート

6. おわりに

　小学校就学者は1970年代に約1300万人であったが、1994年に義務教育が導入されると急激に増加した。就学者の増加に対して、政府はD1、D2、D3レベルの教員を早急に養成せざるを得なくなった。就学者数の増加は歓迎すべきことではあるが、一方で教育の質の低下が懸念されていた。小学校卒業生の学力が伸びなかったのである。生徒の学力不足に加えて教員の力量にも大きな課題を残した(Nielsen, 1998)。これを踏まえて教員研修制度の改革に拍車がかかり、現在も継続中である。

　教員の資格は大学卒以上であること、教員能力検定試験で求められる4つの能力、つまりコンピテンシーを有することである。コンピテンシーが高くても学校現場で通用するかどうかは別問題である。教員研修の内容を見てみると理論偏重に陥っているようには見えない。しかし、教員にとってもっとも重要な職務である日々の授業の位置づけはいまだ低い段階にあるように思われ

る。特別支援教育教員研修カリキュラムに授業改善、授業観察、授業評価、授業分析、研究授業、指導案、チーム・ティーチングのような用語は少ない。研修で教材教具の作成方法を学習しても日常の授業で活用されなければ無意味である。例えば、研修参加者が研修で学んだ成果を自校の研究授業で発表する機会があると研修の効果は高まるのではないだろうか。

　JICA（国際協力機構）が支援する教員の専門性向上のための授業研究はインドネシア教育大学がすでに実施している。その結果、教員は創造的になり、身近な素材を教材に生かすようになり、科学的な議論の場に自信を持って参加できるようになったと報告されている（Sumar Hendayana, 2007）。しかし、この授業研究は理数科の分野に限られ、対象は高等学校であった。授業研究が幼稚園・小学校・中学校にまで拡大され、将来、全教科で実施されることが望まれる。

　特別支援教育分野では2004年から授業研究会が毎年1回全国各地で開催され、教員研修の一環として位置づけられている（中田・Djadjaほか、2010）。2017年10月にスラバヤ国立大学（UNESA）とマナドー国立大学（UNIMA）で授業研究会が開かれ、合わせて約600名の教員等が受講した。Expert Supervisorとして参加した筆者は講演の中で指導案作成と独創的な手作り教材開発の意義を述べ、過去の授業研究会で発表されたインドネシアの優れた取り組み（Good Practice）を紹介した。さらにスラバヤ国立大学が全国の拠点となり、特別支援教育学校現場における優れた取り組みを全国津々浦々の特別支援学校およびインクルーシブ学校の教員と共有できるシステム（Sharing System）の整備を提案した。研究授業はスラバヤ市内にある私立のガルー・ハンダヤニ・インクルーシブ学校が担当した。同学校は、授業研究の開発で先導的な役割を果たしているモデル学校である。閉会後に受講生へ参加修了証と単位認定証が授与された。この授業研究会は小規模であるが、スラバヤ国立大学が他大学及び私立学校等と連携して継続させ、2017年10月に14年目を迎えた。マナドーではマナドー国立大学（UNIMA）が主催した授業研究会が行われ、現地のインクルーシブ学校の教員が手作りの教材を使って授業を行った。これを契機に同大学が中心となって北スラウェシ

州の学校で授業研究会を継続的に開催していくことを期待している。2004年の第1回から2017年の授業研究会まで少なくとも約5000人の現職教員が参加修了証と単位認定証を手にしたと推察される。このように大学と学校現場が連携したインドネシア方式の授業研究会が定着しつつある。筆者らは日本の授業を紹介するために日本の現職教員の授業を2004年から2008年にかけて年に1回バンドン、スラバヤ、パダン、スラカルタ、ジョグジャカルタで行った（中田・Djadjaほか、2010；中田、2013；2016）。5年間のプロジェクトが終了するとスラバヤ国立大学がこの授業研究会を引き継ぎ、学校現場と一体となって学びの共同体としての授業研究会を開発中である。

　国際機関の支援プロジェクトによって構築された教員研修制度が軌道に乗り始め、基礎教育段階の教員の約80％から90％がS1資格を所有するまでになった。また、行政機関の行政能力が向上し、約295万人という莫大な数の教員が参加する能力検定試験を管理運営し、実施するまでになった。これは教員研修制度を担当する行政組織の基盤が堅固になってきたからこそ可能になったと考えられる。中央政府と地方政府を結ぶ行政組織間の連携が円滑に進んでいることの表れでもある。それは、インドネシア教育統計短報（Indonesia Educational Statistics in Brief）がネット上に公表されるようになったことからも窺われる。

　Bjork（2013）とOECD/Asian Development Bank（2015）の報告では、教員研修プロジェクトの効果が学校現場で希薄であると指摘されているが、教員研修の効果が教員の日々の活動に表れるまでには一定の時間が必要である。オランダ統治時代から続く教員主導型の教育方法を教員研修によって一新することは容易でない。教員が研修で経験した事柄を実践場面で生かすには学校の全教員が教員研修の内容に理解を示し、学校全体で研修に参加した教員を支援する体制を整える必要がある。そうでないとその教員は研修で学んだ実践的な方法を適用する機会を失うことになる。

　インドネシアの教員研修は、S1未取得の教員の資格向上を図ることに重点が置かれていた。それが実を結びいまでは基礎教育段階のS1教員資格認定者が8割以上を占めるようになった。それにともなって教員研修の目的

168

がS1取得教員への定期的な能力検定の実施とともに継続的に専門性の維持・向上を図る方向へとシフトしている。教員研修プログラムには実践面が重視され、教員の力量向上を図る内容で構成され、教員に対する教員研修参加の便宜を図る工夫と配慮が見られる。資格向上を図り、給与を上げても生徒の学力向上と教師の能力（Competency）向上、教員の出勤状況の改善、教員の副業減少などへの効果は少ないとする報告があるが（Prita Nurmalia Kusumawardahani, 2017）、研修の効果は徐々に表れ始めている。

　インドネシア教育文化省は１万数千の島々の教育行政を統括し、長年に亘って教員の質向上に努めている。毎年開かれる授業研究会に参加して感じるのは参加者の熱意と意気込みであり、インドネシア方式の授業研究が身近な存在として受け入れられ、教員の間で広く認知されつつあることである。

　インドネシアの教員研修の取り組みは、南南教育協力に適用可能な構造と機能を備えた教育開発モデルとして検討に値すると考える。

参考文献

Bjork, C. (2013) Teacher training, school norms and teacher effectiveness in Indonesia. In Daniel Suryadarma and Jones, G. W. (eds.), *Education in Indonesia*, Institute of Southeast Asian Studies, pp. 53-67

Eka Koesuma（2015）「インドネシア共和国における教員・教職員資源管理システム」、（筑波大学大学院研究生未発表資料）

Kristiansen, S. and Pratikno (2006) Decentralising education in Indonesia. *International Journal of Educational Development*, 26,pp. 513-531

MOEC (2017) *Indonesia Educational Statistics in Brief 2016/2017*, http://publikasi.data.kemdikbud.go.id/uploadDir/isi_525ACC29-BCEE-432D-8BB2-194BCCAE107E_.pdf#search=%27inndonesia+educational+statistics+in+brief+20162017%27

牟田博光（1987）「インドネシアの義務教育就学率」、日本比較教育学会紀要、1987（13）、92－99頁

中田英雄・Djadja Rahardja・Juhanaeni・Sujarwanto・Budyanto・Asep A. Sopandi・Munawir Yusuf・Sparno・Lalan Erlani (2010) 「日本・インドネシア国際協働授業研究会の効果」働態研究の方法、人類働態学会、79-82頁

中田英雄 (2013)「特別支援教育における国際協力の展開と課題」、村田翼夫・上田学編著『現代日本の教育課題、21世紀の方向性を探る』東信堂、57 – 68頁

中田英雄 (2016)「インドネシア、アフガニスタンにおける障がい者の教育普及」、村田翼夫編著『多文化社会に応える地球市民教育、日本・北米・ASEAN・EUのケース』ミネルヴァ書房、264-267頁

Nielsen, H. D. (1998) Reform to teacher education in Indonesia: Does more mean better? *Asia Pacific Journal of Education*, 18(2), 9-25

OECD/Asian Development Bank (2015) Education in Indonesia, Rising to the Challenge. OECD Publishing, Paris

Prita Nurmalia Kusumawardhani (2017) Does teacher certificate program lead to better quality teachers? Education Economics, 25(6), pp. 590-618

Sumar Hendayana (2007) Development of INSET model for improving teacher professionalism in Indonesia. *NUE Journal of International Educational Cooperation*, 2, pp.97-106

薮田みちる (2010)「インドネシアにおける中学校の教員の質の現状と課題」、財団法人国際開発センター自主研究事業、http://www.idcj.or.jp/pdf/idcjr200902.pdf

Yeom, M., Acedo, C. and Erry Utomo (2002) The reform of secondary education in Indonesia during the 1990s: Basic education expansion and quality improvement through curriculum decentralization. *Asia Pacific Education Review*, 3(1), pp. 56-68

第Ⅳ部
学校と地域

　学校と地域の協力関係に焦点が当てられている。まず、東北タイとラオスにおける学校と寺院の教育協力関係を実態調査に基づき浮き彫りにした。地域住民が寺院を通して学校に協力する様式は興味深い。開発途上国において障害児教育用の学校施設は不足がちである。それを補うベトナムにおける学校外の教育施設は適用性を持つ。さらに、南タイの「平和センター」におけるイスラーム教徒と仏教徒の職業訓練や山羊・牛の飼育などの協働作業は、異文化理解、多文化共生の観点からも有意義な論述である。いずれも有力な教育モデル性を有している。

第10章　東北タイ・ラオスにおける小学校と寺院の教育協力

平良那愛

1.　はじめに

(1)　本稿の目的

　東南アジアの仏教国では、仏教寺院と国公立学校が各種の協力を行っており、それは東南アジアの一大特色ではないかと思われる。本稿では、東北タイとラオスにおける小学校と仏教寺院（以下、「寺院」）の教育協力の実態を、主に 2012 年に東北タイとラオスで実施した現地調査の結果から考察する[1]。本稿ではまず、学校と寺院の協力関係の背景にあると思われる人々の「学校観」「寺院観」について述べ、つづいて学校と寺院の教育協力の実態を考察した。まとめとして、調査結果から、学校と寺院の教育協力が東南アジアの教育開発モデルになり得る可能性について言及した。

171

(2) 背景

1) タイにおける仏教と教育のかかわり

タイは国民の9割以上が仏教徒である。1997年タイ国憲法の第37条によると、国民による信仰の自由が認められているが、第9条で国王は仏教徒でなければならず、また国王は宗教の擁護者であると定められている。

タイでは近代以前の13世紀から、伝統的に教育は仏教、寺院、僧侶と密接な関係を持ちながら発展してきた歴史がある。寺院での教育は、近代学校とは異なり非組織的で個人的なものであり、その目的は学習自体や個人の人格形成で、近代教育のように経済生活に必要な知識や職業・技術の訓練の場ではなかった。寺院は、子どもが道徳的な規範を身につけた社会生活を送るための準備を行う地域学校でもあった[2]。

タイの国民教育の歴史を概観すると、1960年代以前を国民教育の準備期、1960年代以降を国民教育の開始期、1978年以降を国民教育の完成期と捉えることができる[3]。戦後の1960年代以降、サリット政権によって教育改革が行われた。この教育開発政策で着目すべきは、「開発国家の精神的基盤としてタイ的原理（ラック・タイ）を強調し、国王への忠誠意識の形成と仏教信仰の国民的普及を目指した[4]」ことであった。ラック・タイとは、タイの国家三原則である民族共同体、国王、宗教を指す[5]。ラック・タイの原理を用いてタイ人に国民アイデンティティを持たせる国民教育政策が開始された[6]。このように、仏教が国民形成のツールとして用いられてきたことが、タイにおける仏教と教育のかかわりを考える上で特徴的である。

2) ラオスにおける仏教と教育のかかわり

2005年の統計ではラオス国民の仏教徒の比率は67%、キリスト教徒1.5%、イスラム教徒とバハーイー教徒が1%未満、その他30.9%である[7]。宗務を管理するラオス建国戦線によると、その他の約3割の人々は祖先や精霊崇拝者である[8]。従って現在概ね国民の約7割弱が仏教徒であるといえる。

現在のラオスの仏教は、14世紀に持ち込まれたとされる。ラオスと東北タイで教育地理学的研究を行った岡田氏によると、仏教信仰の伝統を持つタ

イ、カンボジア、ミャンマーと同様に、ラオスの教育もまた近代以前から行われていた寺院における「仏教的道徳規範の習得を中心とした識字教育」に遡ることができる[9]。タイと同様、ラオスでも教育は、仏教信仰と密接な関係を持ちながら発展してきた歴史があるといえる。

　ラオスの国民教育発展の歴史を概観すると、教育制度の整備が本格的に着手されるのは1975年のラオス人民民主共和国成立後のことである。第二次世界大戦後フランスはラオスの再占領を果たし、1946年に寺院での教育と一般の学校を統合、1951年には3年生までの初等教育を義務教育としたが、地方までは行き渡らず、寺院における伝統的な教育が続いた[10]。ラオスは1954年に独立を果たすものの、その後もインドシナ半島の混乱や内戦の影響によって、1975年まで教育制度の整備が本格的に着手されることはなかった。

　1975年のラオス人民民主共和国成立後、1979年の自由化政策が打ち出されるまで、仏教は様々な制約を受けることになったという見方がある[11]。しかし1980年以降、ラオスの仏教は自由化政策の下で社会主義との共存の道を歩んでいる。1991年に制定された憲法では宗教の信仰および不信仰の自由が認められ、制度的に宗教の自由が認められるようになった[12]。他方、仏教を含む全ての宗教は、党が組織するラオス建国戦線の宗教局の保護と監督下に置かれている。ラオスの統一サンガ組織であるラオス仏教連盟の規則では、仏教連盟の成員の義務として仏教の経と律を学習すること、国民を教育して国家の発展に貢献することなどを掲げている[13]。ラオスにおいて仏教は、国家の発展と国民の教育に貢献すべきだという位置付けである。

2.　現地調査の概要

　2012年9月〜10月にかけて、小学校と寺院の教育協力の実態と、その背景にあると思われる人々の学校観・寺院観に関する現地調査を行った。対象地は、東北タイのコーンケーン県とウドンターニー県、ラオス北部のウドムサイ県、中部のビエンチャン県、南部のサラワン県であった。ラオスの調査対象地域における文化的背景の違いの一つとして、少数民族の比率がウドムサイ県、ビエンチャン県、サラワン県でそれぞれ8割弱、0.5%、4割弱[14]と異

なっていた。

　東北タイ2県における調査対象の教育地区、郡、村、小学校は表1のとおりであった。タイの地方レベルの初等教育行政機関は、教育地区である[15]。ラオス3県における調査対象の郡、県教育局、郡教育事務所、小学校は表2のとおりであった。ラオスでは、郡教育事務所が初等教育事業の実質的な運営・管理を担う初等教育行政機関である[16]。調査対象校は全て国公立校[17]であった。調査方法は、質問紙調査による定量調査と、それを補完するための半構造化インタビュー調査も実施した。質問紙調査の対象は表3のとおり、東北タイでは合計76人、ラオスでは合計103人であった。

　なお、ラオスにおける小学校と寺院の教育協力の実態については、2010年にビエンチャン都、ビエンチャン県、ボリカムサイ県（全てラオスの中部に位置）の教育局、郡教育事務所、小学校、小学校が位置する村の村長と最寄りの寺院住職に対して行った半構造化インタビュー調査の結果も加えて考察した（表4参照）。

　調査対象の県の数、調査対象人数が限られていることから、調査結果を広く東北タイ、ラオスにおいて一般化することは難しいが、いくらかの傾向を把握することはできるものと思われ、調査結果を取りまとめた。

表1（東北タイ）調査した県、教育地区、郡、村、小学校（2012年）

県	教育地区	郡	村	小学校
コーンケーン県	第1教育地区 （県庁所在地を含む教育地区）	ムアン （県庁所在地）		
	第2教育地区 （県庁所在地を含まない教育地区）	バーンパイ郡	コックデーン no.22村	a校
		バーンヘート郡	コックサムラン no.14村	b校
ウドンターニー県	第1教育地区 （県庁所在地を含む教育地区）	ムアン （県庁所在地）		
	第2教育地区 （県庁所在地を含まない教育地区）	グンパワピ郡	ソムブワイ村	c校
		プラチャックシンラパコム郡	ノンブック村	d校

第Ⅳ部　学校と地域

表2（ラオス）調査した県、郡、県教育局、郡教育事務所、小学校（2012年）

県	郡	県教育局	郡教育事務所	小学校
ウドムサイ県	サイ郡（県庁所在地）	ウドムサイ県教育局	サイ郡教育事務所	A校
	ベーン郡		ベーン郡教育事務所	B校
ビエンチャン県	ビエンカム郡（県庁所在地）	ビエンチャン県教育局	ビエンカム郡教育事務所	C校
	ポンホン郡		ポンホン郡教育事務所	D校
サラワン県	サラワン郡（県庁所在地）	サラワン県教育局	サラワン郡教育事務所	E校
	ラオガム郡		ラオガム郡教育事務所	F校

表3　質問紙調査の対象（2012年）

東北タイ

回答者 ＼ 県	コーンケーン県	ウドンターニー県	合計
教育地区行政官（県庁所在地を含む教育地区）	8人	6人	14人
教育地区行政官（県庁所在地を含まない教育地区）	6人	8人	14人
小学校長	2人	2人	4人
教員	7人	12人	19人
村長・村人	14人	11人	25人
合計	37人	39人	76人

175

ラオス

県・省 回答者	ウドムサイ県	ビエンチャン県	サラワン県	合計
県教育行政官	5人	8人	7人	20人
郡教育行政官	11人	13人	12人	36人
小学校長	2人	2人	2人	6人
教員	9人	11人	9人	29人
村長・村人	4人	2人	6人	12人
合計	31人	36人	36人	103人

表4（ラオス）調査した県、郡、県教育局、郡教育事務所、村長・住職、小学校（2010年）

県	郡	県教育局	郡教育事務所	村長・寺院住職	小学校
ビエンチャン都	サントン郡	ビエンチャン都教育局	サントン郡教育事務所		ア校
	シーサタナーク郡		シーサタナーク郡教育事務所	サパントンヌア村長	イ校
	サイタニー郡			サパンムック村の住職	＊（ウ校）
ビエンチャン県	フアン郡	ビエンチャン県教育局	フアン郡教育事務所	ナガーン村の住職	エ校
	ビエンカム郡 （県庁所在地）		ビエンカム郡教育事務所		オ校
ボリカムサイ県	ボリカム郡	ボリカムサイ県教育局	ボリカム郡教育事務所	フアイクン村の村長・住職	カ校
	パクサン郡 （県庁所在地）		パクサン郡教育事務所	ポサイ村の住職	＊（キ校）

＊「ウ」校と「キ」校では調査を行えなかったため、学校から最寄りの寺院住職からの
聞き取り内容を調査結果に反映した。

3. 東北タイ・ラオスにおける学校観・寺院観
(1) 東北タイにおける学校観・寺院観
1）東北タイにおける学校観

地方教育行政官、小学校長、教員、村長・村人の計76人に「小学校は誰のものだと思うか」尋ねた。回答内容から、人々はどのように小学校を捉えているか考察した[18]。

「小学校は誰のものだと思うか」について図1に挙げた6つの選択肢の中から最もあてはまると思われるものを1つ選んでもらった[19]。全体平均比率では、小学校は「村人のもの」(67.1%)、「地域のもの」(61.8%) が最も高かった。「その他」の回答で最も多かったのは、「みんなのもの」であった。a校の校長は、「学校はみんなのもの。例えばこの学校のサッカー場は生徒だけでなく誰でも使うことができるのだから」と話してくれた。県別にみても、コーンケーン県、ウドンターニー県ともに「村人のもの」(順に67.6%, 66.7%)、「地域のもの」(順に59.5%, 64.1%) が最も高く、2県の間で目立った相違はみられなかった(図1参照)。

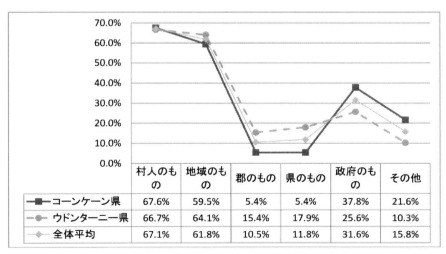

図1　東北タイにおける小学校観

177

タイでは戦前の義務教育確立期、村人の学校への関心は低かった。戦後の1950年代後半から60年代にかけての義務教育普及期においても、村人は政府や県・郡などの地方公共団体が責任を持つ学校への興味・関心は高くなく、村人が学校へ直接的に支援を行うことはほとんど無かった[20]。かつてタイでは学校は「政府のもの」という意識が強かったであろうと推察できるが、近年、東北タイの2県において「村人のもの」「地域のもの」といった学校観に変化してきている実態がうかがえる。

2) 東北タイにおける寺院観

タイにおける寺院は、人々の教育活動や生活に密接に関係している。では、実際に人々の言葉で寺院はどのような存在であると表現されるのか。地方教育行政官、教員、村長・村人の計76人に、寺院について次の2つの観点から尋ねた。(1)「寺院は誰のものだと思うか」、(2)「回答者は寺院のために何か協力したことがあるか」。協力したことがある場合は、「どのようなことをしたか」。人々の寺院観を分析するとともに、2県の間で類似点や相違点がみられるか考察した。

まず、(1)「寺院は誰のものだと思うか」について図2に挙げた6つの選択肢の中から最もあてはまると思われるものを1つ選んでもらった[21]。全体平均比率では、寺院は「村人のもの」(68.4%)、「地域のもの」(65.8%)が最も高かった。その他の選択肢は低かった。「その他」の回答で最も多かったのは、「みんなのもの」という回答であった。図2にみられるように、県別ではコーンケーン県は「村人のもの」を、ウドンターニー県は「地域のもの」をトップに挙げた（順に73.0%, 66.7%）。東北タイの2県において、小学校観と同様に、寺院も「村人のもの」、「地域のもの」と考えられる傾向にある。

つづいて、(2)「貴方は寺院のために何か協力したことがありますか」と尋ねた結果を示したのが図3である。協力したことがあると答えた回答者には、図に示した7つの選択肢[22]からあてはまるものを全て挙げてもらった。全体の96.1%もの人々が、寺院へ何らかの協力を行った経験があることがわかった。

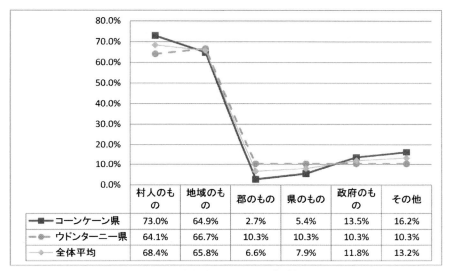

図2　東北タイにおける寺院観

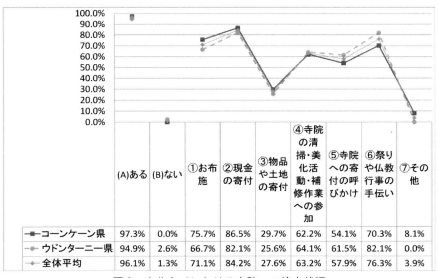

図3　東北タイにおける寺院への協力状況

協力内容をみると、全体として「②現金の寄付」(84.2%) が最も高く、次いで「⑥祭りや仏教行事の手伝い」(76.3%)、「①お布施」(71.1%)、「④寺院の清掃・美化活動・補修作業への参加」(63.2%)、「⑤寺院への寄付の呼びかけ」(57.9%) の順に高かった。

東北タイの小学校観と寺院観をまとめると、人々は小学校と寺院をともに「村人のもの」、「地域のもの」と捉える傾向にある。小学校はかつて地方公共団体が責任を持つもので、村人の学校への興味・関心は高くなかった。今日、東北タイの村人は小学校を自分たちのものと捉えているようだ。大多数の住民が、寺院に対して何らかの協力をした経験があり、その内容は現金の寄付が最も普及していた。

(2) ラオスにおける学校観・寺院観

前述の東北タイの調査と同様に、ラオスの人々の小学校観と寺院観の実態を、質問紙調査とインタビュー調査の結果から考察した。

1) ラオスにおける学校観

ラオスの地方教育行政官、小学校長、教員、村長・村人の計 103 人に彼らの小学校観を尋ねた。調査結果からラオスの小学校観の傾向を分析した。「小学校は誰のものだと思うか」について図 4 に挙げた 6 つの選択肢の中から最もあてはまると思われるものを 1 つ選んでもらった[23]。全体平均比率では、小学校は「地域のもの」(38.8%) が最も高く、次いで「郡のもの」(37.9%)、「村人のもの」(35.9%) であった。それ以外の選択肢の比率は低かった。県別にみると、首都から離れたウドムサイ県とサラワン県では「郡のもの」が最も高く (順に 38.7%, 50.0%)、ビエンチャン県では「村人のもの」(41.7%) が最も高かった (図 4 参照)。

東北タイと比較すると、東北タイでは過半数の人々が小学校を「村人のもの」「地域のもの」と捉えていた (順に全体平均比率 67.1%, 61.8%)。「県のもの」「郡のもの」の比率は低かった。一方、ラオスでは小学校は概ね、「地域のもの」、「郡のもの」、「村人のもの」のいずれかに捉えられているようであっ

第Ⅳ部　学校と地域

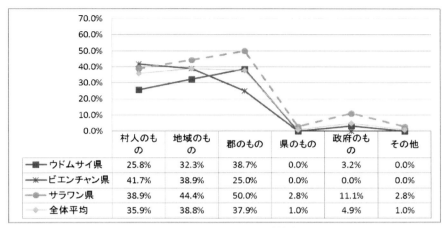

図4　ラオスにおける小学校観

た。東北タイとの相違点として、ラオスでは「郡のもの」と考えられる比率が高い。ラオスでは、教育制度設計の初期段階から郡教育事務所が小学校を管理しており、郡教育事務所による小学校管理が定着しているためではないかと推察できる。

2) ラオスにおける寺院観

ラオスの寺院もまた、タイと同様に人々の教育活動や生活に根を下ろしている側面がある。他方、東北タイの調査地ではほとんどがタイ族で仏教徒であったのに対し、ラオスの調査地のウドムサイ県、サラワン県は少数民族の居住比率がそれぞれ8割弱、4割弱であり、必ずしも仏教徒ばかりではなかった。

このような背景の下、ラオスの人々の言葉で実際に寺院はどのような存在であると表現されるのか。地方教育行政官、小学校長、教員、村長・村人の計103人に、寺院について2つの観点から尋ねた結果を基に、寺院観の傾向を分析した。

まず、(1)「寺院は誰のものだと思うか」について図5に挙げた6つの選択

181

肢の中から最もあてはまると思われるものを1つ選んでもらった[24]。全体平均比率では、寺院は「村人のもの」(64.1%) が最も高く、次いで「地域のもの」(40.8%) であった。その他の選択肢は低かった。県別にみても3県ともにトップに「村人のもの」を、次いで「地域のもの」を挙げた。東北タイより仏教徒の比率が低いラオスでも東北タイと同様に、寺院は「村人のもの」、「地域のもの」と考えられる傾向にあるといえそうだ。

つづいて、(2)「貴方は寺院のために何か協力したことがありますか」と尋ねた結果を示したのが図6である。協力したことがあると答えた回答者には、図に示した7つの選択肢[25]からあてはまるものを全て挙げてもらった。ウドムサイ県、サラワン県は少数民族の比率がそれぞれ8割弱、4割弱と仏教徒の割合が必ずしも高くない。それにも関わらず全体の96.1%もの人々が、寺院へ何らかの協力を行った経験があることは興味深い。

協力内容をみると、全体として「②現金の寄付」(65%)、「①お布施」(58.3%) が最も高く、次いで「⑥祭りや仏教行事の手伝い」(28.2%)、「⑤寺院への寄付

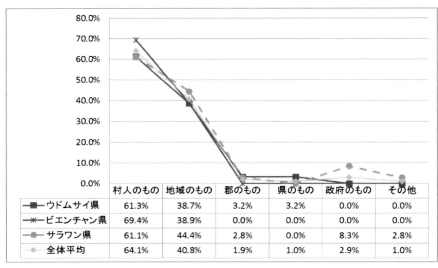

図5　ラオスにおける寺院観

の呼びかけ」(25.2%)、「④寺院の清掃・美化活動・補修作業への参加」(23.3%)の順に高かった。

　以上から、ラオスの寺院観は次のとおり集約できる。まず、ラオスでは東北タイと同様に寺院は「村人のもの」、「地域のもの」と考えられる傾向にある。さらに、東北タイと同様にほとんどの人々が寺院に協力した経験があり、その内容は現金の寄付とお布施が最も普及している。

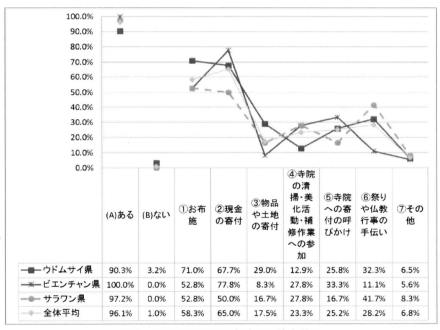

図６　ラオスにおける寺院への協力状況

4. 東北タイ・ラオスにおける学校と寺院の教育協力
(1) 東北タイにおける学校と寺院の教育協力

　小学校と寺院の教育協力の実態を把握するため、小学校と最寄りの仏教寺院の位置関係を尋ねた上で、教育課程・人事・予算・経営面において小学校

183

と寺院がどのような協力関係にあるか調査した。調査対象校と最寄りの寺院との位置関係は、表5のとおりであった。d校は寺院のすぐ隣に建てられていた。b校の最寄りの寺院は学校から半径300m以内にあった。a校とc校の最寄りの寺院は学校から半径約2km以内に位置していた。

表5　東北タイの調査対象校と最寄りの寺院との位置関係

		コーンケーン		ウドンターニー		合計
		a校	b校	c校	d校	校数
学校と最寄りの寺院の位置関係	①学校が寺院の敷地内にある。					0校
	②学校が寺院に隣接している。（すぐ隣にある）				1	1校
	③学校から半径約300メートル以内に、寺院がある。		1			1校
	④学校から半径約2キロメートル以内に、寺院がある。	1		1		2校
	⑤学校から半径約2キロメートル以内には、寺院が無い。					0校

＊該当する項目に、表中「1」を記入し網掛け表示した。

　教育課程・人事・予算・経営の4項目に関して学校が寺院とどのような関係や連携があったか11項目を設定し[26]、コーンケーン県とウドンターニー県の小学校各2校の校長に最近あったものをすべて選んでもらった（表6参照）。加えて、校長や、基礎学校運営委員会[27]の委員、村長などにインタビューし、どのような関係・連携があったか詳細を尋ねた。

　まず、調査を行った4校全校で該当したものは、次の3つであった。人事面の「④僧侶が、教育課程内や教育課程外で、仏教について教えた。又は、説教を行った」、予算面の「⑦学校環境の改善や学校活動実施のために、寺院が労働力を提供した」と「⑧学校環境の改善や学校活動実施のために、寺院が学校に資金・教材・道具等を寄付した」。特に、人事面と予算面で小学校と寺院との緊密な連携が行われていることがわかる。一方、4校とも該当しな

かったのは、「③僧侶が、教員の代わりに、タイ語や算数などの授業を行った」であった。タイではかつて僧侶が教員として読み書きや算数を教えてきた歴史があるが、近代学校の設立以降学校が寺院に代わって教育機能を果たすようになり、子ども達にとって僧侶の役目は仏教や道徳的価値を教えることに限定されてきたことが推察できる。

　次に、具体的にどのような関係や連携があったか、インタビューの結果を述べる。人事面の「④僧侶が、教育課程内や教育課程外で、仏教について教えた。又は、説教を行った」に関して、4校とも僧侶の重要な役割として仏教や道徳的価値を教えることを挙げた。a校では毎週木曜日の午前中に僧侶が仏教教科を教えにきている。a校の校長によると、「僧侶が果たしている最も大きな役割は、生徒が仁徳を身につけた良い人間になるための仏教教科を教えてくれることだ」とのことだった。b校の校長は、「タイ国民は誰でも僧侶の話によく耳を傾けるので、仏教教科や道徳的価値について、教員より僧侶が教える方が効果的だ」と話してくれた。

　予算面の「⑦学校環境の改善や学校活動実施のために、寺院が労働力を提供した」に関して、ウドンターニー県のc校では、僧侶が基礎学校運営委員会の委員長となり、学校の様々な活動をリードしていた。「⑧学校環境の改善や学校活動実施のために、寺院が学校に資金・教材・道具等を寄付した」に関して、a校では毎年僧侶が生徒への奨学金（年間1人あたり1000バーツ）を支給しているとのことであった。

　4校の中で最も寺院に近いb校とd校では、人事面で「⑤生徒を寺院に学びに行かせた」、経営面で「⑩学校が行事や祭りのときに寺院の敷地を借りた」という、他の2校には見られない学校と寺院の密接な協力関係があった。さらに、寺院に隣接するd校と寺院の間には、「③僧侶が、教員の代わりに、タイ語や算数などの授業を行った」を除く9項目全てにおいて関係があった。

　以上の結果から、小学校と僧侶・寺院は、第1に児童生徒をよき人間に育てるといった観点から、人事面で協力し合っていることがわかる。小学校は、児童生徒に仏教や道徳的価値、マナーなどを教えるために、信頼や尊敬のある僧侶・寺院の力を活用している。仏教や道徳といった寺院・僧侶ならでは

の得意分野で教育発展に貢献しているといえる。タイでは僧侶は基礎学校運営委員会のメンバーでもある。予算面でも、寺院や僧侶は、物品や労働力を提供している。さらに、寺院に隣接する小学校では他の学校以上に、教育課程から人事、予算、経営面におけるまで両者の密接な協力関係がみられた。

表6　東北タイにおける小学校と寺院・僧侶との連携

		コーンケーン		ウドンターニー		合計	
		a校	b校	c校	d校	校数	％
教育課程	①僧侶が学校カリキュラムに対して意見を述べた。				1	1校	（25%）
	②寺院から学校カリキュラム改善のために地域に関する情報を集めた。				1	1校	（25%）
人事	③僧侶が、教員の代わりに、タイ語や算数などの授業を行った。					0校	（0%）
	④僧侶が、教育課程内や教育課程外で、仏教について教えた。又は、説教を行った。	1	1	1	1	4校	（100%）
	⑤生徒を、寺院に学びに行かせた。		1		1	2校	（50%）
	⑥生徒を、寺院の清掃や祭事の手伝いに行かせた。			1	1	2校	（50%）
予算	⑦学校環境の改善や学校活動実施のために、寺院が労働力を提供した。	1	1	1	1	4校	（100%）
	⑧学校環境の改善や学校活動実施のために、寺院が学校に資金・教材・道具等を寄付した。	1	1	1	1	4校	（100%）
経営	⑨僧侶が、地域住民に学校への協力を呼びかけた。			1	1	2校	（50%）
	⑩学校が、行事や祭りのときに寺院の敷地を借りた。		1		1	2校	（50%）
その他	⑪その他					0校	（0%）

＊「あった」と回答した項目に、表中「1」を記入し網掛け表示した。

（2）　ラオスにおける学校と寺院の教育協力

　　東北タイの調査と同様に、小学校と寺院との教育協力の実態を、教育課程・

第Ⅳ部　学校と地域

人事・予算・経営面において考察した。

調査地の13校と最寄りの寺院との位置関係は、表7のとおりであった。「イ」校は寺院の敷地内に建てられ、C校は寺院のすぐ隣に建てられていた。

表7　ラオスの調査対象校と最寄りの寺院との位置関係

		2012年調査							2010年調査						
		ウドムサイ県		ビエンチャン県		サラワン県		ビエンチャン都			ビエンチャン県		ボリカムサイ県		合計
		A校	B校	C校	D校	E校	F校	ア校	イ校	ウ校	エ校	オ校	カ校	キ校	校数
学校と最寄りの寺院の位置関係	①学校が寺院の敷地内にある。								1						1校
	②学校が寺院に隣接している。(すぐ隣にある)			1											1校
	③学校から半径約300メートル以内に、寺院がある。		1								1	1	1		4校
	④学校から半径約2キロメートル以内に、寺院がある。	1				1	1	1					1	1	6校
	⑤学校から半径約2キロメートル以内には、寺院が無い。														0校

＊該当する項目に、表中「1」を記入し網掛け表示した。あ校と寺院との距離は不明のため空欄とした。

寺院の敷地内に建てられた小学校（ビエンチャン都）

小学校に隣接する寺院（ボリカムサイ県）

寺院と小学校の協力関係について、全体的に最も協力しているのは、東北

187

タイと同様に人事面と予算面であった。人事面では、半数以上の学校で、「⑥生徒を寺院の清掃や祭事の手伝いに行かせている」。しかし同じ人事面でも、ラオスでは東北タイのように「④僧侶が、教育課程内や教育課程外で、仏教について教えた。又は、説教を行った」は、首都を除き行われていなかった。予算面では、13校中8校で、「⑧寺院が学校に資金・教材・道具などを寄付している」。この傾向は、特にビエンチャン都と中部のビエンチャン県、ボリカムサイ県でみられた。

　人事・予算面における具体的な協力内容は次のとおりであった。寺院に隣接しているビエンチャン県のC校では、学校が寺院から資金や本の提供を受けたり、生徒が寺院の水道、トイレ、電源を使用させてもらうなどしていた。学校も寺院に建物建設のためのセメント購入資金を提供したり、生徒達が寺院の清掃や仏教祭事の手伝いに行ったりと相互に協力しあっていた。寺院の敷地内に学校があるビエンチャン都の「イ」校では、教員不足の際に学校が郡教育事務所の許可を得て僧侶に英語や仏教的価値観・態度を教えてもらうなど、人事面でのより活発な協力が行われている。「イ」校のあるシーサタナーク郡の教育事務所によると、「寺院と小学校の関係は非常に密接である。人々は徳を積むために寺院に寄付をし、小学校は寺院に学校建設や学用品購入のための寄付を請う。このような、徳を積むことで来世での幸福を得られるという人々の信仰から、小学校への支援は寺院を介することによりうまく機能している」との説明があった。他方、ボリカムサイ県のパクサン郡では、人々がそれほど寺院へ寄付・支援しないため、寺院や僧侶が学校に協力するのは限界があるとの見解であった。寺院がどの程度小学校に協力できるかは、人々から寺院への寄付の状況、寺院の経済状況にもよることが理解される。

　教育課程に関する協力が行われているのはサラワン県のE校のみで、全体としてはほとんど行われていない。E校では、寺院の役割についてローカルカリキュラムに取り入れるために、寺院から仏教や寺院についての情報収集を行ったとのことだった。また、経営面での協力は全体的にそれほど活発ではないが、サラワン県のE校やビエンチャン都の「イ」校などで、僧侶が地域

住民に学校への協力を呼びかけるといったことが行われている。

　以上から、ラオスでも東北タイと同様に、教育課程・人事・予算・経営のうち、主に人事・予算面での協力が活発な傾向にあるといえる。特に、学校が寺院の敷地内または隣接している場合、学校が寺院からカリキュラムに関する情報を集めたり、僧侶が学校に教えにきたりといったように、他の学校には見られない密接な協力がみられた。学校と寺院が距離的に近いほど、より密接な協力関係がみられた点は、ラオスと東北タイで共通していた。

表 8　ラオスにおける小学校と寺院・僧侶との連携

		2012年調査						2010年調査							合計	
		ウドムサイ県		ビエンチャン県		サラワン県		ビエンチャン都			ビエンチャン県		ボリカムサイ県			
		A校	B校	C校	D校	E校	F校	ア校	イ校	ウ校	エ校	オ校	カ校	キ校	校数	％
教育課程	①僧侶が学校カリキュラムに対して意見を述べた。														0校	(0%)
	②寺院から学校カリキュラム改善のために地域に関する情報を集めた。					1									1校	(8%)
人事	③僧侶が、教員の代わりに、ラオス語や算数などの授業を行った。								1						1校	(8%)
	④僧侶が、教育課程内や教育課程外で、仏教について教えた。又は、説教を行った。							1	1	1					3校	(23%)
	⑤生徒を、寺院に学びに行かせた。								1						1校	(8%)
	⑥生徒を、寺院の清掃や祭事の手伝いに行かせた。			1		1		1	1	1	1	1			7校	(54%)
予算	⑦学校環境の改善や学校活動実施のために、寺院が労働力を提供した。								1						1校	(8%)
	⑧学校環境の改善や学校活動実施のために、寺院が学校に資金・教材・道具等を寄付した。			1				1	1	1	1	1	1	1	8校	(62%)
経営	⑨僧侶が、地域住民に学校への協力を呼びかけた。			1		1							1		3校	(23%)
	⑩学校が、行事や祭りのときに寺院の敷地を借りた。	1										1			2校	(15%)
その他	⑪その他			1											1校	(8%)

＊「あった」と回答した項目に、表中「1」を記入し網掛け表示した。
　「ウ」校と「キ」校のみ、学校への聞き取りが行えなかったため学校から最寄りの寺院住職からの聞き取り内容を基にした。

5. まとめ―東南アジアの教育開発モデルの可能性―

　調査結果から、東北タイ・ラオスにおいて小学校と寺院の間で各種の教育協力が行われている実態を捉えることができた。特に、寺院の敷地に小学校があったり隣接していたりと距離的に近い場合、僧侶が学校に教えに来たり、学校が寺院の水道を借りたりといったような、日常的な協力が行われている様子がみられた。

　両国の共通点として、小学校と寺院の協力で最も一般的なのは、寺院が学校へ資金・教材・道具などを寄付し、生徒が寺院へ掃除などの手伝いに行くといった、予算・人事（労務）面での協力であった。両国の相違点は、東北タイでは全体として、生徒をよき人間に育てるといった観点から、人事面で小学校と寺院が協力する意識が高いことであった。小学校は、児童生徒に仏教や道徳的価値、マナーなどを教えるために、信頼や尊敬のある僧侶・寺院の力を活用している様子がみられた。他方のラオスでは、僧侶が道徳的価値を教えに行くといった協力は、首都のみでみられ限定的であった。

　小学校と寺院の教育協力が行われる背景には、両国における仏教・寺院と教育発展との歴史的な関係や、特にラオスでは学校における予算不足が深刻なことなど、様々考えられると思われる。本項では、調査結果から、人々の意識に着目し次の3点を指摘したい。1点目は、人々の学校観・寺院観である。東北タイ・ラオスの共通点として、学校も寺院も地域の人々にとって身近な存在である様子がうかがえた。それは、東北タイ・ラオスにおいて人々は学校、寺院を「村人のもの」「地域のもの」と考える傾向に現れていた。「国のもの」や「県のもの」と捉えられる割合は低かった。人々は、自分たちの物である寺院に寄付を行い、寺院は自分たちの物である学校に寄付や労務を提供しているのである。さらに、両国の調査地において、地域の人々から寺院への協力が広く行われている実態も明らかになった。両国において被調査者全体の95％以上が寺院に何らかの協力をした経験があり、東北タイでは80％以上、ラオスでは65％以上の被調査者が現金の寄付をした経験があった。このような人々の寺院観や慣習が、寺院が学校へ協力を行うための土台の一つになっている。

第IV部　学校と地域

　2点目は、「タンブン観念」が挙げられる。タイやラオスの仏教徒には、ブン（徳）を積むことによって将来や来世の自己の地位が向上できるという信仰観念があり、この観念は人々の日常生活に密接に関わっている。調査結果からは、村人が寺院や僧侶に対して協力を行う背景には、徳を積めば自分に戻って来るというタンブン観念があることがみられた。仏教徒にとって通念的な観念が、寺院への資金や物品の寄付を促し、寺院は村人からのタンブンなどを通して受け取った資金や物品の一部を学校に寄付していた。ラオスの調査でみられたように、寺院も「経済力」が無ければ学校へ協力することは難しい。人々のタンブン観念が寺院の「経済力」の大きな後押しの一つであろう。

　3点目に、寺院と学校の「互酬性」、お互い様といった助け合いの精神が挙げられる。調査結果からは、寺院が学校に土地や資金、物品などを提供したり、村人からの要望に応えて僧侶が児童生徒に仏教的価値観・態度について教えるといった協力が行われていた。特に、学校と寺院が隣接している場合、学校が寺院から水道やトイレなどを借り、学校からは生徒が寺院の掃除を手伝いに行くといった日常的な助け合いもみられた。こうした寺院と学校の助け合いの精神もまた、両者の教育協力の背景にあると思われる。以上の3点が、人々の意識に着目した上での、両国における学校と寺院の教育協力の背景に挙げられるであろう。

　本項では東北タイ・ラオスにおける寺院と学校の教育協力を取り上げたが、このように寺院と国公立学校との教育協力は日本ではあまりみられることではない。また、本稿では寺院と学校の教育協力の背景にあると思われる人々の「学校観・寺院観」、「タンブン観念」や「互酬性・助け合い精神」といった観念、慣行を指摘した。仮に、こういった観念、慣行が東南アジアの仏教国でいくらか共通してみられ、寺院の協力が公教育の一躍を担っているということになれば、それは教育開発の東南アジアモデルとしての可能性を秘めているといえそうだ。

参考文献（日本語文献）

石井米雄「宗教と世界観　3：サンガ組織」，綾部恒雄・石井米雄編『もっと知りたいラオス』，弘文堂，1996年

岡田良平「ラオ文化圏における農村社会の学校施設と進路選択の変容に関する教育地理学的研究―東北タイ・ビエンチャン平野農村の比較―」，博士論文，関西大学文学部，2008年

外務省「平成20年度外務省第三者評価　ラオス教育分野の評価（第三者評価：NGOとの合同評価）報告書」，2009年

平良那愛「ラオス人民民主共和国改正教育法（全訳）（2007年7月3日議決、同月17日公布）」京都女子大学『発達教育学研究』，第5号，2011年

平良那愛「ラオスの初等教育発展に向けた小学校と地域社会との連携―東北タイとの比較およびソーシャル・キャピタルの観点から―」，博士論文，京都女子大学大学院発達教育学研究科，2013年

野津隆志『国民の形成　タイ東北小学校における国民文化形成のエスノグラフィー』，明石書店，2005年

林行夫「宗教」，ラオス文化研究所編『ラオス概説』，株式会社めこん，2003年

星井直子「タイ教育行政分権化の展開にみる中央の新たな機能―権限の分散と委譲をめぐる地方学校のニーズ分析から―」，修士論文，筑波大学大学院，2006年

村田翼夫『タイにおける教育発展　国民統合・文化・教育協力』，東信堂，2007年

吉田香世子「北ラオス村落社会における出家行動と移動の経験―越境とコミュニケーションの動態の理解に向けて―」，『アジア・アフリカ地域研究第9-1号』2009年9月

（英語文献）

Department of Statistics-Ministry of Planning and Investment. (2005). *Census of Population and Housing 2005*, Lao PDR

（ラオス語文献）

改正ラオス人民民主共和国憲法，2003年

注

1　本稿は、筆者の博士論文「ラオスの初等教育発展に向けた小学校と地域社会との連携―東北タイとの比較およびソーシャル・キャピタルの観点から―」京都女子大学大学院発達教育学研究科，2013年に記載した内容を基に考察を加え加筆・修正したものである。

2　村田翼夫『タイにおける教育発展　国民統合・文化・教育協力』，東信堂，2007年，

第Ⅳ部　学校と地域

24-26頁。

3　野津隆志『国民の形成　タイ東北小学校における国民文化形成のエスノグラフィー』,明石書店, 2005年, 55-56頁。

4　前掲書,野津, 2005年, 64頁。

5　前掲書,村田, 2007年, 3頁。

6　前掲書,村田, 2007年, 134-149頁。

7　Department of Statistics-Ministry of Planning and Investment. (2005). *Census of Population and Housing 2005*, Lao PDR.

8　ラオス建国戦線宗務局仏教課長へのインタビューによる, 2012年10月。

9　岡田良平「ラオ文化圏における農村社会の学校施設と進路選択の変容に関する教育地理学的研究―東北タイ・ビエンチャン平野農村の比較―」,博士論文,関西大学文学部, 2008年, 107頁。

10　吉田香世子「北ラオス村落社会における出家行動と移動の経験―越境とコミュニケーションの動態の理解に向けて―」,『アジア・アフリカ地域研究第9-1号』2009年, 9-10頁。

11　林行夫「宗教」,ラオス文化研究所編『ラオス概説』,株式会社めこん, 2003年, 216-217頁。

12　改正ラオス人民民主共和国憲法 (2003)第43条。

13　石井米雄「宗教と世界観　3：サンガ組織」,綾部恒雄・石井米雄編『もっと知りたいラオス』,弘文堂, 1996年, 126頁。

14　外務省「平成20年度外務省第三者評価　ラオス教育分野の評価(第三者評価：NGOとの合同評価)報告書」, 2009年, 15頁。

15　タイでは地方分権化の文脈において1999年の国家教育法が制定された。同法で、国家レベルに初等教育と中等教育を管理・運営する基礎教育委員会が、地方レベルに教育地区が設置されることとなった。教育地区は、基礎教育と学位より低いレベルの高等教育の管理・運営を行う権限を持ち、学校の設置・統合・廃止の審議、地方公共団体との協働、環境にあったカリキュラム開発などを行うことになった(前掲書,村田, 2007年, 242-246頁)。

16　ラオス改正教育法第65条による (平良那愛「ラオス人民民主共和国改正教育法(全訳)(2007年7月3日議決、同月17日公布)」京都女子大学『発達教育学研究』,第5号,2011年)。

17　タイでは公立学校は法人化され法人学校になり、学校運営の自律性が与えられたとのことだが(前掲書,村田, 2007年, 242-247頁)、その内実はまだ調査段階のようであるため、本稿では便宜上「国公立学校」と総称した。

18　本稿では、地方教育行政官、教員、村長、村人など細かい職制別の比較考察は割愛

193

し、全体の傾向を捉えることに注力した。

19　選択肢から2つ選んだ回答者がいた。

20　村田翼夫『タイにおける教育発展　国民統合・文化・教育協力』，東信堂，2007年，286-288頁。

21　選択肢から2つ選んだ回答者がいた。

22　「お布施」は寺院や僧侶へ宗教的サービスの対価として差し出すお金等で、厳密には「協力」ではないかもしれないが、寺院にとっては、お布施が寄付とともに重要な寺院の資源になっているであろうと想像し、選択肢の中に含めた。

23　選択肢から2つ選んだ回答者がいた。

24　選択肢から2つ選んだ回答者がいた。

25　「お布施」は寺院や僧侶へ宗教的サービスの対価として差し出すお金等で、厳密には「協力」ではないかもしれないが、寺院にとっては、お布施が寄付とともに重要な寺院の資源になっているであろうと想像し、選択肢の中に含めた。

26　教育課程・人事・予算・経営の4つの大項目と各小項目の設定は、可能な限り星井直子「タイ教育行政分権化の展開にみる中央の新たな機能—権限の分散と委譲をめぐる地方学校のニーズ分析から—」，修士論文，筑波大学大学院，2006年の項目を参考に設定した。なお、星井は小学校と寺院の関係は直接の分析の対象としていない。

27　前述の1999年国家教育法により、公立学校および私立学校に基礎学校運営委員会が設置されることが規程された。同委員会は学校に対する補助だけでなく、学校評価など学校の教育活動に対する指導監督を行うことになった。同委員会のメンバーは、保護者・教員・地域社会組織・地方公共団体・同窓生・宗教団体の代表・有識者で構成される（前掲書，村田，2007年，242-246頁。）

第Ⅳ部　学校と地域

第11章　ベトナムにおける障害児教育の特色
　　　―ホアニャップ教育をめぐる
　　　学校外の活動に着目して―

白銀研五

1.　はじめに

　世界的な教育普及運動の展開を背景にしながら、近年地域において統一的な教育政策を策定しようとする動きが見られる。設立から半世紀を経た東南アジア諸国連合（the Association of Southeast Asian Nations, ASEAN）では、2016年に、学校に通えない子どもたちのための教育強化に関するアセアン宣言（ASEAN Declaration on Strengthening Education for out-of-school Children and Youth）が採択され、ASEANメンバー国は国際的な基準や責務に則りつつ国内の法律や政策を整備していくことを確認した。その鍵となる原理として包摂、公正、アクセス、継続性、質、柔軟性、持続性の7つが挙げられ、特に教育に関しては包摂に基づく教育としてインクルーシブ教育に焦点をあてる方針が掲げられている（同宣言3a）。

　インクルーシブ教育は、2006年国際連合総会で障害者の権利に関する条約（Convention on the Rights of Persons with Disabilities, CRPD）が採択された際、そのシステムの構築が締約国に求められたことから、教育に関する世界的な潮流の1つとなっている。この定義は多岐にわたるものの2008年にユネスコが主催した「教育に関する国際会議」では、「インクルーシブ教育は、男子・女子、少数民族の学生、HIV・AIDSに冒された子ども、障害者及び学習困難のある子どもを含めた全ての子どもたちに応じるために、学校と他の学習センターを変革させるプロセスである」とされた[1]。この基底には、障害という個人の身体的・精神的な特性だけを見るのではなく、そういった特性に付随して教育的疎外を引き起こす環境にも目を向けようとする考えがある。

195

しかし、ASEANのような人種、民族、宗教、文化等の多様性に富む地域共同体において、障害を含めた学校に通えない子どもの社会的包摂（social inclusion）に向けた統一的な指針が示されたことは評価される一方で、インクルーシブ教育の実施にあたっての具体的な方策が示されたわけではない。では、学校に通えない子どもの包摂をめぐる教育政策について、多様性を内包する地域共同体の指針はどのような活動と結びついているのだろうか。

　本章で取り上げるベトナム社会主義共和国（以下、ベトナム）は、教育が飛躍的に発展しつつあることとともに、従来戦争の災禍による障害が国際的な注目を集めたことでも知られている。世界障害報告書でも、ベトナムは1990年代に展開された障害児教育について「通常の学級で就学する障害児が30％から86％に増加」した事例として言及されている[2]。また、ベトナムは2010に障害者法を成立させ、インクルーシブ教育の制度化を図ってきた。ベトナムのインクルーシブ教育はホアニャップ教育と呼ばれ、障害者法で「教育機関で障害のある子どもを障害のない子どもと一緒にする教育の方式」と定義されている（第2条4項）。国際的な理念に鑑みて、ホアニャップ教育をインクルーシブ教育と同義に扱うかについては議論が分かれるものの、ベトナムでは可能な範囲で障害児教育が国の制度として整備されてきたと言える。

　以上を背景に、本章はベトナムにおける障害児教育の特色を考察することを目的とする。それをふまえ、ベトナムのインクルーシブ教育、すなわちホアニャップ教育をめぐって学校外で展開される活動に着目しながら、東南アジアの教育モデルに対する示唆を呈示する。

　なお、ホアニャップ教育についてはハノイ師範大学特殊教育学部長Nguyễn Xuân Hải による概念の検討や[3]、ベトナム教育科学院特殊教育研究センター所長 Lê Văn Tạc による障害児教育の展開とその変遷に関する考察といった研究があり[4]、研究成果が徐々に蓄積されてきている。しかし、こういった研究においては西欧や国際機関が提唱する理念やモデルを目指そうとするきらいがあり、自国の設備や制度の不十分さは指摘しても、国内の制度や活動に積極的な意義を見いだそうとする視点は見られない。そのため、ベトナムの障害児教育の特色を探る試みは、当該国の独自の取り組みからより

地域に根ざした教育モデルの構築に資する点で意義があると言える。

本章の構成は以下のとおりである。第2節で学校を中心とした障害児教育を概観した後、第3節で学校外の教育施設のなかで、特にセンターにおける障害児教育を分析する。そして、第4節でベトナムにおける障害児教育の特色を考察し、第5節において教育モデル構築に関する示唆を示す。

2. ベトナムの障害児教育制度と親の意識
⑴ ベトナムにおける障害児のための公的な教育制度

まずは、ベトナムの障害児数について確認したうえで、障害児教育の制度を見ていこう。

ベトナムの障害者は全国に約670万人いるといわれており[5]、障害児数に関しては約120万人とされている[6]。また、そのうち27%は知的障害、20%は肢体不自由、19%は言語障害、12%は聴覚障害、その他が7%、重複障害は13%、重度の障害は31%となっている[7]。発行元や年代によって資料のあいだには違いがあり[8]、表記された数値の整合性には課題があるものの、18歳以下のベトナムの障害児数は120万人程度であるとする資料が多い。また、就学している障害児に関しては、2012－2013年度にホアニャップ教育を受けた障害児は5万2,711人、特殊教育（giáo dục chuyên biệt）は1万6,000人とされている[9]。1990年代に「すべての特殊教育機関で教育を提供できたのは聴覚障害、視覚障害、学習困難の児童生徒2,000人」とされていたことから[10]、教育機会を得た障害児は増えてはいるものの、いまだ障害児の就学者数は限定的であることが窺われる。

次に、法律を主とした教育制度を見てみよう。2009年改訂の教育法では、公民の学習に関する権利と義務を謳った第10条で、国家は障害者を社会政策上の対象に含めて優遇することが規定されている。また、第63条では障害者のための学校や学級を整備するとともに、組織や個人によるそれら学校や学級の設立を奨励している。さらに、第26条で障害児や体力、知的発達が遅れている子どものために規定より上の年齢で就学ができることが示されている。そのため障害児については、国民教育制度における普通教育の対象とし

197

て位置づけられている。

　障害児の教育に関しては、障害者法でも規定されており、第2条では先述したホアニャップ教育の定義が示されている。ただし、実際は公立の学校であってもすべての学校が行えているわけではないうえに、障害児を受け入れつつも支援を行う教員の配置等の費用は親が直接負担する場合が多い。たとえば、ハノイ市で他校に先駆けてホアニャップ教育を行ったことで知られるマイ・ズィック小学校では学級に障害児を受け入れつつも担任とは別に支援を行う教員の費用は親が直接負担している。写真1はその教員が両脇の児童を支援している様子である。

写真1. マイ・ズィック小学校

　また、障害者法では障害者に対して特別に行う特殊教育、半ホアニャップ教育も示されている。この半ホアニャップ教育に関しては通常の小学校等で障害児だけを集めた学級を作り、校舎は一緒であるものの別々の教育を行う形式で実施されている。たとえば、ホーチミン市のチャン・コック・トアン小学校では同じ校舎に障害児だけのクラスを設けて、現実的で可能な限りのホアニャップ教育の実施が図られている。

　ただし、半ホアニャップ教育の名称自体はあまり認知されておらず、場所によっては「インテグレーション」や「セミ・インテグレーション」といったように、かつて統合教育として広まった用語があてられる場合がある。つま

り、法規上の名称は規定されているものの、半ホアニャップ教育が具体的にどういった教育形態を指すかは定められておらず、事実上、物理的に障害児を障害のない子どもを主とした学習の場で就学させるための段階的な措置として位置づけられている。

また、ベトナムにおいて障害児のために特殊教育を行う特殊学校は、日本の特別支援教育のように別の学校体系として規定されているわけではない。管轄も小学校等と同じ区・県の教育訓練室である。たとえば、ナム・ディン省にある障害児特殊学校の場合は小学校とは別に設立され、管轄は区の教育訓練室である。

一方でハノイ市の一部の特殊学校は、モデル校としての役割を担っており、区・県ではなくその上の省・直轄市の教育訓練局の管轄で障害のない子どもを受け入れてホアニャップ教育を行っている。写真2はその特殊学校の1つであるグウェン・ディン・チエウ盲学校の様子である。

写真2.　グウェン・ディン・チエウ盲学校

このようにベトナムの特殊学校は国民教育制度のなかに位置づけられながらその他の学校として障害児に対する教育を行ってきた一方で、近年ではグウェン・ディン・チエウ盲学校のように「教育機関で障害のある子どもを障害のない子どもと一緒にする教育の方式」の定義に則って特殊学校としてホ

アニャップ教育を行う学校もでてきている。

　また、基本的に学校は省・直轄市では教育訓練局、区・県では教育訓練室といったようにすべて教育訓練省を中心とした教育に関する行政組織が管理している。教育に関する行政組織について、Lê Thị Thúy Hằng（2009）によれば、2002年より教育訓練省と教育訓練局の下には障害児教育指導班が設けられている[11]。さらに、障害者法に基づいて2012年には教育訓練省と労働・傷病兵・社会省とが合同通達第58号を発行し、障害児の教育を専門的に扱うホアニャップ教育発展支援センターを各地に設立することを進めている。

　以上をまとめると、まずベトナムでは障害児のための教育はホアニャップ教育を中心にしつつも学校ごとの条件に見合うかたちで半ホアニャップ教育等の段階的な措置が講じられている。また、一部の特殊学校でも、障害のない子ども等を受け入れるかたちでホアニャップ教育が実施されている。さらに、必ずしも順調な展開を見せているわけではないが、これらの障害児の教育に関する行政組織として障害児教育指導班やホアニャップ教育発展支援センター等の専門的な部局や機関が設けられてきている。近年ようやくASEAN諸国ではインクルーシブ教育に関する合意が形成されつつあるなかで、ベトナムではホアニャップ教育が国家の主導によって精力的に進められ、独自の取り組みとして段階的な措置や特殊学校でのホアニャップ教育が進められてきたと言えるだろう。

　では、こういった国家主導ですすめられる障害児の教育に関して、当事者はどのようにこれを受け止めているのだろうか。そこで次項では、特に障害児の親に焦点をあて、ホアニャップ教育に関する意識を見ていきたい。

⑵　公的な教育制度に関する障害児の親の意識

　本項では、首都であることからハノイ市に焦点をあてて、都市部と郊外において行った質問紙調査の結果からホアニャップ教育に関する親の意識を探っていく。

　まず、ハノイ市における障害児の教育に関して特殊教育研究センター副所長 Phạm Minh Mục は一般的に小学校を主とした学校では、小さな教室におい

て１学級あたり約60名の児童が在籍しており、「彼ら（教員）は障害児を学級に受け入れたいと思ってはいない」と述べている。そして、特殊学校で就学した場合「彼ら（親）は他の親と（情報を）共有できるが、（ホアニャップ教育の場合）彼らは（他の親と情報を）共有できない」として、親はホアニャップ教育について必ずしも肯定的に受けとめいるわけではないとしている[12]。

　次にホアニャップ教育に関する親の意識を探るために、2013年8月30日から10月13日にハノイ市で母親を対象とした質問紙調査の結果を参照しよう。調査方法としては、まず記述式自由回答の質問紙を都市部と農村部に合計800部配布し、342部を回収した（回収率42.8％）。次に、子どもの保護・養護・教育法での子どもが16歳以下とする規定に従い（第1条）、対象を絞ったうえで（227部）、就学形態が無回答の質問紙16部を除き、これを分析対象のデータとした（211部）。その親の属性をまとめたものが表1である。

表1. 回答者（母親）の属性　　　　　　　　　　　　　　　　　　　　　　N＝

回答者の平均年齢			36.4歳			211
回答者の学歴	大学院	大学	短大	中学高校	その他	200
	15名	92名	18名	48名	27名	
障害児の平均年齢			7.3歳			211
兄弟姉妹		1人っ子：49名、2人兄弟姉妹：161名				210
家族形態		核家族：130世帯、拡大家族55世帯				185

　まず、親の年齢と障害児の年齢を見ると29歳前後で子どもをもった親が多いことがわかる。また、ハノイ市では約41.6％が後期中等教育以上を卒業しているとされる[13]。しかし、それをふまえても質問紙調査に回答した親の学歴はやや高めである。

　続いて親の記述を見ると、1人当たり平均約50単語で回答していた。この記述をAからEのカテゴリーに分けたうえで、障害のない子どもと教育を

受けさせている親を「ホアニャップ教育の親」、障害のある子どもだけと教育を受けさせている親を「特殊教育の親」として便宜的に類型化した。ただし、各類型の母数が異なり、回答によっては複数のカテゴリーにまたがる場合があるため、各類型の母数に対する比率を示した（表2）。

表2．ホアニャップ教育に関する記述式自由回答の結果

カテゴリー＼類型 (N = 211)	ホアニャップ教育の親 (N = 69)	特殊教育の親 (N=142)
A：発達等の効果・期待	31.9%（22）	34.5%（49）
B：「良い」等の肯定的価値観	31.9%（22）	27.5%（39）
C：ホアニャップ教育の説明	59.4%（41）	45.1%（64）
D：訴えや願望、必要性	39.1%（27）	47.9%（69）
E：否定的な意見	13.0%（9）	22.5%（32）

　表2のDやEの割合を見ると、Phạm Minh Mục が述べたように確かにホアニャップ教育に対して否定的な意見をもつ親の存在が確認できる。特に、この否定的な記述に着目すると、たとえば子どもにホアニャップ教育を受けさせる親は、以下のように回答している。

　現在のホアニャップ教育は、徹底して開発されていません。そこ（ホアニャップ教育の学級）で特別な子どもは、時々放っておかれます。なぜなら子どもの数は多すぎで、各教員はその特別な子どもの行為を管理することができないためです。

（都市部、32歳）

　また、ホアニャップ教育の効果や肯定的な価値判断に基づく記述はカテゴリーAやBのように多い一方で、Dのように教員の専門性や周囲の障害に

第Ⅳ部　学校と地域

対する理解の不足を訴える記述も多い。たとえば、以下のような回答がある。

　ホアニャップ教育は子どもの発達を支援するよい環境で、障害がない子ど
もとの交流に関する自信をつけさせます。しかし、通学、生活と学習はとて
も困難です。なぜなら、どの通常学校も障害者に適切な施設をつくるわけで
はありませんし、障害児の健康にも限界があり、(障害児を) 受け入れる (た
めの) 理解や障害のない子どものカリキュラムにアクセスすることには困難
があるためです。

（農村部、38 歳）

　さらに、この記述からは通常学校で行われるホアニャップ教育について、
障害児を受け入れる学校側の条件が十分でないことが窺われる。一方で、子
どもに特殊教育を受けさせる親の回答では、次のように記述されている。

　ホアニャップ教育は障害児のためにとても必要です。しかし、ベトナムで
はこの概念はまだ多くの人にとってかなり新しいものであり、この問題には
まだ多くの関心が向けられていません。障害児のための特殊学校について
は、特に自閉症児 (の学校) はまだ少数です。ハノイを拠点とする学校がわず
かにあるだけですが、全般的に私立学校であるため学費はかなり多く納めま
す。そのため、自閉症児を抱えている普通の生活水準である多くの家庭では、
子どもを学ばせる条件がなく、このことは子どもにとっての大きな不利益に
なります。それ以上に、ほとんどの学校ではいつも (教室に子どもを) 詰め込
みすぎてしまう状況です。

（都市部、38 歳）

　こういった回答から親は子どもに適切であると思える学校を見つけ出すこ
とが容易ではないと考えられる。またホアニャップ教育は理念として肯定的
に受け止められてはいるものの、その実態に関して親は必ずしも肯定的では
ないことが窺える。子どもの障害に適切に対応する学校を見つけること自体

203

が難しい状況にあるのだろう。さらに、子どもの友達や学習する機会に言及している回答を見ると、親はホアニャップ教育であるか否かよりも、その環境が子どもの発達にどのような影響を与えるかに関心のあることが推察される。

では、こういった学校教育の状況に対して、親はそれ以外の場でどのように子どもの教育を行っているのだろうか。そこで、次に障害児のための学校外の教育施設を見ていく。

3. 障害児のための学校外の教育施設

(1) 学校外の教育施設を探るための親へのインタビュー調査

まず、学校外の施設を探るうえで 2014 年 11 月 1 日から 11 月 23 日にかけてハノイ市において行ったインタビュー調査をデータとして参照する（表 3）。

表 3. インタビューを行った親の属性

類型	母親：22 名、父親：2 名	平均 37.0 歳
	障害のある子どもの親：16 名	
	障害のない子どもの親：8 名	
親の学歴	大学院卒 9 名、大卒 12 名、短大卒 1 名、高卒 2 名	
子ども	障害児：17 名（女子 2 名）	平均 8.5 歳
兄弟姉妹	1 人っ子：3 名、2 人：20 名、3 人：2 名	
家族形態	核家族 20 世帯、拡大家族 4 世帯	

なお、インタビューは 30 分から 1 時間半の半構造化面接を行い、識別記号としてアルファベットを付した。ベトナムでは障害者の介護は母親が多いとする指摘があり [14]、本調査においてもインタビューに対応した親のほとんどは母親であった。以下、このインタビュー調査で得られた親のデータを基にして、各学校外の教育施設について分析を行っていく。

第Ⅳ部　学校と地域

(2) 公的な機関には属さない私営学級

　まず、政府等の公的な機関には登録せずに、当事者である親や教員が非正規に友人、知人等の子どもを受け入れながら運営されている私営学級を見ていこう。

　私営学級は、親や特殊教育の教員等が個人的に民家を改築する等して学級を用意し、受け入れる子どもの親からの経費で運営されている。その１つがハノイ市の都心部から南に離れたホアン・マイ区でＹ副代表が運営する私営学級である（写真3）。

写真3．私営学級の様子

　Ｙ副代表の子どもは自閉症であり、ベトナムには自閉症を専門に扱う特殊学校が存在しなかったために、自らが中心になり2007年から運営をはじめた。当初受け入れた障害児は3名であったが、2012年調査時には2歳から16歳までの障害児20名を受け入れていた。子どもの状態や親の状況に応じて全日制、午後のみ、5時から6時のみの3つのコースが用意されている。ただし、公立の学校への就学が目指されるもののその接続が保障されているわけではなく、大半の子どもにとっては難しいと言う[15]。一方で親の評価は高く、親Ｆ（母、33歳）によれば親の待ち受けリストがあると言う。親Ｅ（母、48歳）もＹ副代表の活動について友人等を通して聞いており、設立を知った時点で子どもをこの学級に移すことを決めた。そして、「他の営利

205

目的のところではよりたくさんの子どもを受け入れようとしますが、ここでは22名か20名程度しかいません」として、非営利で少人数制を維持している点を評価していた。

　また、親Fによると、この私営学級の親のうち何名かが協力し合うことで、シンガポール共和国の医師に直接連絡をとり、ベトナムでは難しい障害児へのサービスを受ける等の活動を行ったこともあると言う。海外の情報やサービスへのアクセスに関わって、2013年におけるベトナムでのインターネットの個人利用率は約36.8%であり、2016年には約46.5%まで上昇している[16]。そのため、私営学級のような非正規の教育施設であっても親同士が協力し合うことで、公立の学校には望めない障害児のための情報やサービスを利用できる場合があると考えられる。

　ただし、非正規である私営学級はあくまでも親や教員同士の協働で成り立っているため、必ずしも質の高いサービスを利用できるわけではない。2013年調査では、ハノイ市の西湖の西側にある地区でも同様の私営学級が確認されており、運営者は大学で心理学を学んだ教員で、障害児の親が所有する家屋を借り受けて障害児のための私営学級を開いていた。この運営者が後に語ったところによると、この私営学級は親とのグループとして運営しており、運営者自身の教育方法等を試験的に用いていた。調査時点で教員6名、3歳から12歳までの9名の障害児を受け入れていた[17]。運営者は、私営学級の建物等について子どもの親からの支援を受けながら、自らが学んできた教授法を試験的な試みとして実施し、その効果を確かめようとしていた。後述するが、その後この私営学級は場所を移し、運営形態も新たにして障害児への教育サービスを提供するようになる。

　こういったことから、私営学級は、基本的に他の機関に属することなく、親や教員の協働を軸とした非正規の教育施設であると言えるだろう。

(3)　運営形態として営利に基づく民営センター

　次に、学校ではないものの公的な機関に登録を行い運営されるセンターを見てみよう。なお、センターのなかでも近年その数が増えているとされる、

政府機関に属さない民営センターに焦点をあてる。

　まず、ベトナムにおいてセンターといった場合は、障害と関連する領域に限定しても政府が直接に管理するセンターから、高等教育機関や研究所の機関として運営されるものまでさまざまである。先述した教育訓練省が管轄するホアニャップ教育発展支援センターは、そのうち政府が直接管理するセンターに位置づけられる。他にも、たとえばナム・ディン省には同省労働・傷病兵・社会局が管理する障害者職業訓練センターやベトナム教育科学院やハノイ師範大学に属する障害児への介入サービスを提供するセンターがある。

　一方、近年障害児の教育に関するさまざまな民営センターが増えてきている[18]。ただし、そういった民営センターについての確かな情報は少なく、利用者である親も望ましいものを探し求める状況にあり、統一的に把握されているわけではない。たとえば、親 A（父、37 歳）は以前利用したセンターは 1 か月で倒産したといい、「ある種のビジネスです。（中略）…多くの子どもを集められなかった。すべてではないにしても理解できます。成功しないかもしれないし、それは会社のようなものです。」と語っていた。また、親 P（母、33歳）は他の親から民営センターを紹介された。そして、この民営センターの質がより望ましいことがわかると、それまで利用していた民営センターにおける他の親に伝え、結果として 20 名程度が民営センターに子どもを移したと語っていた。このように民営センターをめぐっては不確かな情報に関わって、サービスの質や信頼性を願う障害児の親はより望ましい施設を強く望んでいる状況が窺える。

　こういった政府の機関に属さないで運営される民営センターにはいくつかの運営形態があることが確認されている[19]。そのなかで営利に基づいた形態である会社型の民営センターを見てみよう。

　アン・フック・タインセンターは 2010 年に設立された会社型の民営センターである。ただし、正式な登録名称は「有限会社特殊学校アン・フック・タイン」で、ハノイ市の計画投資局に登録されている。そのため、教育訓練省の指示や通達に影響されることはない。また、「特殊学校」と称してはいるが、2009 年改訂教育法第 63 条に規定されている特殊学校ではなく、あくまでも

「有限会社」として運営されている。一方で、会社として障害児のために、教育サービスや介入サービスを提供しており、親からの需要も大きい。同民営センターが対応する障害種別も、言語障害から自閉症、アスペルガー、脳性麻痺、発達遅滞等多岐にわたり、ハノイ市を含め、ハイ・フォン市、フン・イエン省等に合計5ヶ所でサービスを提供している。

ハノイ市内にある本部の建物は私営学級と同様に一般の家屋を改築し、看板を掲げただけの簡素な作りになっている（写真4）。しかし、この建物だけで6歳から10歳程度の子ども約40名がおり、おおよそ20名は寄宿しながら終日教育を受けるとともに、12名の教員が働いている。教員は主として心理学や特殊教育、初等教育等を専攻し、ベトナム国家大学人文社会科学大学、教育管理学院、ハノイ師範大学等の師範大学、そして中央師範短期大学を卒業したとされる。建物の上の階にはいくつかの教室が設けられており、算数等の簡単な教科のグループ学習から個別指導まで幅広い教育サービスが提供されている（写真5）。

写真4. アン・フック・タインセンター

写真5. 授業の様子

こういった初めから会社として設立された民営センターとは別に、私営学級から発展した民営センターもある。先述した西湖西側にある私営学級は、2014年3月からハノイ市計画投資局に「有限会社」として登録し、それまでの非営利の私営学級から、形態としては営利に基づいた会社として運営されるようになった。民営センターとなった名称は「有限会社ホアニャップ教育

カウンセリングソン・カー」(以下、ソン・カーセンター)である。厳密には、私営学級として運営されていた時期からセンターと呼ばれることはあったが、基本的に親同士の非正規の集まりであり、登録等もされていなかった。また、名称にホアニャップ教育が含まれていることからもわかるように、障害児のみを受け入れているわけではなく、障害のない子どもも受け入れながら施設内でホアニャップ教育を行っている。コースは全日制、半日制、1時間制があり、5名の教員と2～3名の職員が従事している。子どもは4歳から6歳までの子どもが14名いる。建物は以前と同様に一般的な民家を改装したものであった。1階部分には遊具等が置いてあり、2階でグループ学習が行われていた(写真6)。

写真6. ソン・カーセンターの様子

次に、会社型とは異なり個人が設立する民営センターを見てみよう。特に、近年増加しつつあるとする指摘をふまえて、2010年代に設立されたものを取り上げる。

2012年に設立されたセン・ホンセンターはベトナム教育科学院に勤める2名の研究者によって設立された民営センターであり、研究成果を実践に応用することを目的としている。私営学級とは異なり、ベトナム奨学会に登録されているため、祝日等には同会から僅かな配給や学費を支援されることもあ

209

るらしい。建物は2階建てで1階が入口とグループ学習の部屋で2階には教室が設けられており規模は大きくはないものの、ICT等をはじめ情報技術を活かした教育方法を積極的に行おうとしていた。教育サービスには終日と時間制の2つがあり、3歳から14歳の子ども14名が学んでいる。6名は幼稚園や小学校にも通っており、そこでホアニャップ教育を受けている。教員は全員が特殊教育、心理学、幼児教育、初等教育等を大学で学んでおり、なかには修士課程を修了した教員もいると言う。また、子どもが学校へ通う際はセン・ホンセンターの教員が付き添うこともあることから、民営センターの内外の学習まで対応していることがわかる（写真7・8）。

写真7・8．セン・ホンセンターの様子

　以上、学校外の教育施設として私営学級および民営センターの様子を概観してきた。

　まず、私営学級は基本的に親同士や教員との協働のうえに成り立っており、活動を維持するための資金を調達するだけの非営利の施設であると言える。ただし、ホアン・マイ区の私営学級では経済的な余裕がなく、費用を納めることが難しい場合は、代わりに職員として働いてもらう等の措置が講じられると言う。また、公的な機関には属しておらず、登録も管理もされていないため、試験的な試みではあるものの運営者や親が望む形式で比較的自由な教育活動が可能であった。

　次に、民営センターは会社であっても個人が運営するものであっても、教

育をサービスとして位置づけていた。一方で、ソン・カーセンターのように
従来は私営学級として運営されてきたものは、会社として運営されるように
なった後も基本的な教育内容や実践は大きく変わらない様子であった。ま
た、アン・フック・タインセンターも会社としての運営形態に基づきながら、
運営者は営利性ではなく同センターで働く教員や職員の社会保障を整備する
ために会社としての運営形態を選んだとされていた。すなわち、営利に基づ
いているのはあくまで運営形態であって、民営センターは必ずしも実質的な
利益を求めているわけではないと考えられる。

　以上から、私営学級と民営センターの違いは公的な機関への登録の有無で
あると言える。また、親同士や教員との協働に基づいた互酬的な活動は両者
に共通していた。では、学校外の教育施設として両者を見たとき、ベトナム
の障害児教育についてどのような特色が浮かび上がるのであろうか。次節で
考察を行う。

4. ベトナムにおける障害児教育の特色

　本節では、ASEAN において示された社会的包摂、学校外の教育としての
役割を論じたうえで、ホアニャップ教育から見たベトナムにおける障害児教
育の特色を考察していく。

　まず、ベトナムは東南アジア諸国でも教育の被援助国として位置づけられ
てきた。一方、ベトナムは隣国に対して学校や寮の設立援助や地方省レベル
での人的、文化的交流を行っていると指摘されているように[20]、社会経済の
発展と教育の普及やその質の向上に伴い他国への教育協力に関わるように
なってきている。障害児教育についても、ベトナムは 2011 年 10 月には東南
アジア教育大臣機構の基礎教育に関する第 2 回年次高官フォーラムを主宰
し、東南アジアにおけるインクルーシブ教育について討議を行った[21]。この
ように対外的な政策としてベトナムは障害児教育を含めて東南アジアの教
育政策に関わる方針を示している。しかし、国内を見ると小学校や特殊学校
でホアニャップを精力的に推進していながら、公立の学校だけでは十分に対
応できていない状況が窺われる。また、法律上のホアニャップ教育の定義だ

211

けを見ると、物理的な意味での「包摂」を規定しているにすぎない。そのため ASEAN が掲げる社会的包摂が学校での就学を所与としつつも CRPD をはじめとする国際的な規範に則っているとするならば、ホアニャップ教育を軸とした障害児教育と、「学校や学習センターを変革させるプロセス」と位置付ける国際的な理念とのあいだには距離があると言えるだろう。

　次に、ベトナムの親は学校とは別に、子どもにとってより望ましい教育を私営学級や民営センターに見出そうとしていた。ベトナムにおいて政府は学校を中心に障害児を「包摂」する教育を推し進めてはいるものの、学校に通えない子どもを考慮した非正規の教育施設に関する施策は確認できなかった。当然ながら、親は学校で実質的に学ぶことが期待できないのであれば代替手段を選ぶとともに、公立学校へ通わせたとしても支援を行う教員等の費用が高ければより安価な施設を選択するようになるだろう。私営学級や民営センターはこういった親の需要に応じて、教員や他の親と協働するかたちで展開されてきた。

　以上をふまえ、ベトナムにおける障害児教育の特色について次のことが指摘できるだろう。すなわち、ASEAN 諸国においては障害児を含めた学校に通えない子どもに関する合意が形成されつつあるなかで、ベトナムでは障害児教育について対外的にイニシアティブを強める一方、国内では障害児を学校へ物理的に「包摂」させる教育を展開させてきたことに関連して、親のあいだにはより望ましい教育を学校外で模索する動きが広がっている。つまり、障害児教育に関して対外的な正当性を高めながら、国内の実質的な教育は学校の外において広がりを見せていると言える。

　このベトナムの特色をふまえつつ、教育モデルへの示唆について考察すると次の 2 つの点をあげることができる。1 つ目は、学校外で展開される教育施設に関する情報の共有である。民営センターをはじめとする障害児のための学校外の教育施設に関しては、親は口伝えによってより望ましいセンターを探し求める状況が窺われた。しかし、口伝えはあくまでも他者の意見にすぎず、紹介されたセンターがどういった点で利用中のセンターよりも望ましいか必ずしも明確ではない。これに加え、大勢の親が別のセンターに子ども

212

を移してしまえば、そのセンターを利用し続ける残りの親にとってはサービスの低下につながるおそれも出てくるだろう。そのため、障害児のための社会的包摂を指向した教育モデルを考えるにあたっては、当該国の社会経済的な水準を加味したうえで学校での就学と連動させて、学校外で展開される教育サービスの利用とその信頼性を向上させる必要がある。

　2つ目は、学校外での社会的包摂の可能性である。質問紙調査の結果から、親は形式的に障害のない子どもと一緒に教育することよりも、子どもの発達により効果のある教育を求めている様子が窺われた。また、一部の民営センターでは障害のない子どもを受け入れることで、学校外の教育施設としてホアニャップ教育を行っていた。これらのことから、社会的包摂に向けた地域共同体の指針はベトナムにおいて学校外の教育活動と結びついていると考えられる。そのため、子ども一人ひとりのニーズを考えた時、より望ましい教育のあり方として学校外での就学を積極的に認める措置が必要なのではないだろうか。学校に支援員を配置しても親への金銭的な負担が増してしまったり、物理的な「包摂」だけが行われ、実質的な教育が蔑ろにされてしまうおそれがあるならば、学校外の教育施設においても障害のない子どもとの学習機会を創出することには意味があると考える。ただし、学校外の教育施設から学校への円滑な接続も同時に保障されなければならないだろう。

5.　おわりに

　本章では、ASEAN で掲げられた学校に通えない子どもの中でも障害児に対するインクルーシブ教育を背景に据えながら、ベトナムにおける学校外の教育施設に焦点をあて、ベトナムの障害児教育の特色を考察してきた。ベトナムでは教育普及と教育制度の整備が進展するに伴い、小学校だけでなく特殊学校等でも障害児と障害のない子どもを可能な限り一緒に教育させようとする取り組みが広がっている。しかし、親の意識を見るとこういった学校でのホアニャップ教育に対しては必ずしも肯定的に受け止めているわけではなく、一緒に教育するよりも実質的に効果のある教育を望んでいる様子が窺われた。そして、その需要を反映するかたちで学校外の教育施設として私営学

級や民営センターの利用が広がっており、学校には望めないさまざまな教育が模索されていた。

　以上をふまえた知見として次のことが指摘できる。すなわち、ASEAN を中心とした地域的な教育政策が統一される方向に向かう一方で、それは国家としての対外的な正当性を高めることに関係しているとともに、障害児のための実質的な教育は学校外においても広がりつつある。このことから教育モデルを考えた時、学校外の教育施設に関する情報共有とそういった教育施設を活用した社会的包摂を進めていくことの必要性が示唆される。

　なお、本研究の課題としては参照した親のデータはあくまでも局所的な調査から得られたものにすぎず、国の情勢を説明しうる代表性が担保できているわけではない。また、私営学級や民営センターについては統一的に管理されているわけではなく、今後さらに詳しい調査が必要である。これらをふまえ今後も継続してベトナムにおける学校へ通えない子どものための教育を探っていきたい。

注

1　(UNESCO) United Nations Educational Scientific and Cultural Organization.（2008）*International Conference on Education Forty-eighth session: "Inclusive Education: The Way for the Future." Reference Document.* Geneva. p.5.

2　(WHO) World Health Organization and the World Bank. *World report on disability.* Geneva: WHO Press, 2011, p.218.

3　Nguyên Xuân, Hai. "Vê` khái niệm giáo dục hòa nhập." *Tạp chí Khoa học Giáo dục.* Sô.47, 2009, trg.36-39.

4　Lê Văn, Tạc. "Mươ`i năm thực hiện giáo dục hoà nhập trẻ khuyê´t tật Việt Nam." *Tạp chí Thông tín Khoa học Giáo dục.* Sô.119, 2005, trg.17-23.

5　Nguyên Thị Hoàng, Yê´n. *Giáo dục đặc biệt và những thuật ngữ cơ bản: Special education and terminologies.* Hà Nội: Nhà xuâ´t bản đại học sư phạm, 2012, trg.34-35.

6　(MoET) Ministry of Education and Training. *Education for All 2015 National Review: Vietnam.* Hanoi, 2015, p.23.

7　*Ibid.*, p.23.

8　たとえば、労働・傷病兵・社会省が発行した資料によると障害児数は 131 万 6,227

人（2009年）とされている（Cục Bảo vệ Chăm Sóc Trẻ Em Bộ Lao Động-Thương Binh và Xã Hội, *Chi tiêu trẻ em Việt Nam: Chilren Indicators in Việt Nam 2009-2010*, Hà Nội: Nhà Xuất Bản Lao Động - Xã Hội, 2010, trg.96.）。

9　MoET, 2015, *op.cit.*, p.23.

10　Lê Văn, 2005, *op.cit.*, trg.17.

11　Lê Thị Thúy, Hằng. "Mô hình hỗ trợ giáo dục hòa nhập cho trẻ khuyết tật hiện nay ở nước ta." *Tạp chí Khoa học Giáo dục*. Số 42, 2009, trg.41-44.

12　2013年9月5日、ベトナム教育科学院における本人へのインタビューに基づく。

13　Tổng cục thống kê, *Tổng điều tra dân số và nhà ở Việt Nam 2009 Giáo dục ở Việt Nam: Phân tích các chỉ số chủ yếu*, Hà Nội: Tổng cục thống kê , 2011, trg.51.

14　Vu Thi Ngoc, Anh「ベトナムにおける障害児者家族の生活実態に関する調査研究－ホーチミン市及びフエ市の実態調査結果－」『立命館大学産業社会論集』第39巻第4号、2004年、49 ～ 70頁。

15　2013年2月27日、同私営学級のY副代表へのインタビューに基づく。

16　国際電気通信連合ホームページ（http://www.itu.int/en/ITU-D/Statistics/Pages/stat/default.aspx、2017年8月1日確認）。

17　2013年3月1日、同私営学級への訪問調査、インタビュー調査に基づく。

18　白銀研五「ベトナムにおける障害児のための民営教育・医療施設の展開－教育領域での『社会化』政策との関係に着目して－」『京都大学大学院教育学研究科紀要』第63号、2017年、534 ～ 535頁。

19　同上、535 ～ 537頁。

20　村田翼夫「ベトナムのラオスに対する教育協力－南南教育協力の観点からみた－」『発達教育学研究』第6号、2012年、1 ～ 6頁。

21　東南アジア教育大臣機構ホームページ（http://www.seameo.org/SEAMEOWeb2/index.php?option=com_content&view=article&id=448:second-annual-forum-on-basic-education&catid=121&Itemid=566、2017年8月2日確認）

第12章 "Peace Center in Yala: A Case of the Suk-Kaew Kaewdang Foundation in Solving the Conflicts in the Deep South of Thailand"

By Waraiporn Sangnapaboworn

1. Historical Background of the Deep South of Thailand

The Deep South of Thailand which is composed of 3 provinces, Pattani, Yala and Narathiwat, was once the Pattani Kingdom, which was annexed with Siam[1] in early days of Bangkok. However, due to the sharp differences in religion and culture between people here and the rest of the country, conflicts between people and the central government occurred several times in the past.

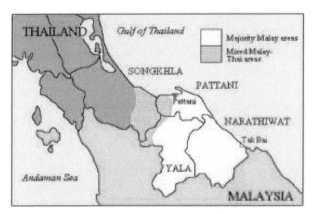

A map of the deep south in Thailand.

The latest collision happened on January 4, 2004 when a military camp in Narathiwat was attacked by a group of insurgents, marking the beginning of the contemporary conflicts that have caused a series of unrest since then. Throughout this 12 years, there were 17,808 incidents in many forms of violence ranging from shooting to killing, bombing, arson, sabotage, and so on, causing 3,949 casualties and 9,625 injured. Most of the victims were ordinary people, children, religious leaders, teachers, military officers, police, and other government officials. The government's budget spent for solving the problems has reached 264,953 million baht in 2016[2], but it seems there is no sign when the trouble will entirely end.

Car bomb in Betong, Yala on 25 July 2014 From "Collection of Photos of Car Bombs in Betong" by Saneera, OK Nation, available at http://www.oknation.net/mblog/entry.php?id=928649 or http://oknation.nationtv.tv/mblog/entry.php?id=928649

Although every government has tried to solve the problems, the way it did was rather a top down approach. Government officials dispatched from the central bureau did not have enough knowledge and understanding about the language, religion, culture, and needs of local people. Even worse, the rotation and transfer of officials which take place very often are main factors that contribute to the discontinuity of the government's policy in solving the conflicts.

2. The Role of an NGO for Peace: The Suk-Kaew Kaewdang Foundation

The Suk-Kaew Kaewdang Foundation is a small non-governmental and non-profit making organization established in August, 2002 by Dr. Rung Kaewdang, a former Deputy Minister of Education, with a purpose to engage in philanthropic activities concerning education, working skills, youth development, and agriculture for peaceful co-existence between Buddhists, Muslims and Chinese in the three provinces. The Foundation has so far voluntarily participated in several projects and acted as a coordinator between people and the government in solving the unrest problems. Assisted by the Canada Fund, the Foundation started to build a network of community leaders, inspired them to be conscious of human right etc.

3. Youth Training: Building the Future Leaders

Realizing that in many cases of insurgency, young men were suspected of joining the insurgent groups, the Suk-Kaew Kaewdang Foundation attaches high importance on youth development. Most serious problems about young men in the Deep South were their lack of education, unemployment, and drug addiction. In many villages more than 90% of teenagers intake the so-called "Kratom," which is a kind of narcotic plant. Therefore, they are easy to be exploited to commit the violence. However, Dr. Rung Kaewdang, chairman of the Foundation, believes that most youths want to be good citizens, successful in life and socially recognized as a part of society. If youths are given an opportunity to develop into their fullest potential, they will demonstrate effective leadership, engage in community development and eventually contribute to peace and harmony of society.

Supported by the Thai Health Fund, the Suk-Kaew Kaewdang Foundation used a learning strategy to empower youth organizations in the project entitled, "The Development of the Potential of Youth Organizations in the Deep South by Using Art, Music and Sport" which was implemented for five consecutive years from 2008 to 2013. In collaboration with local administrative organizations and Non-formal Education Centers, young men and women were selected to participate in a training program at the "Sufficiency Economy Learning Center" of the Suk-Kaew Kaewdang Foundation in Yala province. After the 4-day and 3-night training program, these youths would go back to their villages to establish their youth organizations, recruit members, then study the community's history, identify local wisdom, learn folk performing arts, and work together in organizing cultural performances in both district and provincial levels. These experiences enabled them to strengthen their relationship with peers, enrich their public-minded leadership, and establish networks with several agencies.

Muslim and Buddhist Youths performed folk dances on the same stage.

Throughout the project, it was found that folk performing arts, such as

"Dike Hulu," and "Sila" which are a combination of music, art, and sport, could deepen mutual understanding and strengthen relationship between people, young and old, men and women, regardless of their religions. Villagers felt very happy to hear the sound of music and appreciated the folk performance brought back by their children after many years of difficult living. About 160 youth organizations were established in 141 districts of the three provinces – Yala, Pattani, and Narathivat with 8,460 young people actively involved in various voluntary activities. The young people once perceived as a garbage or a gangster who gathered for wrongdoing are now highly recognized and admired by elderly people and local government officers for their capability and voluntary service they do for the betterment of community.

Instead of using the traditional top-down method, the Foundation's strategies were to cultivate in youths the public-mindedness, give them an opportunity to learn together by taking part in thinking, planning, implementing, and evaluating in whatever activities assigned to them. The Foundation also provided a post-training supervision, having mentors to

A parade organized by the youth organizations.

visit the youth organizations and give them advice, help them solve the problems, and provide a seminar platform for them to discuss and change information concerning the success and failure of their organizations' activities. This method is very important to keep them active and the project sustainable. Youths develop their knowledge and experience through learning together. They enjoy learning by doing throughout the project more than an old-fashioned passive training provided elsewhere.

Some youth organizations could develop their art performing skill into professional performers and earn a good living. Many of them reported that the art performing activities could successfully keep young men away from drugs. A number of youth leaders pursued their study in colleges and were selected student leaders, which reflects the effective outcome of the Foundation's training program.

Training of youths' working skill of bicycle repair.

In the following years the Foundation also added a working skill training program for these young people so as to prepare them with a suitable career experience for future life. The Foundation, in collaboration with local vocational education colleges, thus promoted the youth organizations to learn working skills according to their interest and community needs. It was found that most young men like to learn motorcycle repair, construction, and photography, while young women love to learn bakery, dress-making, and souvenir production.

Although the youth training project had already ended, some youth leaders still gather annually to engage in voluntary activities, such as helping orphans who lost their parents because of the unrest. A group of them established a rescue team to help people in any case of emergency, and so on. We hope that these young people will be the qualified peace building leaders hereafter.

4. Boy Scout Program for Friendship

After the youth training program ended, The Suk-Kaew Kaewdang Foundation considered that since the academic achievement of students in the three provinces was among the lowest in the country due to their weakness in Thai language and lack of the 'learning by doing' activities

The training place for youths was turned into the boy scout camp.

第Ⅳ部　学校と地域

in schools, it decided to offer existing facilities for student development activities. Moreover, there are no other safe and suitable places for students in this area because all boy scout camps have been used as military camps since the beginning of the unrest situation.

Dr. Rung Kaewdang, chairman of the Foundation, perceived the importance and necessities of boy scout activities for the well-rounded development of students to acquire desirable characteristics and life skills, all of which could be cultivated only through boy scout activities.

The Suk-Kaew Kaewdang Foundation is situated in the Lumpaya Valley which is surrounded by the Sun Galakiri mountain. The forest is filled with fertile nature, a bunch of huge trees, caves, herbs, and waterfalls, suitable for sliding, adventure, and hiking for the learning of biodiversity.

In addition to fresh air, the mountain also originates the streams that flow through the area of the Foundation, nurturing all living things from durian, longang, rambutan, rubber, and oil palm plantation, to rice field and livestock in the valley.

The Foundation's facilities include an office, auditorium, dormitory, pray room, kitchen, cafeteria, and an open space for sports and recreation. Most of all, it offers a variety of learning centers about plantation, cow raising, sufficiency economy, alternative energy, and all facilities for outdoor

The boy scout activities in the beginning of camping.

_223_

activities of boy scout camping in a safe learning environment.

After consulting with teachers, school principals, and all people concerned, the Suk-Kaew Kaewdang launched the "Sun Galakiri Boy Scout Camping Project" by inviting primary and secondary schools to send their students for a three-day camping activities.

The activities offered in the Sun Galakiri Camp are based on the principle of boy scout as established by Baden Powell, in line with the Boy Scout Law of the Ministry of Education, the 1999 National Education Act, which emphasized learner-centered approach, and the basic education curriculum as provided by the Basic Education Commission.

In designing the camp activities, the Foundation stresses the importance of teachers' participation with our camp experts so that teachers can apply the knowledge and experience gained here to the teaching and learning when they return to schools. During the 3-day and 2-night camping, students will learn boy scout rules and regulations, and other activities.

Boy scouts cooked their own food.

One of the most favorite activities as perceived by students is cooking, which for many of them, this is their first experience. They enjoy it very

Boy scouts enjoyed hiking and stream crossing.

much and want to apply the experience in their daily life.

Another popular activity is hiking which allows students to try an adventure, learn biodiversity, and enjoy recreation in the natural environment.

At night they play games and learn about direction and astronomy, which students will enjoy listening to the story about stars in the sky. Furthermore, they will enjoy learning about sufficiency economy, such as making wood vinegar, cow raising, and biogas, which is not easily seen in general boy scout camps.

The only one condition of this camp is participants must come from different schools so that students and teachers will get to know more friends and this friendship will contribute to peaceful and harmonious living together.

5. Cow Raising for Peace

In his latest publication, "Guru Rung: A Goat Raiser's Dream", Dr. Rung Kaewdang explains how he thinks about helping poor Muslims in the Deep South to raise goats for a better living. Starting in 2006, the

Foundation promoted goat raising, transferred the knowledge to farmers, and helped them form a goat raiser network. Lately, the Foundation has been interested in promoting cow raising since beef is a kind of important food for Muslim people who consumed it in many religious ceremonies and festivals.

Traditionally, many Muslim people in the Deep South grow rubber trees and raise goats and cows, but due to the lack of knowledge they raise only a few and cannot develop into a professional farm. Therefore, beef produced in the Deep South is not sufficient according to the high market demand. Besides, domestic cattle alone is small in size and does not give high rate of return. As a result, Dr. Rung Kaewdang began to search for the best way of cow raising in several countries and decided to promote the raising of Japanese black cattle breeds, "Wagyu" since its beef is worldwide recognized as the best quality in the world. Therefore, he started to develop the breeds by raising cows of Angus and Charolais breeds and operate an insemination by using the Wagyu stud bulls' semen imported from Australia and the United States.

In October 2013 Dr. Rung paid a study visit to the Tajima Bokujo Koen in Mikata-gun Shin Onsen-cho, and Matsusaka city, where the best breeds

The Yala Wagyu Farm

of Japanese black Wagyu are carefully and professionally raised. Since then Dr. Rung has developed the breeds, feeding and farm management and established the Yala Wagyu Farm under the operating supervision of the Suk-Kaew Kaewdang Foundation.

In the past two years, The Yala Wagyu Farm has produced more than 50 Wagyu calves. The first F1 Wagyu calf was born in 2013. His name is Dai-Ichi, followed by other siblings namely Sakura, Fuji, Yoshitsune, Kiyomori, Naoya, Ume, Rokko etc. Each of them grows well in the southern environment. In 2014 the Yala Wagyu Farm welcomed the first F2 calf and named her Tsukimi, followed by Subaru, Tsubaki, Kojima etc.

Since 2014 the farm, in cooperation with Yala Rajabhat University and Prince of Songkla University, has conducted research on the development of a feeding formula to reduce the cost and improve the appetizer of the cattle. The Foundation has also started the Zero Waste Agriculture Program in which cattle and oil palms supplement each other. Oil palm leaves, grass and other plants are used as feeds, manure or waste from cattle is used for producing bio-gas and fertilizer.

The oil palm plantation and the cattle falm.

Up to now, the Suk-Kaew Kaewdang Foundation has opened the Yala

Wagyu Farm as a learning center for students and farmers to visit and learn about cow raising. In the long run the Foundation is planning to cooperate with concerned agencies in organizing a training program for students and farmers with a purpose to transfer knowledge to them and encourage farmers to form a Yala Wagyu Cooperative which will strengthen their network and develop into a Halal Hub to respond to the Muslim market demand.

The Foundation's Yala Wagyu Farm will not be operated for a business purpose, but serve as a learning center for poor farmers to develop their skill in cow raising in order to generate better income. The learning will not only improve the quality of lives of people, especially poor Muslim farmers, but also build a new generation of young farmers, strengthen friendship and information exchange among them, which will eventually contribute to their peaceful co-existence in the Deep South.

6. Conclusion

The Suk-Kaew Kaewdang Foundation has engaged in several activities, especially youth training, boy scout camping, and cow raising with a purpose to develop the potential of people, young and old, men and women, Muslims and Buddhists. Through these activities, young people, students and farmers will learn to develop their life and work skills, make friends, and learn how to live together in peace and harmony. The Foundation believes that this is another model of education and learning that can help solve the conflicts and problems in society where cultural differences exist, not only in ASEAN community but also other parts of the world.

The key factors that mainly contributes to success of the Suk-Kaew Kaewdang Foundation is the visionary leadership of its Chairman, Dr. Rung Kaewdang, who has rich experiences in education administration and education reform. As a high ranking official in the Ministry of Education,

Dr. Rung understands the strength and weakness of the bureaucracy. He also has a wide network of educators from whom he can draw the cooperation. Moreover, he is knowledgeable about the learner-centered approach and knows how to apply it in all types of learning activities in the Deep South taking into consideration the relevance to Islamic principles. Most of all, he has a strong hometown-loving consciousness and holds high commitment to bring peace back to the community as it used to exist when he was young.

However, there are also some obstacles to the operation and achievement of the Foundation. It is just a small non-profit organization which does not have much financial resource. Thus it has to seek for support from public and private agencies, which is not certain. Besides, working amid the unrest situation is not an easy task. Not many experts from outside are brave enough to visit the area. Up to now, there were only two foreign visitors, Professor Dr. Yokuo Murata from Kyoto Women's University and Professor Dr. Takashi Nozu from Hyogo Prefectural University, who have visited the Yala Wagyu Farm to give us valuable inspiration.

Taking this opportunity, I would like to invite Japanese and other foreigners who are interested in multi-cultural conflicts and solutions to join the Foundation in any activities to build peace in the Deep South of Thailand. We still need your technical and moral support. Please contact us at

Dr. Rung Kaewdang
The Suk-Kaew Kaewdang Foundation
39/3 Mu 2 Lampaya District,
Muang Yala 95160 Thailand
Tel: 66 7327 6182 Fax: 66 7327 6183
Mobile: 668 5248 9786

E-mail: rung_kaewdang@yahoo.com

The Peace Center in the Deep South of Thailand could be also considered as a model of South-east Asia Region. Particularly, as seen in the cases, Islamic and Buddhist youth and students respect each other, deepen mutual understanding and strengthen relationship while they make common activities such as folk arts, sports, learning, working skills, camping, or volunteer activities. They learn how to live together peacefully and harmoniously.

In the beginning of the Peace Center management, the communication among the leaders of Islamic people and Buddhist people was emphasized trying for them to understand the differences of their culture and way of life. However, the communication method had been rather superficial without changing their life style and daily income. After that the goat and cow raising had been introduced in the Center. As explained in the Cow Raising Farm, Islamic and Buddhist people work together, reduce suspicion, strengthen friendship, generate more income, and improve the quality of their life.

Therefore, this type of Peace Center could be another South-east Asia model of education development and peaceful co-existence among people of different religion and culture.

7. ヤラーの平和センター：タイ南部の紛争解決のためのスックケオ・ケオダーン財団のケース（日本語要約：村田翼夫）

ワライポーン・サンナパボウォーン

(1) タイ南部の歴史的背景
タイ南部は、パッタニー県、ヤラー県、ナラティワット県の3県からなる。

それらはかつてパッタニー王国を構成したが、バンコク王朝の初期にシャムに統合された。しかし、この地域と他の地域の間の宗教・文化の大きな相違により、同地域とタイ中央政府との紛争がしばしば起きていた。

2004年1月4日に起きた紛争では、ナラティワットの軍部キャンプが反乱グループによって攻撃された。それが一連の不安定な紛争の発端であった。ここ12年間で砲撃、爆弾、放火 、サボタージュなどの暴力形態で、18,800人の怪我人があり、3,949人が死亡した。ほとんどの犠牲者は、普通の市民で、成人、子ども、宗教家、教員、軍人、警察官、政府役人らであった。

すべての政府は、トップダウン式の問題解決を試みた。中央政府から派遣された役人は、その地域の言語、宗教、文化、人々の要求などに関する知識や理解を欠いていた。さらに悪いことには、しばしば行われる役人の交代や移動が、政府の紛争解決のための政策を不連続なものにした。

⑵　NGOの平和のための役割：スックケオ・ケオダーン財団

スックケオ・ケオダーン財団は、2002年にルン・ケオダーン博士（元教育副大臣）によって設立された非政府のNGOである。同財団は、タイ南部における仏教徒、イスラーム教徒、中国人の平和的共生を目的として、人々の教育・技能開発、青年の発達、農業開発に取り組んでいる。また、紛争解決のために地方の人々と政府間の調整を行いつつ、自主的にいくつかのプロジェクトを遂行してきた。当初は、カナダ財団の援助を得て地域リーダーたちのネットワーク作りに努めた。

⑶　青年の訓練：未来の指導者養成

多くの反乱事件を調べると、青年たちもその反乱グループに参加していたのではないかと疑われている。この地方の青年たちの深刻な問題は、教育不足、失業、麻薬吸引である。10代の青年の90%は麻薬を吸っていた。従って、彼らは反乱事件に関与しがちであった。

しかし、ルン博士は、青少年たちは良き市民となり生活が安定し社会人として認められることを望んでいると確信していた。彼らが能力を伸ばす機会

があれば、リーダーとなり地域開発にかかわり、社会の平和と発展に貢献すると考えた。

　タイ健康財団、スックケオ・ケオダーン財団は、青年組織に力を与える「美術、音楽、スポーツを利用した南部の青年組織の発展」という学習プロジェクトを推進した。それは 2008 〜 2013 年間に実施された。特に、スックケオ・ケオダーン財団は、若い青年を選抜して 3 泊 4 日の訓練プログラムに参加させた。訓練を受けた後彼らは村に帰り、新たな青年組織を設立してメンバーを募った。彼らは、地域の歴史、知恵、美術やダンスを学び合い、共同作業も行った。これらの経験は、青年たちの連帯意識を強め、公共心を持ったリーダーシップを養い、相互のネットワークを構築した。プロジェクトの中では、美術、音楽、スポーツを組み合わせたフォークアートが人気で、青年と成人、男女、異文化の人々の相互理解と関係を深めるのに役立った。

　ヤラー、パッタニー、ナラティワット 3 県の 141 地区に 160 の青年組織が確立し、8,460 人の青年たちが各種のボランティア活動に取り組んだ。かつてギャングスター、人間の屑と非難さていたが、地域に貢献するボランティア活動により、高齢者や役人から賞賛されるようになった。スックケオ・ケオダーン財団は、伝統的なトップダウン方式ではなく、青年たちに活動の計画、実行、評価を自主的に共同で行い公共心を養い、学び合う機会を提供している。いわば、「なすことによる学習 (learning by doing)」、「共同学習」などの能動的学習を重んじている。特に「充足経済学習センター」において 3 泊 4 日の訓練を行った。また、同財団は、訓練後の指導にも配慮して助言者を派遣し、問題解決のための情報交換、議論を行うセミナーなども開催している。多くの青年は、このフォークアートの活動により麻薬を吸わなくなったと報告されている。また、多くの青年は、大学へ進学するようになった。

　2013 年以降も、同財団は、地方職業カレッジと協力して青年たちに職業技能訓練を行っており、その結果、仕事に就くことができるようになった。男子青年は、オートバイ修理、建築、写真映像、女子青年は、パン作り、土産品作り，服仕立てを好んだ。職業訓練プログラムが終了した後も、青年たちは、紛争で親を亡くした孤児を助けるボランティア活動に従事している。幾人か

第IV部　学校と地域

は、非常時に人々を助ける救済チームを結成した。このような青年たちは、平和構築のリーダーになる資格があると思われる。

⑷　友情のためのボーイスカウト活動

　青年訓練プログラムが終わった後、スックケオ・ケオダーン財団は南部3県の児童生徒の学力が低いことを考慮して、彼らの活動に施設の利用を考えた。彼らはタイ語に弱く、学校における「なすことによる学習（learning by doing）」が欠如していた。この地域でボーイスカウト活動を行う施設は、軍事キャンプに使用され不足していた。

　財団長のルン博士は、児童生徒が望ましい性格や生活技能を学ぶ上でボーイスカウト活動が有効であることを認識していた。同財団の施設は、ルンパヤ渓谷にあり、大きな森、草原、洞窟、滝などがあり、自然観察、冒険、ハイキング、キャンプなどに適していた。それに，寮、礼拝所、台所、カフェテリア、スポーツ広場も兼ね備えていて、ボーイスカウト活動の多様な学習センターに適切な施設設備を提供した。

　近くの小中学校の児童生徒が3日間（2泊3日）のボーイスカウト・キャンププロジェクトに参加した。その活動は、1999年制定のボーイスカウト法及びタイ基礎教育カリキュラムに基づいていた。同活動には、学校教員も参加した。教員は、この活動で学んだ知識や経験を学校で活用するように工夫した。活動の中で料理やハイキングの人気が高かった。ハイキングでは、冒険しつつ生物の多様性を学んだ。さらに、牛の飼育、バイオガス作成も学んだ。この活動には、異なる学校、異なる文化背景を持つ児童生徒が一緒に参加して友達となり、平和で調和的な共生のあり方も学んでいる。

⑸　平和のための牛飼育

　2006年以降、スックケオ・ケオダーン財団は山羊の飼育を始め、農民に飼育方法を教えた。最近では、牛の飼育も始めた。牛はイスラーム教徒にとって大切な動物で、多くの宗教儀礼にも使用される。南部における多くのイスラーム教徒の農民は、ゴム栽培と山羊・牛の飼育を行ってきた。しかし、知

233

識不足のため、少数の山羊・牛を飼育するのみで、専門的飼育者になっていなかった。それにタイ産の牛は小柄で収益を伴わなかった。ルン博士は、いくつかの国々における牛の飼育方法を調べ、日本産の和牛を飼育することに決めた。和牛は質の高いことで世界に知られている。オーストラリアとアメリカより日本の雄牛の精液を輸入し受精を試みた。また、2013年にルン博士は兵庫県にある但馬牧場公園を訪問し、和牛の飼育方法を学んだ。それ以来、彼は「ヤラー和牛牧場」を設立し、牛の餌作り、牧場経営を行った。過去2年間で同牧場には、50頭以上の牛が誕生した。最初の牛の名前は、「第一」と名付け、その後、「桜」、「富士」、「義経」、「清盛」、「梅」、「六甲」などの名がついた。いずれの子牛もよく育っている。2013年より、オイル・パーム（油ヤシ）の栽培も始めた。オイル・パームの葉や草は餌に利用され、牛の糞はバイオガスや肥料として利用された。

　これまで同財団は、「ヤラー和牛牧場」を農民や学生が牛の飼育について学ぶ学習センターとして運営してきた。長期的には、同牧場の知識・技能を伝えつつ、農民が「ヤラー和牛組合」を設立するように指導する計画を持っている。それにより農民間のネットワークを強化し、イスラーム市場の需要に対応しやすくする。その牧場自身は、ビジネスのために運営されていない。貧しい農民が牛の飼育に関する知識・技能を身につけ、良い収入が得られるように助けようとしている。イスラーム教徒と仏教徒（非イスラーム教徒）の若い農民が牛の共同飼育を通して友情をはぐくみ、情報交換を深め、それにより南部の平和構築に貢献する狙いを持つ。

⑹　結論

　スックケオ・ケオダーン財団は、青年訓練、ボーイスカウト活動、牛の飼育などの諸活動を行い、青年、児童生徒、農民たちが、それらを通して生活改善、職業技能、友情、平和共生のあり方について学んでいる。これらの活動は、社会における紛争や問題解決に資する教育と学習の1つのモデルである。

　同財団の活動が成功しているのは、主に教育行政、教育改革に関して豊富な経験を有するルン博士のリーダーシップによるものである。彼は教育分野

において広いネットワークを持ち、それにより多くの協力を得ている。さらに、彼は学習中心主義を深く理解し、南部の各種の学習活動に適用する方法を心得ている。しかも、イスラーム教の原理も考慮して活動を実践する。また、彼が若かりし頃に南部にみられた平和のコミュニティを回復したいという強い故郷愛も持っている。

　同財団の運営にはいくつかの障害もある。それはNGOで財政基盤が強くないことである。公的機関、民間団体などからの支援を必要とする。その上、不安定の社会状況における運営は容易ではない。多文化的な紛争とその解決に興味を持つ日本人、外国人が、財団の平和を構築しようとする諸活動に参加してもらうことを願う次第である。

　平和センターの運営を始めた時には、イスラーム教徒と仏教徒のリーダーたちが相手の文化や生活方法の相違を理解するために対話が重視された。しかし、対話方法は、生活スタイルや日常の収入に変化を及ぼさず表面的に終わった。一方、青年の訓練では、フォークアート、職業技能訓練、キャンプ、ボランティア活動などを共同で行っていた。牛の飼育では、農民が共同で働き、疑いを亡くし、友情を深め、より多い収集を得て生活の質を改善する。いずれもイスラーム教徒と仏教徒の青年や農民による共同訓練、共同参加、協働作業による活動である。

　従って、このタイプの平和センターは、教育開発および異質な文化を持つ人々の平和共生のあり方に関し「東南アジアモデル」を提供し得ると思う

注
1　Former name of Thailand
2　http://www.isranews.org/south-news/talk-with-director/item/43828-win_43828.
　　html

第V部
国際教育協力

　タイの大学における国際教育協力は、従来、首都の大学で行われてきた。最近、新傾向として地方の大学が国際教育協力を展開している。それについて詳述した。RECSAM/SEAMEO（東南アジア教育大臣機構地域理数教育センター）は、ASEANのSEAMEO（東南アジア教育大臣機構）が組織する地域教育センターである。その研究・研修活動は、東南アジア地域が一体となって実施する国際教育協力として注目に値する。

第13章　タイの地方大学による南南教育協力プログラム　　　　　　　―ミャンマー、カンボジア、ラオスへの教育協力―

野津隆志

1.　はじめに

　近年、タイの大学では隣国（ミャンマー、カンボジア、ラオスなど）への教育協力が増加している。特に 2015 年 12 月 31 日に ASEAN 経済共同体（AEC）が始動し、ASEAN 地域内のヒト、モノ、カネ、サービスの交流の自由化と活性化が促進されることになった。今後、教育分野でもアセアン地域内での学生の留学や研究・情報交流が活発化し、教育分野での協力や交流が盛んになることが予想される。

　こうした ASEAN 地域の大きな社会変化をふまえて、タイの大学は大きく変わろうとしている。以下ではタイの地方大学に焦点を置き、地方大学が隣国への教育協力をどう実施しているか見てみる。そのことから、タイの地方大学の協力モデルを考えて見たい。

第Ⅴ部　国際教育協力

　具体的にはそれぞれミャンマー支援、カンボジア支援、ラオス支援を重点的に実施している地方大学3校の事例を紹介し、事例からタイ型の教育協力の特徴の一端を考察したい。なお、ここで使用する資料・情報は、主にインターネットで大学ウェブサイトなどに掲載されているものから収集した（ウェブサイト閲覧はすべて2016年3月である）。

2.　ミャンマーへの教育協力を行うナレスワン大学

　タイ政府はミャンマーに対する技術協力を1988年から実施している。重点領域は農業、教育、公衆衛生などである。これらの分野への支援の方法は、研修、奨学金提供、専門家派遣、施設設備提供などである。近年、ミャンマーの「民主化」が進展し、自由経済の導入が始まり、タイとミャンマーの経済交流がにわかに活気づいている。こうした社会経済的変化も影響し、ナレスワン大学はミャンマーの教育分野への協力と教育交流を積極的に実施してきている。

　同大学はタイ中部ピサヌローク県に位置する総合大学である。所在地であるピサヌローク県は、インドシナ半島の中央地点にあり、同県はタイ国にとってメコン川広域地域の経済協力政策において重要な物流拠点である。つまり、タイには東西の貿易ルート（ヤンゴン、ターク、ピサヌローク、コンケン、サワンナケート、ダナン）と、タイ南北の貿易ルート（昆明―バンコク）があるが、両ルートの交差点がピサヌローク県にある。そのため、ナレスワン大学はタイと隣国の交流の要衝としての地理的位置を重視し、特にミャンマーへの教育協力の拠点となることを目指している。教育協力の具体的な内容は次のようである[1]。

(1)　ヤンゴン外国語大学（Yangon University of Foreign Language：YUFL）への支援

　ヤンゴン外国語大学への支援は、ナレスワン大学のミャンマー支援で最も古い事業である。最初はヤンゴン外国語大学で実施するタイ語カリキュラム開発への協力を行っていた。この支援はミャンマー国民のタイ語使用能力向上を目的とした。その後もナレスワン大学はタイ語教育のカリキュラム開発

237

や教員養成、教科書作成、コンピュータの提供などの支援事業を行ってきた。

(2)　ミャンマー研究センターの設立

　1995年タイ・ミャンマー間の相互理解を図り、文化交流活動を促進するために、ナレスワン大学はミャンマー研究センターを設立した。これは、タイで最初のミャンマー研究センターとなった。同センターはビルマ語タイ語辞書の編纂や、文化交流のためにミャンマー研修旅行をしている。また、同センターは学部にビルマ研究コースを設置し、その運営を担っている。同センターはこれまで10年以上タイの学部生を対象にミャンマー語教育を実施してきた。ミャンマー語専攻の卒業生の就職状況も良好で、全員が就職できているという。

(3)　奨学金の授与

　2014年現在、ナレスワン大学は、学部から博士課程まで11名のミャンマー留学生に対して、学習を奨励するための奨学金を与えている。選考試験については、在タイ・ミャンマー大使館に一任している。

(4)　大学間交流

　知識開発、共同研究活動、職員派遣交流などの分野において、ミャンマーの4つの大学と連携協定を結び、両国間の商業投資の機会を創出することを目指している。

　同大学ホームページによれば、スジン・ジナーヨン学長は、タイの高等教育はASEAN経済共同体（AEC）の実現に向けて大きな役割を果たさなければならないと述べ、特にナレスワン大学はタイの他大学に先んじ、ミャンマーとの交流を積極的に行うとしている。先にも述べたようにナレスワン大学の位置するピサヌローク県は、インドシナの交差点にあるという関係から、物流センター、トラックターミナル、高速鉄道の駅として有望である。そこで、ナレスワン大学はミャンマーとの経済協力を重視し、「物流管理学科」新たに設けた。

　以上のように、ナレスワン大学はミャンマーとタイとの交流の要衝としての地理的位置を重視し、さらにASEAN経済共同体（AEC）の実現という大学を取り巻く政治経済環境をいち早く大学の発展戦略に取り込み、積極的な

第Ⅴ部　国際教育協力

ミャンマーへの教育協力を行っている。

3.　カンボジアへの教育協力を行うマハーサラカム大学

　1993年からタイはカンボジアと二国間開発協力協定を結び、カンボジア開発援助を進めてきた。近年の開発援助計画（2009-2013年5カ年計画）では、開発援助は農業、公衆衛生、労働技能、教育、人的資源開発に重点が置かれている。

　この開発援助計画に沿って、カンボジア・タイ技能開発センターが設立された。同センターのプロジェクトでは、自動車整備、建設、電気、溶接、冷蔵施設などの技能研修をカンボジアの技術者に提供している。また、タイ政府はこのセンター事業を通して、研修に関する教授技術やカリキュラム開発を同時に行っている[2]。

　こうしたタイ政府によるカンボジア支援の一翼を担っているのがマハーサラカム大学である。マハーサラカム大学はバンコクから475キロ離れた東北地方のマハーサラカム県にあり、カンボジアとの国境に近い地理的位置にある。

　同大学のカンボジア教育協力で特徴的なのは、王室プロジェクト実施のための基金を創設し、積極的に王室と連携した教育協力を実施していることである。同大学ホームページによれば、詳しいプロジェクトの背景と内容は次のようである[3]。

(1)　創設の目的

　マハーサラカム大学はタイ王国シリントーン王女に敬意を表し、シリントーン王女の名を冠した基金を設立した。設立目的は以下のとおりである。

・シリントーン王女の教育振興プロジェクトを実現させるために、マハーサラカム大学で教育を受けた後、地元に戻って貢献する青少年、遠隔地の教員、国境警備警察及び一般人への教育費を補助する。

・シリントーン王女の周辺国援助プロジェクトを実現させるために、マハーサラカム大学で教育を受ける周辺国の学生への教育費を補助する。

・遠隔地に住む障害を持つ人々の生活水準を向上させるために、教育・衛生・

239

社会に関するイベントおよびプロジェクトを支援する。

(2) カンボジア学生奨学金支援実施の経緯

　上述の「周辺国の学生への教育費を補助する」事業は、具体的にはカンボジア学生への奨学金の支給事業として実施されている。その経緯は次の通りである。

2008年

　シリントーン王女の近隣国への援助プロジェクトを推進するために、初めてカンボジアの学生たちへの奨学金支援を行った。カンボジアの学生たちの選考試験は在カンボジア・タイ大使館で行われた。選考試験に合格したカンボジア学生は6名で、観光・ホテル学部、環境・資源学部、保健学部に入学した。

2009年

　カンボジア学生奨学金を提供するために、奨学生選考試験を行い、学部の代表を在カンボジア・タイ大使館へ派遣した。カンボジア学生の合格者は15名で、建築・美術学部、観光・ホテル学部、環境・資源学部、衛生学部、政治短期大学、工学部、経営会計学部に入学した。

2010年

　シリントーン王女基金プロジェクトに基づき、マハーサラカム大学で学部、修士、博士課程で学ぶカンボジア学生へ奨学金を提供することとなった。奨学生選考のために、カンボジアの大学に代表者を派遣した。選考試験に合格した学生は20名で、経営会計学部、教育学部、人文社会学部、看護学部、医学部、工学部に入学した。

　このシリントーン王女基金を順調に運営し、選考試験の実施、奨学生へのアドバイス、その他関連事業等を遂行するために、カンボジア支援事業実行委員会が設置された。

　以上述べたように、マハーサラカム大学はカンボジアと地理的に近い位置にある利点を活かし、カンボジア学生に奨学金を提供し、多くのカンボジア学生を教育している。また、奨学金提供のため、王室プロジェクトと連携し

ている。王室が教育協力を先導するというタイの教育協力の文化的特徴を表す事例と言える。なお、タイ王室の王室プロジェクトについて補足的に説明しておくと以下のようである。

　タイ王室はさまざまな王室プロジェクトを行い、タイ社会文化の発展を先導してきた。王室プロジェクトは、農業、工業、学術芸術、環境保護、保健医療、社会福祉などあらゆる分野に及んでいる。特にシリントーン王女は、タイ王室の中でも教育振興に関心が強いことで知られている。ご本人も教育学博士である。シリントーン王女は今世紀に入り隣国教育協力にも関心を示し、カンボジアに「タイ王女下賜中等学校」を設置し、カンボジア学生への奨学金提供など、積極的にカンボジアへの教育協力を行ってきている[4]。

　2011年にシリントーン王女は誕生56年を迎えた。この慶事を記念して、教育協力プロジェクトが創設された。このプロジェクトは、タイ国内の大学にプロジェクト助成金を配分し、各大学が隣国支援を含むさまざまな教育協

表1　シリントーン王女誕生56年記念プロジェクト受託大学

	大学名	事業数
1	マヒドン大学	21
2	チェンマイ大学	15
3	チュラロンコン大学	12
4	カセサート大学	7
5	タマサート大学	7
6	コンケン大学	5
7	ソンクラナカリン大学	5
8	メーファールワン大学	5
9	タイ商工大学	5
10	ランシット大学	5
11	アサンプション大学	5
12	タイ国立開発行政大学院大学	2
	合計	94

出典 (http://www.survey.mua.go.th/princessFund/feature.php?lang=th)

力プロジェクトを運営するものである。

このプロジェクトに選ばれた大学は以下の表 1 のとおりである。タイの主だった 12 大学が名を連ねており、全部で 94 ものプロジェクトが実施されている。

4. ラオスへの教育協力を行うコンケン大学

タイとラオスは言語文化的に近い関係にあり、歴史的に人の交流が盛んであった。すでに 1961 年よりタイ政府は、国際開発協力事業をラオスに対して行っている。協力事業は主に農業、貿易振興、投資、人的資源開発であった。

教育分野での協力としては，タイ政府はラオスの学術教育機関の人的資源開発のための協力（2010-2012 年）を実施している。日本のジャイカ（JICA）に相当するタイ国際開発協力機構（Thailand International Development Cooperation Agency: 略称 TICA）は、コンケン大学、チャンマイ大学、ウボンラチャタニ大学とパートナーシップを結び、ラオス教育開発への支援を行っている。また TICA は、タイ職業教育審議会を連携し、ラオスの大学や職業学校への協力を進めている[5]。

コンケン大学はタイ東北部の中心都市に位置し、ラオスの教育機関との連携と教育協力を重点的に実施している。そのほか、ASEAN 加盟国の他のメンバーであるベトナム、カンボジア、ミャンマーなどの高等教育機関との連携協力も進めている。

コンケン大学広報部のインターネット情報によれば、同大学の近隣諸国との連携については、まずは近隣諸国との関係を深め、さらにこちらから出向いて現地の言語文化を学び、関係を密接にしていくことが必要と強調している[6]。

「コンケン大学は、国内ではトップ 3、アジアではトップ 80、そして世界ではトップ 400 に必ず入るという目標を掲げており、海外ネットワークとの連携を強化し、大学の国際化を図る必要がある。そのため、まずは近隣諸国との連携をとることから始める必要がある。国際語である英語も重要

であるが、近隣諸国の現地言語や伝統文化も重視すべきである。戦略的な広報企画のために、近隣諸国の現場まで行って、相手との関係を良好に保ちながら、各国の言葉、文化、生活様式を学ぶ必要がある。」

また、先に述べたナレスワン大学と同様に、コンケン大学も ASEAN 経済共同体を重視した隣国支援戦略を強調している。

「ASEAN 経済共同体（AEC）の成功のカギは、高等教育機関の果たす役割にある。青少年への基礎教育の充実、発展途上国の知識、資源、様々な発展へのアクセス機会の均等化などが実現すれば、ASEAN 市民の生活水準が向上し、どの分野においても発展することになる。従って、AEC 実現に向けて、コンケン大学は近隣諸国と連携協力を強化すると同時に、コンケン大学の学生、教職員、地域住民の能力開発のために、言語、知識、研究において彼らが多次元的に能力を身に付けていけるようにする必要がある。そうすることにより、AEC の時代に、大学も市民も能力を発揮し、幸福な人生を送ることができると考える。」

こうした ASEAN 経済共同体重視の戦略に基づき、コンケン大学は広報部をラオスに派遣し、大学広報に努めている。たとえば広報部は 2013 年 11 月 7 日から 9 日にかけてはラオスのルアンプラバーンを訪問した。そこでは、コンケン大学地域社会連携及び広報部の責任者とスタッフたちが、ラオスのスパヌウォン大学、テレビ放送局、そしてラジオ放送局と提携し、相互に人材育成・交流促進及び情報交換などの協力推進の協定を結んだ。広報部長のタンヤーパクディー氏は次のように述べている。

「コンケン大学は、スタッフや FM 103 MHz、KKU チャンネルなどの放送メディアを有し、コミュニケーションツール及び通信環境が整っている。スパヌウォン大学、ラオス・テレビ局、ラオス放送局とコンテンツの交換をすることができれば、ネットワーク間の通信ルートが増え、広報の

輪も広がる。また、対象者に特化した情報を発信することもできる。

　例えば、ラオスの学生は、コンケン大学のカリキュラム概要、奨学金制度、コンケンでの生活情報などを、ラオスのテレビやラジオ放送から入手することができる。一方、コンケン大学に留学中のラオスの学生もコンケン大学のメディアを通してラオスの情報を得ることができる。卒業後も、コンケン大学のOBとして引き続き情報を得ることができる。このようにネットワークの連携・協力を強化し、協力体制が確立すればアセアン地域内の他国に広げていくことも可能となる。時間はかかるかもしれないが、確実に達成できると確信している。」

さらにコンケン大学は、隣国ラオスからの留学生獲得のために、次のようなインターネット情報を発信し、ラオス学生のための奨学金や留学のための手続きの仕方など具体的な事例を通して分かりやすく発信している。

『コンケン大学　ラオス大学生がタイに留学する機会（2013 年 11 月 20 日）』[7]

> 　ラオスの学生の多くは、タイを留学先に選んでいる。その理由は、タイとは隣国でラオスと友好関係にあるからである。文化や言語も大変よく似ている。しかし、タイはラオスより物価が高いので、ラオス人がタイに留学するかどうかを考える際、奨学金の有無が重要な判断材料となる。
>
> 　コンケン大学は教育機関として最も留学に適している。大学の学生も質素な生活を送り、暮らしに必要なインフラも十分に整備されている。また、予算の確保を図り、隣国の学生の教育費を支援しているため、学生の負担が軽減されている。
>
> 　さらに、ラオスからコンケン大学までの距離はあまり遠くないので、交通も便利である。そのため、修士と博士の課程に進みたいラオスの学生にとっては、コンケン大学は人気上位の大学である。外国人留学生のデータでは、コンケン大学には、ラオス人留学生が一番多いということである。

第Ⅴ部　国際教育協力

コンケン大学開発学科博士課程に在籍中のラオス人の学生、ソーサムパン先生は、ビエンチャンでラオス国立大学に勤めていた。その時、コンケン大学の教授と共同研究をする機会を得て、コンケン大学でのワークショップに参加するためにたびたびコンケンに来ていた。その後、自分の能力開発のために、ぜひ博士課程に進学しようと決心したものの、当時はタイの大学へ留学を希望するラオスの学生には、カリキュラム内容や奨学金などの情報がまだ行きわたっていなかった。

そこで、共同研究しているコンケン大学の教授に相談し、博士課程についていろいろアドバイスを受けた。そして、コンケン大学の隣国学生援助奨学金を受けるために申請書を提出した。選考試験に合格し、コンケン大学博士課程に進学できた。ここで得た知識を生かして、ラオスの学部生、大学院生を指導していきたいと考えている。

コンケン大学大学院修士課程在籍中のラオス人大学院生、チャンタノムは、ラオスで、貿易産業省に勤めていた。タイに留学したいとずっと思っていたが、情報があまりなかったため、職場の先輩に相談し、奨学金に関する情報を集め、TICA（タイ国際開発協力機構（：Thailand International Development Cooperation Agency）の奨学金を申し込むことにした。選考試験に合格し、奨学金を受けてコンケン大学に入学した。

タイは初めて滞在する外国なので、最初はとても不安だった。しかし、大学院教務課、ラオス留学生協会、ラオス情報センターなどによく面倒を見てもらうことができた。また、教師やクラスメートにも暖かく迎え入れてもらった。自分の家にいるように感じられ大変感激した。さらにインターネットや、コンケン大学のラオス情報センターなどを通じて、ラオスの最新情報を簡単に把握できるから、ホームシックも解消された。

245

5. まとめ

　以上にナレスワン大学、マハーサラカム大学、コンケン大学の実施する近隣諸国への教育協力の事例を紹介した。この三つの事例から次のように教育協力の特徴が整理出来るだろう。

　まず、三大学とも大学の置かれた地理的条件を活かし、隣接する国あるいは歴史的に交流の深い国への協力を重視している。ナレスワン大学はミャンマー、マハーサラカム大学はカンボジア、コンケン大学はラオスといった重点協力対象国が明確である。隣国と国境を接するタイにある地方大学の特性を活かした協力が行われていると言えよう。

　次に、三大学に共通するのは ASEAN 経済共同体（AEC）の発足と今後の発展を視野に入れた協力理念を掲げていることである。今後、AEC 圏内で経済交流や文化社会的交流が促進されることは間違いない。2020 年を目標に「ASEAN 統合」も議論されている。こうした国内外の政治経済変化に敏速に対応する協力姿勢が三大学に共通して見られる。

　さらに、マハーサラカム大学の例に示したように、「王室プロジェクト」の一環として隣国教育協力が行われている。これはタイの国民が王室を敬い、王室が国民を善導するという文化的特徴が教育援助の分野にも具体化している事例と言えよう。アセアン諸国全体の枠組みから見れば、社会主義国家、軍事政権、立憲君主国家など多様な政治体制を包含する ASEAN 諸国の中で教育協力のユニークな特徴を示しているといえよう。

6. 補足資料： タイ専門家による近隣開発援助の理念

　ここでは、TICA の開発協力専門職員（パッタマー・インドー氏）によるエッセイ「タイはなぜ他の国を援助しなければいけないのか？」を紹介する[8]。同氏は、上に述べた事例とはまた違う視点から近隣開発協力の重要性を指摘しており、タイの援助理念を知る上で興味深い。もちろん事例に挙げた 3 大学はそれぞれの理念に基づき、隣国支援を行っており、同氏の見解と直接関連するわけではないが、タイ政府の行う開発援助政策全体の理念を幅広く理解する上で興味深い内容を含んでおり、ここで紹介しておく。

第Ⅴ部　国際教育協力

　皆さんはタイがなぜ他国を援助しなければならないのか、疑問に思ったことがありますか。援助を受ける国は、能力的に見ても、タイとさほど変わらないところもあれば、タイの競争相手になっているところもあります。なぜ、それらの国の発展に力を貸さなければならないのか。また、タイの援助項目にはどのようなものがあり、援助したタイにはどんなメリットがあるのかについて述べたいと思います。

　こう前置きした後で同氏は、言うなれば「安全保障のための援助」という理念を述べている。タイには数百万人に及ぶ隣国（ミャンマー、カンボジア、ラオス）からの移民労働者が就労している。彼らの労働・福祉に関わる問題や、不法就労や人身取引の問題は大きな社会問題となっている。また移民家族には多くの児童がおり、移民児童の就学問題や児童労働などの人権問題も深刻である[9]。タイのNGO「子どもの村基金」は、移民児童数を33万人と推定している[10]。そこで、同氏はこうしたタイの近年の社会問題を解決し、国の安全保障のために、隣国の経済発展への援助が必要だと主張している。

　　近隣諸国の経済が発展し、社会が豊かになれば、所得の格差が縮小し、生活水準が上がり、その結果、タイへの越境労働、密入国の問題の解消につながる。
　（隣国援助をしなければ、）外国人不法就労者問題による犯罪問題、不法就労問題、麻薬問題等の社会問題が生じ、タイ国の治安に影響を及ぼしかねない。
　　また、外国人労働者が人身売買や密入国の問題に巻き込まれ、タイの国際的なイメージが悪くなることもある。例えば、2008年5月には密入国のミャンマー人54人がコンテナで窒息死したというニュースが報じられた。こうした事件は、人権問題などにつながり、タイのイメージを傷つけるおそれがあり、慎重に対処する必要がある。このような不法就労者、越境労働者などを送還するにもかなりの費用がかかる。しかし、陸続きで国境を接するため、強制送還してもまた密入国を繰り返すので、入国拒否や強制送

247

還などで解決できる問題ではない。

　彼らを自国から離れてタイへ移動させないための長期的な取り組みとして最もよい方法は、その地域を開発することである。つまり、その地域の生活水準を上げ、保健衛生を確保し、社会インフラを整備することである。

　そうすることにより、タイ国内のさまざまな社会問題が解決され、国境沿いの問題も改善される。国境付近に利益がもたらされ、タイと近隣諸国との良好な関係が築かれ、互いの不信感が緩和されれば、地域住民の団結力が生まれてくるということになる。地域の団結力が強まれば、他地域との交渉力も強くなり、地域の経済発展にも反映される。

　続いて、同氏はいうなれば「タイの国際的地位確保のための援助」という理念を述べている。タイは経済発展の水準から「中進国」と呼ばれている[11]。中進国が国際的地位を高めていくために開発援助が必要だという主張である。「南南協力」の意義を中進国側から指摘した主張と言えるだろう。

　タイは、近隣諸国以外の国、例えばアフリカや環太平洋地域の南アジアにも開発援助を行なっている。世界の舞台でタイの役割が拡大すればタイの知名度も上がる。そうなれば、国際機関の重要なポジションにタイから立候補した場合に同盟国からのサポートも得やすくなるというメリットがある。

　例を挙げよう。世界遺産委員会（World Heritage Committee）の委員選出選挙では、同盟国からのサポートを受けて、タイ代表のソームスダー・リーヤワニット氏が選ばれ、2009 年から 2013 年まで委員を務めた。そのおかげで、タイの優れた文化財を諸外国に紹介することができ、世界文化遺産登録が達成できた。そして、タイには世界的な新しい観光スポットが生まれ、観光産業がさらに成長することになった。

　もう一例を挙げよう。タイのスパチャイ・パーニッチャパック氏が、世界貿易機関（WTO）の事務局長に選ばれ、2001 年から 2005 年まで任務を全うした。WTO 事務局長のサポートを受けて、タイの企業は、他の外国企

業と同等の競争条件を確保でき、貿易投資の面において競争力を強化することができた。

　その後、2005年よりスパチャイ氏は国連貿易開発会議（UNCTAD）の事務局長に選ばれた。世界的機関にタイの代表が選ばれたことは、タイの貿易投資に役立つだけでなく、国際舞台におけるタイ人の能力をアピールすることにもなる。

　以上述べたように、タイの開発支援は国内にも国外にもプラスの影響をもたらし、かつタイ経済の継続的な活性化にもつながる。さらに大切なことは、世界の人々がタイに対して好印象を持ってくれることである。このように他国の開発支援を行うことにより、結果的にはタイは直接的にも間接的にもその恩恵を受けることになるということがわかる。

注
1　以下の記述はナレスワン大学ホームページ（http://www.nu.ac.th/news_view. php?n_id=5657&action=view）と、筆者の同大学での聞き取り（2010年1月4日）に基づく。
2　TICAホームページより（TICA　Highlight　http://www.tica.thaigov.net/main/ th/e-book/1558）
3　マハーサラカム大学ホームページ（http://www.plan.msu.ac.th）
4　野津隆志「タイの地域総合大学によるカンボジアへの教育支援」村田翼夫、佐藤眞理子編著『南南教育協力の現状と可能性　ASEAN新興ドナーを中心に』協同出版2013年。
5　TICAホームページより（TICA　Highlight　http://www.tica.thaigov.net/main/ th/e-book/1558）
6　コンケン大学ホームページ（http://m.kku.ac.th/news/content.php?did=N0004791&l=th）
7　コンケン大学ホームページ（http://m.kku.ac.th/news/content.php?did=N0004791&l=th）
8　http://tica.thaigov.net/main/th/articles/1641/36758.html
9　野津隆志『タイにおける外国人児童の教育と人権－グローバル教育支援ネットワークの課題』ブックウェイ　2014年。
10　Nicola Crosta, *How do companies support the children of migrant workers in Thailand?*（CSR Asia Report）2016.
11　末廣昭『タイ　中進国の模索』岩波新書　2009年。

第14章　東南アジア教育大臣機構 地域理数教育センター (SEAMEO/ RECSAM) の役割と課題

内海成治

1.　はじめに

　2015年9月に短期間であったがマレーシアのペナンを訪れ、RECSAM等を再訪問した。私は1981年から3年間、RCSAMに教育テレビ・視聴覚教育の専門家としてJICAから派遣された。帰国後、数年前に一度訪問したことがあり、今回が帰国後2回目の訪問であった。私が勤務していた当時の職員はいなかった。面談した職員から、「内海さんを知っている」と言う職員がいるとのことであったが会うことはできなかった。

　今回はRECSAM、ペナン州教育局、ペナン・フリースクールの3ヶ所を訪問したが、私がペナンに滞在していた35年前とは大きく変わっていた。本章ではどのような変化が起こり、それがRECSAMの目的であるアセアン地域の教育の発展にどのような影響を与えるのかを考えてみたい。また、RECSAMが、東南アジアの教育モデルとしてどのように機能し得るのかを検討する。

2.　SEAMEO と RECSAM について

　東南アジア諸国の政治的連合体であるASEANは1967年のバンコク宣言により設立され、当初は5ヶ国（タイ、インドネシア、マレーシア、フィリピン、シンガポール）によって構成されていたが、現在は10ヶ国（当初の5ヶ国に加えてブルネイ、ラオス、カンボディア、ベトナム、ミャンマー）が加盟している。

　東南アジア教育大臣機構（SEAMEO: South East Asia Minister of Education Organization）は、1965年ASEANに先立って設立された地域国際機関であ

第Ⅴ部　国際教育協力

る。政治的経済的共同体である東南アジア諸国連合（ASEAN）を側面から、すなわち教育・文化・科学技術・保健医療の分野での連携を強めるために設立された。現在の加盟国は ASEAN に東ティモールを加えた 11 ヶ国である。また、準加盟国として、オーストラリア、フランス、カナダ、ドイツ、オランダ、ニュージーランド、スペインの 7 ヶ国が加っている。SEAMEO の本部はバンコクのユネスコ・アジア太平洋事務所と同じビルにある。

　SEAMEO の活動は域内に設置された 19 の地域センターによって実施されている。代表的なセンターは、インドネシアのボゴールにある BIOTROP（熱帯生物学研究センター）、シンガポールの RELC（語学センター）、フィリピン、ケソンの INOTEC（教育革新センター）、そして RECSAM があげられる。このうち INOTEC センターは日本の無償資金協力によって建物と機材が供与された。RECSAM はアメリカの支援で施設が建設された。

　各センターでは、それぞれの分野の研究を行うと同時に域内の人材の育成を行っている。

3.　1980 年代の RECSAM

　私は 1981 年 7 月から 1984 年 7 月までの 3 年間、RECSAM で視聴覚教育と教育テレビについて教えた。当時の RECSAM は、SEAMEO の代表的センターとしてマレーシア政府と SEAMEO 加盟国および準加盟国の支援によって、運営されていた点は現在と同じである。ただ当時は SEAMEO 加盟国が 5 ヶ国と少なかったため、コンパクトであり、そのためか、加盟国や準加盟国からの支援は、活発であった。これは東南アジアに対する支援そのものがアクティブであったことと関係があるだろう[1]。

(1)　RECSAM のスタッフ

　1980 年代前半の所長はチン・ピン・セン氏 Chin Ping Sen であった。彼はマレーシアを代表する理科教育の専門家であり、名前からわかるように華人である。セン所長時代は RECSAM の最も輝いていた時代であったと思う。多くの国際スタッフが短期長期に RECSAM に滞在し、世界の最先端の理科

教育理論や教材開発が行われていた。研究環境としては図書室が充実しており、英文ジャーナルの発行も行われた。また、教材開発も活発であった。セン氏はRECSAM所長を引退した後は、ペナンにあるマレーシア理科大学でテクニカルタームを英語からマレー語にする仕事の責任者となった。ブミプトラ政策（マレー人優遇政策）とともに始められた教育におけるマレーシア化の中で、大学教育も英語からマレー語で教えることになった。そのため英語によるさまざまなテクニカルタームをマレー語にしなければならなくなったからである。

　セン氏の後任はプーン・ポン・コン氏 Poon Pong Koon であった。彼も華人であるが、学校長からの転任であり、教育行政の専門家でもあった。そのためか彼は教育省とのパイプが強く、首相や教育大臣が何度も RECSAM を視察に来訪していた。

　スタッフはマレーシア人（多くは華人であった）が多数をしめていたが、フィリピン、タイからそれぞれ複数のスタッフが派遣されていた。副所長はマレーシア以外のスタッフが任命されていた。長期（1年以上）のアセアン以外の国際スタッフには、西ドイツ人（当時）、オーストラリア人、ニュージーランド人、そして日本人であった。そのほか短期の専門家としては加盟国以外にアメリカ、英国からの理科・数学教育専門家（多くは大学教授）が派遣されていた。非常に国際色豊かなセンターで、講義および会議はすべて英語で行われていた。

(2) 研修コース

　RECSAMの研修コースは10週間の長期研修コースである。年4期に分けて、同時にテーマの異なる4つのコース、合計16コースが毎年実施していた。4つのコースのうち理科のコースが3つと数学のコースが1つである。それぞれ初等と中等にわけ、また理科は物理、化学、生物に分かれて実施していた。

　カリキュラムは教科内容と教育方法の2本立てであった。ここでのカリキュラムの特徴は実践的な教育方法論に取り組んでいたことだと思う。

第Ⅴ部　国際教育協力

　私が驚いたことは、教材開発に積極的だったことと、現地の学校で教育法や教材のトライアルを行っていたことである。教材開発は西ドイツが力を入れており3名の専門家が派遣されており、RECSAMのスタッフも順番に2年間のドイツ留学に行っていた。ドイツからの専門家のタイトルはApparatus Designと呼んでいたが、文字どおり訳すと実験器具デザインであるが、いうなれば実験器具の開発である。実際には、英国流のImprovisationではなく、本格的な実験器具を開発するのである。そのためセンター内には、木工，金工の作業室があり、室内には大型の裁断機や旋盤機が設置され、テクニッシャンが常駐していた。

　また、印刷も自前で行っていた。製版機、印刷機を備え、RECSAMが発行するニュースレターやジャーナル、テキストなどを発行していた。[2]

　私が勤務したのは視聴覚室で、タイトルは教育テレビ専門家であった。この視聴覚室には、日本から供与されたUマチックと呼ばれていた3/4インチカセットを使うビデオシステムが設置されていた。しかし、このシステムは新しい規格であり、東南アジアではほとんど使われていなかったために、日本から私が派遣されたのである。視聴覚教育理論の講義とビデオ教材やOHP、音声付スライドセットの制作の指導を行った。10週間のコースのなかに視聴覚教材制作が組み込まれており、すべてのコースで視聴覚教育理論とOHPの制作と活用の講義と実習を行った。また、理科のコースではスライドやビデオの制作を行った。

　制作はモジュールの制作であり、単元の展開と視聴覚教材をセットにしたものである。スライド教材としては「マングローブ」や「安全な実験」など、ビデオ教材としては「光の屈折」、「ペナンの環境問題」などを取り上げた。[3]

(3)　研修生

　研修生は当時のSEAMEO加盟国5ヶ国から各コース3名づつ参加し、各コースの合計は15名であった。研修生のバックグランドはキー・エデュケーターと呼んでいたが、経験5年以上の教職経験者や教育省でカリキュラム開発を行っている職員などであった。私自身その後東南アジアで教育協力の仕

253

事をする中で、多数の RECSAM の研修経験者と出会っている。

　講義はすべて英語であった。そのためインドネシアの研修生は内容理解にかなり問題があった。しかし、マレーシアの研修生が、通訳を行うことで、講義には支障がなかった。

　また、ユネスコの資金でネパールの教育省職員が特別研修生としてコースに参加した。さらにインドネシアの教員に視聴覚教育を教える特別コースが設置され 30 名のインドネシアの教員に 1 ヶ月の特別コースを行ったこともある。

4. 現在の RECSAM

　数年前に、視聴覚室の同僚であったロー・ジョーニング氏が定年退職すると聞いて会いに行ったことがある。その時はロー氏との面談が主であったが、今回は所長以下のメンバーと面談する機会を得た。

(1)　現在のミッション

　RECSAM の現在のミッションは次のとおりである。

To promote and enhance Science and Mathematics Education in the SEAMEO member countries.（SEAMEO 加盟国の理数教育の振興と強加。）

非常にシンプルなミッションであり、これは 80 年代と同じである。

ビジョンとゴールは以下の通りである。

OUR VISION

Leading centre for quality science and mathematics education

OUR STRATEGIC GOALS

・Conduct Research and Development activities to inform pedagogy and policy.

・Design and implement high quality professional development programmes.

・Ensure strong and active networking with experts, institutions and the community.

第Ⅴ部　国際教育協力

・Serve as an effective clearing house for information.
・Strengthen quality assurance in the management of resources and services rendered.

⑵　スタッフ

　RECSAM の現在の所長はザカリア氏（Dr. Haji Mohd Johan Bin Zakaria）である。マレー系の方で、9 月の訪問で親しく話をする機会を得たが、学者というより教育行政の専門家という印象を受けた。かつての RECSAM の所長が華人で、やり手という感じであったが、ザカリア所長はバランスを重んじる人のように感じた。

　また事業担当の副所長は女性のセー氏 Dr. Koay Suan See で、華人である彼女を中心に研究や研修が活発に行われている。ただ、国際スタッフはほとんどおらず、日本人を一人教材開発の専門家として採用しているとのことであった。この方は JICA からの派遣ではなく、日本で教師を引退し、南アフリカでシニアボランティアとして活動し、その後 RECSAM に雇用されているとのことであった。研究室を訪れたが、インプロバイゼイションでさまざまな実験器具を作成していた。

⑶　施設

　今回は施設を詳しく見ることはできなかった。スタッフから話を聞いた限りでは、80 年代と大きく異なっていた。第 1 に、かつての特徴であった本格的な教材開発のために当時の西ドイツから供与された機材はすべて撤去されて、教室になっていた。これはドイツからの支援がなくなり、本格的な教材開発ができなくなったためと思われる。

　また、日本が供与したビデオ機材も古くなり廃棄されたとのことであった。これも日本からの支援が終わり、機材のリニューアルや専門家の派遣もなくなったためであろう。

　しかし、研修コースを実施するための宿泊施設や教室は充実していた。マレーシア人を中心に研修コースを実施することに集中しているからだろう。

255

⑷ **活動**

現在の RECSAM では、研修コースの実施以外にいくつかの活動を行っている。そのひとつは OECD の PISA への対応である。シンガポールが PISA で大きな成果を挙げているため、ほかの SEAMEO 諸国においても対応が必要となったためである。まだ具体的な活動には至っていないが、そのため、RECSAM にはワークショップとしての対応期待されている。。この面では、日本も PISA に対応していくつかの施策が行われており、知見を共有することが可能ではないかと思われる。

また、グローバル人材の育成と ASEAN 市民育成に関しても今後ワークショップを中心に活動を行うとのことであった。

さらに、ASEAN を超えてアフリカの理数科の人材育成に協力し、アフリカの教員を対象としたコースも JICA の支援により実施してきている。

5. RECSAM の現状と今後の課題について

今回の RECSAM 訪問でいくつかのことを感じた。ひとつは SEAMEO が全体としてそうなのかもしれないが、RECSAM 自体の国際性が極めて薄くなっていることである。すでに述べたように 80 年代の RECSAM はきわめて国際的で世界の指導的な研究者が次々と来訪して講義やワークショップを行っていた。現在の RECSAM には公的に派遣されている国際スタッフは皆無であり、RECSAM 自身で日本人スタッフを雇用しているのみである。

これには 2 つの理由が考えられる。ひとつはマレーシアを含めた SEAMEO のいくつかの国が開発途上国を卒業し、技術協力の形での支援を必要としなくなったことがあげられる。もちろん SEMEO 加盟国にはラオス、ミャンマー、東ティモールなど海外からの支援が必要な国もあるが、シンガポールやタイのように援助される国から援助する国に変わった国もある。そのためもはや SEAMEO には国際援助が必要なくなったのである。

いまひとつは、マレーシアをはじめとする SEAMEO 各国の教育水準が向上し、研修そのものが各国内の研修で十分になったことが挙げられる。そのため、先進国からの研究者の派遣は必要なくなったのである。たとえばシン

ガポールの教員養成機関である NIE（国立教育学院）はアジアで最も水準の高い南洋理工大学のひとつの学部である。南洋理工大学は日本の大学を超える国際的評価を得ている。

こうした状況は RECSAM の研修にとって必ずしもプラスに働いているとは考えられない。世界からの先進的な研究を導入し、開かれた研究センターとして機能することが、研修内容の水準を維持するために必要だからである。

また、RECSAM の研修の特徴であった実践的な教材開発が行われなくなったことも、問題である。優れた機器とスタッフによる教材開発は、教師が力量を向上する上で非常に効果があったと思われるからである。現在では ICT の活用に目が行きがちであるが、しっかりした実験器具や視聴覚教材の活用は教師のマニュピレイティブなスキルを高める意味でも重要だと思う。

今後の RECSAM の課題としていくつか指摘したい。

まず、RECSAM をより開かれた場とすることである。そのためスタッフの構成を国際的にすることである。シンガポールは給与の関係から採用が難しくなっているが、フィリピン、タイ、ベトナム等からは優秀な人材をスタッフとして採用することが可能と思われる。

また、研修生も SEAMEO のみならず、アフリカからの教員も含めることで、国際色が強くなると思う。ASEAN 市民というグローバル化を目指すのであれば、これはより広い世界の中での ASEAN という視点が必要だからである。

第 2 に世界の理数科教育の最先端研究やプロジェクトを導入することである。かつてのように長期の専門家を各国から招くことは困難としても短期での招聘や共同研究は積極的に行うべきであると思う。また、ICT による遠隔授業もひとつの可能性であろう。

第 3 に SEAMEO 各国の大学との連携である。特にペナンにはマレーシア理科大学があり、教育工学や理数科教育に関しては大きな成果を挙げている。80 年代にはマレーシア理科大で国際物理教育学会が開催されるなど、こうした分野の中心的なセンターであった。積極的にアジア諸国の大学との連

携（教員や学生・院生との共同研究や交流）を強化することが必要であろう。

最後に RECSAM スタッフの留学あるいは海外での研修の必要性である。OECD の PISA の理数科の問題を見てもわかるように、理数科のコンペテンシーの捉え方は大きく変化している。こうした状況をいち早く SEAMEO の文脈で研究することは喫緊の課題となっている。そのためには世界の研究状況をいち早く捉えることが重要である。RECSAM の職員がひろく世界を見て回る機会をいっそう強化するべきである。

6. 東南アジア教育モデルとしての RECSAM

RECSAM の特徴は東南アジアにありながら国際的であり、世界に開かれていることであろう。かつては世界の最先端の理論が講じられ、それに基づいた実践が行われていた。こうした国際性、開放性と、先進性は当時の躍進する東南アジアの教育の目指すべき目標を示していた。

現在東南アジア各国はそれぞれ国自体が国際的になり先進的な取り組みを行っている。その意味では SEAMEO や RECSAM が目指していたものは各国で行われているともいえる。しかし、逆にそれゆえに各国が共通に抱える課題を共有し前進するためのプラットフォームとしての RECSAM の役割があるように思われる。

また、各国が科学技術立国を目指している現在、RECSAM の先進性は各国が取り入れねばならない点である。開放性や先進性は、国際的に開かれて常にもっとも優れたこの分野の専門家や研究者との交流の上に成り立つものだと思う。

この点からも各国は RECSAM の発展に率先して取り組むことが必要だと思う。その際、各国の大学と RECSAM が連携協力することも必要であろう。先に述べたように PISA への政策的な取り組みはすでに日本では行っているところであり、こうした面での支援や共同作業はわが国にとっても大きな力となると思う。

このように RECSAM はこれまで果たしてきた、またこれから果す役割は東南アジアの教育モデルとして今後とも機能すると思われる。

第Ⅴ部　国際教育協力

おわりに

　久しぶりにペナンを訪問して、マレーシアが大きく発展していることを実感した。ペナン島は半島と2つの橋で結ばれ、ペナン島には多数のコンドミニアムが建築されていた。欧米やオーストラリアからの滞在者に混じって、日本人の長期滞在者も多いという。かつて500人程度であった日本人は現在2000人を超えているという。こうしたペンの発展に比べるとRECSAMは発展というよりか停滞していると思われた。RECSAMの建物は変わらないが、内容は発展しているように思われなかった。その状態はすでに述べたとおりである。ASEAN、SEAMEOの量的な拡大と発展があったのであるから、それにあわせた質的な向上がもっと図られなくてはならないと思う。

　世界が不安定化する中で東南アジアは最も繁栄している地域である。その理由の一端をSWAMEOが担っていることは疑いがない。そのためにもRECSAMの発展が望まれる。

注
1　当時のRECSAMに関しては、次の論文に詳しく記した。
　　・大隅紀和・内海成治（1983）「東南アジアの理科教育事情1-東南アジア地域理科
　　　数学教育センター」『理科の教育』1983年10月号東洋館、東京、56-60頁
　　・大隅紀和・内海成治（1983）「東南アジアの理科教育事情2-マレーシア国立理科
　　　大学」『理科の教育』1983年11月号 東洋館、東京、62-65頁
　　・大隅紀和・内海成治（1983）「東南アジアの理科教育事情3-ＵＳＭの教育工学セ
　　　ンターなど」『理科の教育』1983年12月号 東洋館、東京　56-59頁
2　私自身、RECSAMでETV Handbookという教科書を作成し、RECSAM内で
　　印刷した。UTSUMI Seiji (1982)" ETV Handbook-A Training Manual on ETV
　　Production for Teachers & Educators" SEAMEO/RECSAM Malaysia.
3　視聴覚教育専門家としての活動は、内海成治（1986）『視聴覚技術専門家報告』国際
　　協力事業団としてまとめた。

259

第Ⅵ部
ま と め

第Ⅰ部において共通教育、第Ⅱ部～第Ⅴ部において東南アジア各国、地域の特色ある先駆的な教育を論述してきた。そして、各論文が教育モデル性を有することを指摘した。それらの教育が南南教育協力にとって有用性と適応性を持つことを述べる。

終章　東南アジアの先駆的教育モデル

村田翼夫

1.　東南アジアの共通教育

第1部において、東南アジア諸国における共通教育を検討した。第1に、国民統合のための教育に力点がおかれていることを指摘した。この教育も国民統一に問題の多い開発途上国に対してモデルとなり得よう。国家原則・国民教育制度の確立、カリキュラムの統一、教授用語・私立学校の規制など国民統合にとって極めて重要事項である。それとともに、第2に、宗教教育、英語教育、多文化教育が重視されていることにも触れた。開発途上国には各種の宗教信者が多くみられる。また、文化は背景の異なる人々が混住しており、時には異文化の人々の間で摩擦や紛争が起きている。こうした国々には、東南アジア諸国が、多文化を尊重し宗教に対する寛容を励行しつつ、宗教教育、多文化教育（多言語教育、多様な宗教教育）を重視している点は参考になるであろう。さらに、英語教育の普及に困難を感じている国も多い。地域語との関係、英語教育を始める学年、授業時間、授業方法などもモデルになり得よう。第3に、アフリカ、中近東、南アジア諸国などに比べると、男女の児童生徒や学生の教育機会が比較的平等であり、国によっては、中等教育、高等教育では女子生徒・学生の方が、男子生徒・学生より教育機会に恵まれてい

るケースもみられた。ただし、第Ⅱ部第7章で論述されているように、進路形成、職業選択などを含めたジェンダーの平等性となると必ずしも女子・女性の平等性が確保されているわけではない。それには、性役割に対する考え方など影響するので、社会的、文化的特色も含めて分析する必要があろう。いずれにしても、男女平等の教育機会を保障する制度は、とりわけ女子教育の機会が男子に比べ保障されていない国々に対して教育モデルを提供するものである。第4に、近年、ASEAN共同体の設立に伴ってASEAN市民の教育が注目されている。EU諸国においてヨーロッパ市民の教育が一部で試みられているが、まだ普及に至っていない。そういう点からも、地域共同体共通のASEAN市民教育は、世界的にも注目される教育モデルであろう。

2. 東南アジア各国の教育モデル

　第Ⅱ～第Ⅴ部では、各国の特色ある教育について論述し、教育モデルとして考えられることについて取り上げた。その内容に関し、13点の論稿があった。それらは、いずれも政府、教育・研究機関、教育関係者、地域住民等による長年の工夫と試行錯誤を経て確立してきたものであり、先進的なモデル性を有しているものと思われる。

　第Ⅱ部の初等・中等教育では、第2章においてタイやフィリピンの学校で盛んに実施されているボーイスカウト活動を取り上げた。タイでは、小学校、中学校、高等学校において必修科目になっている。フィリピンでは、学校の授業が終わった放課後に行っている学校が多い。個人主義的志向の強かった東南アジア諸国では、集団性や規律を重んずるボーイスカウト活動は、注目される教育プログラムである。

　第3章は、児童生徒の幸福感への仏教的道程に関する論稿である。タイの児童生徒は、国際学力テスト（PISA, TIMSSなど）の成績が芳しくない。しかし、学校教育を受けて幸せと感じている割合は高く、国際的にトップクラスにある。タイの児童生徒はどうして幸福と感じるのか。これに対し、タイの教員の態度、タイの文化（協力的、サヌック・満足を重んじるなど）、美しい自然環境、仏教文化、王室による教育支援などを挙げた。また、この幸福感

に対し、仏教はどの程度まで影響しているのか。仏教の原則、思想が影響しているとし、認識論に基づく探求学習、経験学習、仏教的徳（親切、慈悲、冷静、共感など）、非永久性、注意深さ、非自己の原則（謙虚な態度）などを指摘した。さらに、道徳教育に関して仏教志向学校の創設と拡大、道徳教育学校促進センターの設立を紹介した。結論として、児童生徒の学力向上と幸福の中間が重要であり、仏教思想と西欧思想の組み合わせにより、児童生徒に幸福を感じさせつつ高い学力持たせる中道的な工夫が必要であると述べた。幸福感をもたらす仏教的アプローチは、世界的な教育モデルであろう。

　第4章は、有機農業教育 "Organic Farming Education" の実践である。各国における多くの農業は、人工的な化学肥料、殺虫剤、植物成長ホルモンなどを使用しており、人々の健康を害しがちである。そうした人工的なものを使用しない有機農業の教育がタイの学校で実践されている。OISCA の貢献もあって座学ばかりでなく、農場や森林でも有機農業栽培、植林などが実際に指導されている。これも東南アジア諸国のみならず世界各国において適用できるであろう。

　第5章は、フィリピンにおけるフィリピン大学国立理数教育研究所とサイエンス・ハイスクールの例である。フィリピン大学国立理数教育研究所（UP NISMED）は、研究機関であるとともに、国内・国外の理数科教員の研修や理数科のカリキュラム開発も行っている。RECSAM と連携協力して研究・研修活動を行っている点も注目される。一方、フィリピンでは、理科を重視したサイエンス・ハイスクールが多数設立されている。理科に重点を置くので管理運営が容易で、しかも理科教育の研究を長期に続ける利点がある。理科を特別科目にし、課題研究に取り組ませている。タイにもサイエンス・ハイスクールが設立されている。中等学校レベルの理科教育の研究を推進し効果を上げている点からも、東南アジアにおける顕著な教育事例である。

　第6章は、マレーシアにおける三言語政策と英語教育の展開である。マレーシアでは、長期間初等教育は三言語教育政策が採用され、マレー語学校、中国語学校、タミル語学校が維持されてきた。特に、1970年代からブミプトラ政策とともにマレー語優先政策が採用された。しかし2003年から、初

等中等学校の理数科目を英語で教えることになった。国際競争力の強化、グローバル化への対応、マレー系生徒の英語力低下に歯止めをかけようとする目的であった。その政策は2011年まで継続された。それでも、この英語教育の導入は、エリート優先主義で都市と農村の地域格差、民族内格差を広げたという批判が出て、2012年に廃止された。理数科は、元のように民族語で行われるようになった。ただし、英語力が向上するように、英語時間は各学校で増大させた。三言語教育政策と英語教育の関係は、複合民族国家における国際化対応の言語教育政策として注目される。多民族で構成される開発途上国にとって有用な言語教育として参考になるであろう。

　第7章は、マレーシアの女子・女性の教育である。第Ⅰ部でもみたように、東南アジア諸国における女子児童生徒の教育機会は、男子のそれに比べても遜色はない。特に、マレーシアの初等教育レベルから高等教育レベルまで男女間の教育機会の格差はなく、それは先駆的モデルといえよう。進路形成や性役割観を含めたジェンダー平等の達成面では、華人女子生徒は職業的成功・自己実現と高等教育志向は結びついているが、マレー人女子生徒の場合、性役割を重んじつつ職業的成功を目標としない高等教育志望がみられた。このような社会的文化的特質を考慮したアプローチにより分析すると、マレーシアのケースはジェンダー平等における一つの模範になるものと考えられよう。

　第Ⅲ部では、教員研修を考察した。その第8章は、シンガポールにおける学校ベースの教員研修制度－高学力を支える授業改善の取り組みである。2015年のTIMSSやPISAの国際学力テストにおいてシンガポールの小中学生の成績は、世界で第1位であった。その高学力を支える授業改善の取り組みを紹介している。授業改善では、まず、「教えを少なく、学びを多く」を目標に教科内容を10〜20%削減し、カリキュラム革新に取り組んだ。2006年からは授業研究プロジェクトが推進された。この教員研修の大きな特色は、第1に、教育省、Academy of Singapore Teachers（AST）などの行政機関、教員養成と研修を行う国際教育学院（NIE）、および学校長の三者が協働体制を取ってプログラムを推進し、教員主導文化を浸透させて効果を上げてい

263

る。第2は、国際的にすぐれた教育実践を行政主導の下にローカライズして、良い方法を徹底普及していることである。

　第9章は、インドネシアの教員研修制度（義務教育段階）である。インドネシアでは、教員の資質向上のために教員研修制度が整備されつつある。初期のころの教員研修は、低資格教員が多かったため、教員の資格向上と結びついていた。しかし、有資格教員の増加とともに、教員の能力検定に合わせて専門性の維持・向上を目指すものに変化してきている。特に、特別支援学校の教員には、インクルーシブ教育、体育研修、重複障害のある児童生徒の学習モデル、アセスメント方法が工夫されている。低資格教員には、遠隔地教員研修、通信制プログラムもある。大学と学校が協力して授業研究も行っている。各州の教員研修では、州の教育質保証機関、理科・数学開発センターなども協力している。こうした工夫と実践経験を有するインドネシアの教員研修制度は、東南アジア諸国や他の開発途上国においても適用できよう。

　第IV部は学校と地域の関係である。その第10章は、東北タイ・ラオスにみられる小学校と寺院の教育協力を論じている。仏教国であった両国では、伝統的に学校と寺院の教育協力がみられた。多くの開発途上国において地方における学校教育の開発が問題になっている。特に、資金の不足、地域住民の学校運営への不参加が問題である。寺院が村人から集めた資金を学校に寄付したり、僧侶が学校で宗教・道徳の授業を行ったりしている。学校からは、児童生徒が寺院の掃除やイベントを手伝っている。また、基礎学校運営委員会に僧侶が参加して地域の人々と一緒に運営に協力している。こうした点は、地方の学校運営のモデルとなる要素を持っている。こうした協力は、学校と教会やモスクなどの宗教機関との関係おいても成立し得るであろう。

　第11章は、ベトナムにおける障害児教育の特色である。ベトナムでは、2010年に障害児法を成立させインクルーシブ教育（ホアニャップ教育）の制度化を図った。障害児は約120万人いるが、インクルーシブ教育を受けた者は5万2700人、特殊教育を受けた児童は1万6000人であった。2013年に筆者は親に障害児教育に関し聞き取り調査を試みている。その結果、通学の困難、教員の専門性不足、障害に対する理解不足などの指摘もあり、実質的に

効果のある教育を望む声も聴かれた。ベトナムでは、障害児教育を行う公立学校が不足しているため、学校外の教育施設も存在する。私営学級は、個人的に民家を改築して学級を用意する非正規の施設で、親が経費を支払っている。非営利的で、親や教員が協働で運営しているものが多い。民営センターには、有限会社ならびに個人的に経営をするものがある。親や障害児の要求に配慮して多様な障害者を受け入れている。多くの開発途上国では、公立学校のみでは障害児教育の需要に対応しきれないので、学校外教育の施設も含めて社会的包摂を考えれば有用な運営方式となろう。

第12章は、南タイ・ヤラー市に設立された「平和センター」である。近年、国際的に深刻な問題になっているのが、イスラーム教徒の過激派によるテロである。そうしたテロが、南タイでも起きている。イスラーム教徒と仏教徒のリーダーたちの対話を試みて「平和カレッジ」を創設したが、表面的に終わり生活習慣、生活様式を変えるほどの効果はなかった。そのため志向されたのが、両教徒による各種の協働の試みである。青年たちの職業訓練・ボランティア活動、児童生徒のボーイスカウト活動によるキャンプ、山羊・牛の飼育、オイルパームの栽培などである。こうした異文化を背景に持つ人々の協働作業・経験を実践する「平和センター」は、東南アジアのみならず、世界における平和構築の1つの有力モデルになると考えられる。

第Ⅴ部が国際教育協力に関するものである。第13章は、タイの地方大学による留学生の受け入れ、奨学金の授与、大学間交流、メディアを通した情報発信、研究センター設立などの国際教育協力を分析している。特に、ナレスワン大学、マハーサラカム大学、コンケン大学が、それぞれミャンマー、カンボジア、ラオスに対して行っている教育協力の内容を記述した。マハーサラカム大学では、シリントーン王女基金プロジェクトを利用し、カンボジアの学生への奨学金支給、遠隔地教員への教育費補助、障害者への教育・衛生支援などを実践していることにも言及した。従来、大学における国際教育協力は、首都を中心とした中央の国立大学によって展開されてきたが、地方大学の役割は、今後、期待される大学の南南教育協力に対するあり方を提示している。

第14章は、東南アジア教育大臣機構地域理数教育センター（SEAMEO/RECSAM）の役割である。同センターでは、理数教育の研究とともにSEAMEOメンバー国の理数科教員や研究者に対する研修を行っている。近年、アフリカ諸国の教員・研究者も研修に参加している。また、RECSAMが各国の大学と連携協力して研究・研修に取り組む点も、理数教育の進展にとって重要な特質である。東南アジア教育大臣機構（SEAMEO）の下には、その他18もの地域教育センターがある。INNOTECH（地域教育革新技術センター、フィリピン）、RIHED（地域高等教育開発センター、タイ）、RELC（地域言語教育センター、シンガポール）、BIOTROP（地域熱帯生物学開発センター、インドネシア）などである。これらのセンターも各分野における研究・開発を担いつつ加盟国間で協力して教員研修や教材開発の向上に努めている。RECSAMやその他の地域教育センターが行う先導的な研究とその成果を国際的に活用できるという開放性を有している。ただし、地域教育センターは地域全体として整備する必要があり、地域のまとまりがなければその実現は容易なことではない。

3.　南南教育協力の適用モデル

　以上述べた東南アジアの教育の共通性や特色、ならびに教育開発におけるモデル性を考慮すると、全体的には他の開発途上国にみられない特質を有していることが分かる。東南アジアの国々が共通に重視している国民統合の教育、宗教教育、多文化教育、英語教育、男女平等の教育機会、ASEAN市民教育なども開発途上国に対しモデル性を有している。また、各国および地域の特色ある教育（内容・方法、制度）および国際教育協力の例は、いずれも先駆性を有している。

　従来、教育モデルとして先進国型のケースが提唱されてきた。例えば、William K. Cummings は、日本の教育モデル（J-Model）として日本が先頭を切り、続いて韓国、台湾のようなNICs、さらに東南アジア諸国（タイ、シンガポール、マレーシア、インドネシアなど）が続く雁の群れのV字型飛行形態を予見した[1]。しかし、各国、各地域の社会、文化が日本と異なり、日本モ

デルは一様に適用されなかった。

　他方、東南アジア諸国という開発途上国の教育が教育モデルとして提案されたことはなかった。しかしながら、「はしがき」でも指摘したように今日、タイ、マレーシア、シンガポール、フィリピン、インドネシアなどの国々は南南教育協力を行っており、実際にそれらの国の教育の一部はモデル視されてきている。国際援助協力といえば、従来、先進国が後進国に行う経済・技術協力、いわば南北協力を指していた。しかし、南南協力が増えるに従い、日本のような先進国の役割も変化してきている。中進国といえるタイやマレーシアには、日本から直接的な援助協力は行わず、他の開発途上国へ経済・技術協力をする時に、その費用や技術を補助するための支援を行っている。こうした開発途上国の経済・技術協力に先進国が関わる場合、三角協力またはパートナーシップ協力と呼ばれている。

　第Ⅰ部で共通教育、第Ⅱ～第Ⅴ部において各国ならびに地域の先駆的教育を論述した。それらは、東南アジア的な特色と先駆性を持ちつつ、社会、文化、経済開発等に関して類似の特性を持つ開発途上国に対する適用性も有している。

　各論述に基づき、南南教育協力に適用できそうな教育モデルを整理してみる。まず、開発途上国への教育協力の具体例として、フィリピンの"UP NISMED"や"SEAMEO/RECSAM"における理数教育の実践的研究やワークショップ、理数科教員の研修受入れ（第5、14章）、タイ地方大学による隣国への教育協力（第13章）が推進されていた。これらは南南教育協力のモデルとみなされよう。

　また、教育制度の面では、国民教育制度（第1章）・教員研修制度（第8、9章）の確立。教育機会の拡充面では、男女間の教育格差の解消（第1、7章）、女性の多様な進路選択（第7章）、学校外の教育施設による障害児教育の拡充（第11章）。教育内容面では、宗教教育（第1章）、ボーイスカウト活動（第2章）、有機農業教育（第4章）などがあげられよう。

　さらに、言語教育政策では、多言語教育（第1章）、三言語教育の推進、民族語と英語教育のバランス（第6章）。学校の特質面では、幸せな学校（第3

267

章）、サイエンスハイスクールの確立（第5章）。多文化共生の面では、多文化
教育（第1章）、ASEAN市民教育の展開（第1章）、平和センターの確立（第
12章）などもある。

　一方、それらの教育の制度・政策、内容・方法などが成立する過程におい
て各種の運営工夫が行われていた。それらも重要な教育モデルになると考え
られる。例をあげれば、教育制度面：国家原則、資格向上を目ざす教員研修
制度の確立。授業の改善面：教員研修推進の際にみられる教育省やASTな
どの行政機関・国立教育学院・学校長の連携協力、教員の到達目標の設定、
大学と学校の協力による授業研究の展開。学校の特質面：仏教的アプローチ、
サイエンスハイスクールにおける理科の特別科目設置と課題研究の取り組
み。学校と地域の協力面：宗教機関（寺院・モスク・教会）、親・教員（私営
学級）、会社型の教育機関（民営センター）、NGOの協力。多文化共生プログ
ラム：ASEAN市民教育の基盤となるASEAN憲章の公布、平和センターに
おける協働作業の実践、などである。

　以上のような特色を持つ教育モデルは、雁の群れが飛行するように一定の
方向へ同様な速度では飛べないが、各国、各地域の特性に応じて教育制度・
政策、教育内容・方法、運営方式などの面で多様に適用される先駆的モデル
となり得よう。これらの東南アジアの教育モデルが、南南教育協力の一環と
して東南アジア諸国のみならず他の開発途上諸国にも適用されることを強く
期待するものである。

注
1　William K. Cummings, "Human Resource Development: The J-Model"
　　(Chapter16), William K. Cummings and Philip G. Altbach, Editors, *The Challenge*
　　of Eastern Asian Education: Implications of America, State University of New
　　York Press, 1997
　　上述の本の第16章においてWilliam K. Cummings は、日本・東アジアの教育モ
　　デルの主な特色として、①初等教育の急速な普及、②共通な伝統的価値の重視、③
　　西洋から学んだ科学技術の応用、④国家が提供する教育に対する児童生徒・学生、
　　家庭、私的団体の協力など、を挙げている。

執筆者紹介（執筆順）

村田翼夫（むらた　よくお：はしがき、第Ⅰ部第1章第1節、第Ⅱ部第2章、第3・4・12章の日本語要約、第Ⅵ部終章）編者
1941年生まれ。筑波大学名誉教授。専攻は東南アジアを中心とする比較国際教育学。
主要著書
編著『多文化社会に応える地球市民教育―日本・北米・ASEAN・EUのケース』ミネルヴァ書房、2016年。共編著『日本の教育をどうデザインするか』東信堂、2016年。村田・佐藤編著『南南教育協力の現状と可能性―ASEAN新興ドナーを中心に』協同出版、2013年。村田・山口編著『バイリンガル・テキスト：現代日本の教育―制度と内容―』東信堂、2010年。

平良那愛（たいら　ともえ：第Ⅰ部第1章第2節、第Ⅳ部第10章）
1978年生まれ。アイ・シー・ネット株式会社　コンサルタント
専攻はラオス・タイ・ミャンマーを中心とする比較国際教育学，教育行政学。
主要著書・論文
共著 "Chapter 14.Internationalization of Education", *Japanese Educational System and its Administration*, Kansai Society for Educational Administration, Toshindo, 2018.（「第14章教育の国際化」関西教育行政学会編『日本の教育制度と教育行政（英語版）』東信堂、2018年）。「ラオスの初等教育発展に向けた小学校と地域社会との連携―東北タイとの比較およびソーシャル・キャピタルの観点から―」（京都女子大学大学院　博士論文）2013年。「ラオスにおける村教育開発委員会の初等教育就学率向上に対する影響―首都周辺地域における教育関係者への調査結果を通して―」『国際教育協力論集』第14巻第1号、2011年。

Dr. Gerald W. Fry（ジェラルド　フライ博士：第Ⅱ部第3章）

He was born in 1942.

A distinguished international professor in the Department of Organizational Leadership, Policy, and Development, College of Education and Human Development, University of Minnesota.

His major is comparative education focused on Southeast Asia, and Asian and Pacific Studies of Political Science and Education.

Major books published:

Education in Thailand: An Old Elephant in Search of a New Mahout. Singapore: Springer, 2018.

Historical Dictionary of Thailand, 3rd edition, Scarecrow Press, 2013.

Association of Southeast Asian Nations (Global Organizations), New York: Chelsea House, 2008.

Dr. Rosarin Apahung（ロサリン　アパフン博士：第Ⅱ部第3章）

She was born in 1967.

A mathematics teacher at Chumchon Bansang School in Seka District, Bueng Kan Province, Thailand. She is also academic head of Sang Nongthum School Cluster and head of the Academic Administration of Chumchon Bangsan School in Bueng Kan Province. On January 21, 2017, she received a national award from the National Research Council of Thailand for being an outstanding researcher-teacher.

Her major is mathematics teaching, literacy study and happiness education.

Major papers:

"Regional Educational Disparities in Thailand", in G. Fry, ed. *Education in Thailand: An Old Elephant in Search of a New Mahout.* Singapore: Springer, 2018 (with Gerald W. Fry and Hui Bi).

"Thai Cuisine", In Karen Christensen, *Asian Cuisines: Food Culture from East Asia to Turkey and Afghanistan.* Great Barrington, MA: Berkshire

Publishing Group, 2018 (with Gerald W. Fry)

"International and Multicultural Education in Thailand: Current Status and Future Challenges", presentation for the 2018 International KAME Conference at Seoul National University, 2018

Dr. Paiboon Suthasupa（パイブーン　スタスパ博士：第Ⅱ部第4章）
He was born in 1942.
Former Associate Professor of Faculty of Agriculture, Ching Mai University.
His major is Agriculture Extension and Organic Fertilizer Management.
Major paper:

"Protein Food Production in Thailand: An Evaluation of a Project in Two Lamphun Villages", Research Notes and Discussion Paper No37, Institute of Southeast Asian Studies, 1982.

畑中敏伸（はたなか　としのぶ：第Ⅱ部第5章）
1972年生まれ。東邦大学理学部准教授。専攻は理科教育学。
主要著書論文

「レッスンスタディによる理科教師の授業力向上の可能性と課題」大高泉編『理科教育基礎論研究』協同出版、2017年。「国際教育協力のための探究学習の指導に必要な教師の知識の解明-フィリピン小学校理科教員の授業観察に基づいて」『理科教育学研究』第58巻第1号、2017年。「フィリピン大学理数科開発研究所による第三国研修-ケニアへの理数科教員研修協力」村田翼夫・佐藤眞理子編著『南南教育協力の現状と可能性―ASEAN新興ドナーを中心に―』協同出版, 2013年。

手嶋將博（てしま　まさひろ：第Ⅱ部第6章）
1962年生まれ。文教大学教育学部教授。専攻は比較・国際教育学、教育制度学。

主要著作

「マレーシア」、吉田武男監修・田中マリア編著『MINERVA はじめて学ぶ教職12 道徳教育』第Ⅴ部 価値教育をめぐる諸外国の動向・10、ミネルヴァ書房、172-177頁、2018年。「マレーシアの市民性教育—アセアンネス意識の涵養」、平田利文編著『アセアン共同体の市民性教育』第Ⅱ部・第6章、東信堂、2017年。「マレーシア—新興ドナーとしての国際貢献を目指した取組み—」、村田翼夫・佐藤眞理子編著『南南教育協力の現状と可能性—ASEAN新興ドナーを中心に』第3章、共同出版、2013年。

鴨川明子（かもがわ　あきこ：第Ⅱ部第7章）
1974年生まれ。山梨大学総合研究部教育学域准教授。専門は比較教育学、マレーシア教育研究。
主要著書

『アセアン共同体の市民性教育』（第2章「ブルネイの市民性教育」28-50頁）平田利文編著、東信堂、2017年。編著『アジアを学ぶ—海外調査研究の手法—』勁草書房、2011年。単著『マレーシア青年期女性の進路形成』東信堂、2008年。

池田充裕（いけだ　みつひろ：第Ⅲ部第8章）
1968年生まれ。山梨県立大学教授。専攻は比較国際教育学。
主要著書

『カリキュラム・マネジメントと授業の質保証－各国の事例の比較から』（7章「シンガポールのカリキュラム・マネジメントと授業の質保証」）原田信之編著、北大路書房、2018年。『MINERVA　はじめて学ぶ教職12 道徳教育』（「第Ⅴ部　価値教育をめぐる諸外国の動向　8　シンガポール」）吉田武男監修、田中マリア編著、ミネルヴァ書房、2018年。『アセアン共同体の市民性教育』（第9章「シンガポールの市民性教育—道徳教育と市民性教育」）平田利文編著、東信堂、2017年。

中田英雄（なかた　ひでお：第Ⅲ部第9章）

1948年生まれ。筑波大学名誉教授。専攻は特別支援教育。

主要著書

　「特別支援教育における国際協力の展開と課題」（第2章の2）村田・上田編著『現代日本の教育課題—21世紀の方向性を探る』東信堂、2013年。監訳『盲・視覚障害百科事典』明石書店、2009年。共編著『アダプテッド・スポーツの科学』市村出版、2004年。

白銀研五（しろがね　けんご：第Ⅳ部第11章）

1981年生まれ。びわこ学院大学教育福祉学部講師。専攻は比較教育学。

主要論文

　「ベトナムにおける障害児のための民営教育・医療施設の展開—教育領域での『社会化』政策との関係に着目して—」『京都大学大学院教育学研究科紀要』第63号、2017年。「ベトナムにおける障害がある子どもの教育保障—インクルーシブ教育の受容をめぐる制度に着目して—」『比較教育学研究』第53号、2016年。

Dr. Waraiporn Sengnapabowaron（ワライポーン　センナパボウォーン博士：第Ⅳ部第12章）

She was born in 1967.

Senior Reseacher, the Suk-Kaew Kaewdang Foundation.

Former Head of International Education Development Center, Office of the Education Council, Thailand.

Major papers:

　"The Evolution of Educational Policy and Planning in Thailand: From NEC to ONEC and OEC" (Part IV 20), and "The Evolution of Education Reform in Thailand" (Part IV 21), in G. Fry, ed. *Education in Thailand: An Old Elephant in Search of a New Mahout*. Singapore: Springer, 2018

野津隆志（のつ　たかし：第Ⅴ部第13章）

1956年生まれ。兵庫県立大学経済学部教授。専門は比較教育学、教育
　人類学。

主要著書

　「タイの地域総合大学によるカンボジアへの教育支援」（第2章の3）村田・
　佐藤編著『南南教育協力の現状と可能性―ASEAN新興ドナーを中心に』
　協同出版、2013年。『タイにおける外国人児童の教育と人権　グローバル教
　育支援ネットワークの課題』BookWay、2014年。

内海成治（うつみ　せいじ：第Ⅴ部第14章）

1946年生まれ。京都女子大学教授・京都教育大学大学院連合教職実践研究
科教授。専攻は国際教育協力論、ボランティア論。

主要著書

　単著『学びの発見―国際教育協力論稿』ナカニシヤ出版、2017年。編著『初
　めての国際協力―変わる世界とどう向き合うか』昭和堂、2012年。単著『国
　際教育協力論』世界思想社、2001年。

索　引

アルファベット

A

AEC　　236, 238, 243, 246

a group of insurgents　　216

ASEAN　　250, 251, 256, 257, 259

ASEAN 共同体　　17, 18

ASEAN 経済共同体　　236, 238, 243, 246

ASEAN 憲章　　17, 20, 23

ASEAN 市民　　17, 18, 19, 20, 21, 23

ASEAN 統合　　246

B

Bamboo school　　65

biodiversity　　223, 225

BIOTROP　　251

Boy Scout Camping Project　　224

Buddhist approach　　57

Buddhist culture　　41, 46

Buddhist Oriented School　　50

Buddhist thought　　45, 52, 54, 55, 56

Buddhist virtue　　46

C

chemical fertilizer　　69, 70, 71, 73, 74, 75, 79

Children Forest Plan　　75

communication method　　230

cow raising　　223, 225, 226, 228, 230

cultural intelligence (CQ)　　40

D

Dr. Kowit Varapipatana　　51

Dr. Rung Kaewdang　　218, 223, 225, 226, 228, 229

E

eco- club　　75

Education for All　　114, 133

EFA　　114, 115, 133

EFA 2000 アセスメント　　115

emotional intelligence (EQ)　　40, 45

environment protection and preservation　　74, 75

Erich Fromm　　56, 68

G

GNH (Gross National Happiness)　　40

goat raising　　226

275

H

Happiness Quotient　40
HM King Bhumipol　49, 51
HRH Princess Maha Chakri
　Sirindhorn　42, 49, 61

I

ICT　257
INOTEC　251

J

JICA　250, 255, 256

K

khit-pen　44, 51
King of Bhutan　40

L

"law" of cause and effect　43
learner-centered approach　73
learning by doing　221, 222, 232,
　233
learn together　220
Lesson Study　135, 140
living together　225

M

middle way　56
model of South-east Asia　230

N

National Institute of Education
　140, 150, 151
NIE　140, 141, 142, 144, 145, 147,
　148, 149, 150, 151, 152, 153, 154
non-violence　43

O

OECD 学習到達度調査　135
OISCA　75, 76, 82, 83
Organic Farming　69, 70
organic farming project　75

P

Pattani Kingdom　216
peaceful co-existence　218, 228,
　230
PISA　25, 27, 135, 154
PPSMI　104, 109, 110, 111
public-minded　219, 220

R

Roong Aroon School　44

S

safety food　70, 71
SEAMEO　250, 251, 253, 254, 256,
　257, 258, 259
social inclusion　196
soil fertility　69, 70, 71, 72, 73, 74

索　引

SSYS（The Search for SEAMEO
　Young Scientists）　93
Sufficiency Economy　76, 78, 83
Sufficiency Economy Learning
　Center　219

T
Teach Less, Learn More　136,
　137, 153
Tetrahedron buddhist model　53
TICA　242, 245, 246, 249
TIMSS　135, 161
TLLM　136, 137, 138
TVET　120, 121, 123, 131

U
UP NISMED　84, 85, 86, 87, 92, 94

W
Western thinking　56
William K. Cummings　266, 268

Y
Yala Wagyu Farm　226, 227, 228,
　229
Youth Training　218

かな

あ
アクション・リサーチ（Action
　Research: AR）　135, 140, 145,
　147, 153
安全な食糧　80
安全保障のための援助　247
アン・フック・タインセンター
　207, 208, 211

い
イスラーム学校　6, 7, 8
イスラーム教徒　156
移動学級　13
因果応報の法則　64, 68
インクルーシブ教育　195, 196,
　200, 211, 213
インターネット情報　242, 244
インドネシア教育大学　167
インドネシア教育統計短報　155,
　157, 158, 159, 160, 168
インドネシア教育文化省　155,
　169

う
牛の飼育　233, 234, 235

277

え

英語学習・読書改善（Strategies for English Language Learning and Reading: STELLAR）　138, 140

英語学校　97, 98, 99

英語媒体の理数科目授業　104, 106

英語リテラシー　109

英才児学習モデル　164

エコクラブ　82

エスニシティ要因　127, 128, 129, 130

お

王室プロジェクト　239, 240, 241, 246

教えを少なく、学びを多く　136, 137

お布施　180, 182, 183, 194

か

外国人不法就労者問題　247

化学肥料　80, 81, 82

学習支援プログラム（Learning Support Programme: LSP）　139

学習者中心主義　81, 135

学習到達度調査（PISA）　161

華語学校　5, 6

華人学校　6

課題研究　91

学校観　171, 173, 177, 178, 180, 181, 190, 191

学校環境　184, 185, 186, 189

学校支援補助金制度　158

学校ベースのカリキュラム革新（School-based Curriculum Innovation: SCI）　137

雁の群れの V 字型飛行形態　266

き

技術・職業教育および訓練　120

基礎学校運営委員会　184, 185, 186, 194

基礎教育カリキュラム　36

キットペン　65

教育開発モデル　37

教育革新センター　251

教育協力　171, 173, 174, 183, 186, 190, 191, 192, 194

教育質保証機関　164

教育指標　24, 25, 26

教育地区　174, 175, 193

教育的疎外　195

教育モデル　196, 197, 212, 213, 214

教員研修制度　155, 161, 166, 168

教員採用試験　162

教員主導の文化（Teacher-led Culture）　147

教員成長モデル　143

索　引

教員能力検定試験　162, 164, 165, 166

教材開発　252, 253, 255, 257

教師スタンダード　87, 92

教授用語　1, 5, 10, 12, 13, 22

共生　231, 233, 234, 235

共同学習　232

協働作業　235, 265, 268

協同的学習者（The Collaborative Learner）　143

け

経済指標　24, 25

継続的専門性向上プログラム　164

研修コース　252, 255, 256

こ

公共心　232

校内研修　144, 145

幸福指標　63

コーウィット博士　65

コーラン学校　8, 13

国際援助　256

国際数学・理科教育調査　161

国際スタッフ　251, 252, 255, 256

国民アイデンティティ　172

国民型学校　98, 113

国民学校　97, 98, 99, 113

国民総幸福論　63

国民統合政策　100, 110, 111

国立教育学院（National Institute of Education: NIE）　140, 150

国立教育政策研究所　92

国連ミレニアム・サミット　115

互酬性　191

国家原則　2, 3, 6, 22

国家三原則　3, 64, 172

子どもの村基金　247

子どもの森計画　82

コミュニカティヴ言語学習　11

コミュニティ構築者（The Community Builder）　144

コンシューマーケミストリー　90

コンピュータ実習　90, 91

さ

サリット　29, 30, 34

三言語教育政策　95, 100, 102, 110

三言語主義　97, 98, 107

し

寺院観　171, 173, 177, 178, 179, 180, 181, 182, 183, 190, 191

寺院慈善学校　8, 13

私営学級　205, 206, 208, 209, 210, 211, 212, 213, 214, 215

ジェンダー格差　116

ジェンダー平等　114, 115, 116, 117, 118, 124, 125, 127, 131, 132, 133

自然環境の保護と保全　81

視聴覚教材制作　253

279

実践中心のカリキュラム　164
児童への効果的な英語学習支援
　（Strategies for Effective
　Engagement and Development
　of Pupils in English Language:
　SEED-EL）　139
児童労働　160
四面体仏教モデル　67
社会的包摂　196, 211, 212, 213,
　214
宗教省　155, 158
充足経済　83
充足経済学習センター　232
授業研究　135, 136, 140, 141, 142,
　143, 144, 145, 147, 152, 153
授業研究会　167, 168, 169, 170
授業研究・実践センター（Centre
　for Research in Pedagogy and
　Practice: CRPP）　142
授業研究プロジェクト　86
ジュニア赤十字活動　29, 30, 35,
　36
障害児教育　195, 196, 197, 200,
　211, 212, 213
障害児教育指導班　200
障害児特殊学校　199
障害者の権利に関する条約
　（Convention on the Rights of
　Persons with Disabilities, CRPD）
　195
障害者法　196, 198, 200

奨学金支援　240
奨学生選考　240
女性の地位向上　114, 115, 116
シリントーン王女　64, 66
シリントーン王女基金プロジェクト
　240
シンガポール教員アカデミー
　（Academy of Singapore
　Teachers: AST）　147
進級試験　160
進路規定要因　125, 127
進路形成　118, 124, 125, 126, 127,
　128, 130, 131, 132
進路指導カウンセラー　125
進路選択　125, 126, 132

す

スーパーサイエンスハイスクール
　93
すべての人に教育を　114
スライド教材　253
スラバヤ国立大学　167, 168

せ

西欧思想　68
生徒指導・カウンセリング　164
青年の訓練　231, 235
生物の多様性　233
性役割観　124, 125, 126, 127, 128,
　131, 132
世界遺産委員会　248

世界障害報告書　196
世界の女性 2015　118, 123
セブシティー・ナショナル・サイエ
　ンスハイスクール　89
先駆的モデル　132
セン・ホンセンター　209, 210
全面発達の教育　136
専門職学習コミュニティ
　（Professional Learning
　Community）　142

そ

総修了率　120
総進学率　120, 121, 122, 123, 131
僧侶・寺院　185, 190
ソン・カーセンター　209, 211

た

タイ王女下賜中等学校　241
退学　159, 160
大学間交流　238
退学率　160
タイ国際開発協力機構　242, 245
タイ式民主主義　30
対話方法　235
ダカール行動の枠組み　115
多言語教育　12, 22
助け合い精神　191
多文化主義的平和共存　37
タミル語学校　95, 96, 97, 103, 112,
　113

男女間格差の解消　114, 115, 117,
　118
男女間教育格差　118, 122, 132
男女平等　14, 22
タンブン観念　191

ち

地域語　5, 12, 13, 22
地域センター　251
地域理数教育センター　93
竹林学校　65
中国語学校　95, 96, 97, 113
重複障がいのある児童生徒の
　学習モデル　164

と

同化政策　1, 2
道徳的価値　185, 190
東南アジア教育大臣機構　250
東南アジア教育モデル　258
東南アジア諸国連合　251
東南アジアの教育開発モデル
　171, 190
東南アジアモデル　235
特殊学校　199, 200, 201, 203, 205,
　207, 211, 213
特殊教育　196, 197, 198, 199, 200,
　202, 203, 205, 208, 210
特別支援学校　157, 158, 159, 163,
　164, 167
特別支援教育政策　164

281

土地肥沃　　80

な

中道　　68
なすことによる学習　　232, 233
南南教育協力モデル　　155
南南教育協力のモデル　　i, iv

に

二言語主義　　96, 98
二重制度　　7
日曜仏教学校　　7, 13
日曜仏教教育センター　　7
日本の教育モデル　　266
人間開発指標　　24, 25

ね

熱帯生物学研究センター　　251

は

バーンズ報告　　96, 98
バイオテクノロジー　　90
パッタニー王国　　231
半構造化面接　　204
パンチャシラ　　3, 6
万人のための教育世界宣言　　114
半ホアニャップ教育　　198, 199, 200
反乱グループ　　231

ひ

必修教科　　28, 33, 35, 37
ビデオ機材　　255
ピブーン　　29, 34
非暴力主義　　64

ふ

フィリピノ語　　11, 12
フィリピン・サイエンス・
　ハイスクール　　88
ブータン国王　　63
フェン・ウー報告　　96
仏教教科　　185
仏教志向学校　　66
仏教思想　　67, 68
仏教的アプローチ　　68
仏教的道徳規範　　173
仏教的徳　　65
仏教文化　　64
ブミプトラ政策　　9
プミポン国王　　66
分離・独立運動　　6

へ

平和共生　　234, 235
変革するリーダー
　（The Transformational Leader）
　144

ほ

ホアニャップ教育発展支援センター 200, 207

ボーイスカウト活動　233, 234

ボーイスカウト・キャンププロジェクト　233

ボーイスカウト組織　28, 29, 30, 33

ボーイスカウト法　30, 37

ポートフォリオ　162

ポンドック　8, 13

ま

マドラサ　7, 13

マハティール首相　95, 100, 104

マレー化政策　95, 111

マレー語学校　95, 97, 98, 113

マレー語優遇政策　96, 99, 102, 110

マレーシア語　95, 99, 100, 102, 106, 108, 110

マレー人優遇政策　252

み

ミャンマー研究センター　238

ミレニアム開発目標報告　115, 130

民営センター　206, 207, 208, 209, 210, 211, 212, 213, 214

も

モジュール　253

や

山羊の飼育　233

ヤラー和牛牧場　234

ヤンゴン外国語大学　237

ゆ

有機農業　80, 81, 82, 83

有機農業プロジェクト　82

ゆとりの時間　136

よ

幼稚園教員・特別支援教育教員・教職員能力開発センター　163

ら

ラーマ6世ワチラウット王　28

ラーマン・タリブ報告　97

ラオス建国戦線　172, 173, 193

ラオス人民民主共和国　173, 192, 193

ラオス仏教連盟　173

ラザク報告　97

ラック・タイ　3

ラッタニヨム　29

り

リー・シェンロン　136

理数科目の英語化政策（PPSMI）
　109

留年制度　160

る

ルーンアルーン学校　65

ルク・ネガラ　3

ルン・ケオダーン博士　231

東南アジアの教育モデル構築　—南南教育協力への適用—

2018年12月13日　　発行

編著者　村田翼夫

発行所　学術研究出版／ブックウェイ
〒670-0933　姫路市平野町62
TEL.079 (222) 5372　FAX.079 (244) 1482
https://bookway.jp

印刷所　小野高速印刷株式会社
©Yokuo Murata 2018, Printed in Japan
ISBN978-4-86584-358-3

乱丁本・落丁本は送料小社負担でお取り換えいたします。
本書のコピー、スキャン、デジタル化等の無断複製は著作権法上での例外を除き禁じられて
います。本書を代行業者等の第三者に依頼してスキャンやデジタル化することは、たとえ個
人や家庭内の利用でも一切認められておりません。